D1244410

GRANDS ET PETITS

VINS

DE FRANCE

GRANDS ET PETITS VINS DE FRANCE

FRANÇOIS COLLOMBET

JEAN-PAUL PAIREAULT

PRÉFACE DE JEAN CARMET

HATIER

Produit par :
Copyright Studio, Paris, France
Production : Jean-Paul Paireault
Maquette et Infographie : Mireille Palicot
Illustration : Gérald Quinsat
Édition : François Collombet,
Isabelle Johanet
et Jean-Noël Mouret
Révision : Dominique Trépeau
et Jean-Claude Dansac
Saisie : Prorata Services
Photographies : Jean-Paul Paireault
et Matthieu Prier

  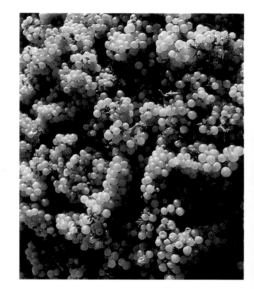

© 1992, les Éditions Hatier, Paris
pour la langue française pour tous pays
Dépôt légal : n° 12 171, septembre 1992
Photogravure : Advance Laser Graphic,
Hong-Kong
Imprimé en Espagne
Tous droits réservés
ISBN : 2-218-04079-4

SOMMAIRE

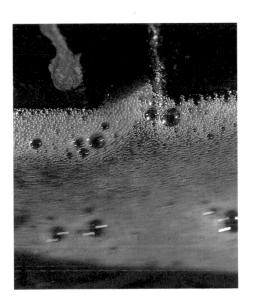  

PRÉFACE

J'appartiens à ces privilégiés qui, dès leur naissance, connurent le bonheur.

On raconte que mon père, le jour de mon baptême, trempa son index dans un verre de Bourgueil pour m'en oindre les lèvres, et que j'eus l'air d'y prendre grand plaisir.

Vérité? Affabulation? Je ne réfute pas l'événement.

Bien sûr, enfant, j'ai connu l'eau du puits pour des ablutions qui n'étaient pas ce qu'elles sont maintenant et, en tant que boisson, pour couper un gobelet de "grolleau".

Puis l'eau quitta mon paysage.

Ce fut une heureuse époque sur fond de récits bachiques.

Là, il n'était question que de Bourgueil, de Chinon, de Côteaux du Layon et d'Aubance. Si bien qu'à l'âge adulte, vins de Bordeaux et de Bourgogne n'étaient qu'une rumeur dont je n'imaginais pas le goût.

Les vignerons parlaient de ces hauts lieux avec une grande vénération, osant timidement, quand elles atteignaient le sublime, comparer leurs cuvées à celles de ces terres prestigieuses.

Ces gens-là étaient des modestes.

Certains avaient des sobriquets, "Boîte au sucre", "Bec-à-fouace", "Cul d'ours". Ils les tenaient de leurs ancêtres et n'en savaient plus les raisons.

D'autres vivaient dans des lieux-dits, "Les Galluches", "L'Oye qui cosse", "La Sale Terre".

Mais tous avaient beau langage, qu'ils ont légué à leurs enfants.

C'étaient des conteurs magnifiques, qui souvent s'isolaient dans leurs caves pour parler avec leurs barriques.

Voilà pourquoi les vins de Loire sont des vins simples qui s'expriment sans emphase.

À condition qu'on les respecte, ils s'ouvrent pour vous offrir toutes les richesses de leur jardin.

Ils aiment vous faire des surprises, vous attaquent quand vous les mâchez, vous embarquent dans leurs arômes, se rappellent à votre mémoire et, sans vous abandonner, tapissent votre palais de fraîcheur et de propreté.

Un de mes amis, très célèbre, orfèvre en cabernet-franc, converse avec ses flacons.

Il leur demande de leurs nouvelles... Comment ont-ils passé l'hiver? Sont-ils bien là où ils sont?

Il prétend avoir observé qu'une bouteille caractérielle peut très bien refuser de s'offrir en présence d'un malfaisant et retrouver tous ses arômes quand l'intrus a quitté la place.

Allez donc savoir ce qui se passe dans la tête d'un vin qui ressemble à celui qui l'a fait...

Un jour, j'ai franchi les frontières.

Du Centre à l'Est, de l'Est au Sud... du Sud à l'Ouest, j'ai laissé là mes préjugés, flânc le long des rivières, suivi les chemins étroits où, devenus fantômes, rôdent le pas des chevaux et le roulement des carrioles.

Faites comme moi.

Traversez des villages aux noms qui donnent soif.

Frappez aux portes des vignerons, peu avares sur les "fillettes".

Retrouvez l'innocence et le besoin d'aimer.

Et si un jour vous le pouvez, prolongez jusqu'aux sources... au mont Gerbier-de-Jonc, par exemple, ou ailleurs.

Là, un filet d'eau qui pénètre et qui s'enfle engendre les merveilles du monde.

Jean CARMET

INTRODUCTION

Choisir un bon verre, le remplir au tiers de sa contenance, faire "dodiner" le vin sans brusquerie pour apprécier sa robe, le humer à petits coups pour découvrir son bouquet et enfin, prendre en bouche une petite gorgée de vin, la laisser doucement s'étendre sur la langue pour lui transmettre son message... Et si le plaisir de cette dégustation est grand, répéter alors l'opération autant de fois que nécessaire.

Pour beaucoup d'entre nous, une dégustation ne consiste qu'à exercer son propre plaisir dans l'appréciation d'un vin. Certaines personnes doivent cependant se livrer à une véritable "analyse sensorielle". Il s'agit, à chaque stade de l'évolution d'un vin, de mesurer de la manière la plus objective possible ses qualités et ses défauts et également de savoir anticiper cette évolution sur deux, trois, voire cinq ou dix ans.

Face au vin, un dégustateur est toujours seul. À partir d'une multitude de sensations, il doit émettre un jugement complet. À lui de déceler le caractère réel, la profonde originalité, l'équilibre précaire ou harmonieux du vin qu'on lui soumet, avec l'espoir de délier un peu de sa complexité. Il fera la distinction entre les ordinaires, les mauvais, les quelconques, les insignifiants et les vins ayant de la personnalité, qualité qui est l'apanage de l'élite et de la noblesse. L'apprentissage du dégustateur dure toute sa vie : il reste toujours des vins à connaître.

Enfin, l'ensemble des sensations provoquées par le vin peut être plus ou moins déséquilibré, équilibré, harmonieux, complexe... et apporte une haute idée sur l'harmonie des mets et des vins.

Pour aimer les vins de France, il faut les connaître, et les connaître, c'est explorer un à un les vignobles, des plus modestes aux plus illustres.

Ce livre vous conduira à emprunter les "voies initiatiques du vin", qui vous mèneront au plaisir suprême, la dégustation, et à parcourir ces routes tortueuses des vins de France, référence universelle de par leur qualité et leur diversité.

Alain FAVEREAU
Dégustateur chez NICOLAS

LES ORIGINES
DE LA VIGNE ET
DU VIN

La France a de tout temps été une terre à vignes. On a découvert près d'Épernay l'empreinte d'une feuille de vigne, vieille de plus de soixante millions d'années. Rien à voir avec notre *Vitis vinifera* ; c'était une variété subtropicale qui prospérait déjà à l'ère quaternaire dans cette région réputée de Champagne.

Pas moins de 8 000 variétés de vignes poussent un peu partout dans le monde, la plupart à l'état sauvage. Comment, depuis soixante-dix siècles, l'homme a-t-il pu sélectionner ces quelque 1 500 cépages qui donnent aux vins richesse et caractère ?

À gauche, foulage du raisin, mosaïque du IIIe siècle (Musée de Saint-Germain-en-Laye).
Ci-dessus, amour vendangeur, art romain, Carthage (Musée du Louvre).

DE LA VIGNE PRIMITIVE
AUX CÉPAGES D'AUJOURD'HUI

En fait, tout a commencé en Transcaucasie, républiques actuelles de Géorgie et d'Arménie, lorsque l'homme, par hasard, observa la transmutation de la vigne primitive en *vinifera*. Un coup de pouce extraordinaire de la nature, puisque, de ces vignes sauvages dioïques (fleurs mâles et fleurs femelles sur pieds séparés), on est passé au *vinifera* hermaphrodite capable de porter des fruits. De cette transformation débute le formidable voyage de la vigne qui progressa de la mer Noire vers les pays méditerranéens, atteignit l'Indus et alla jusqu'en Chine. On sait qu'à une certaine époque du tertiaire, la vigne prospérait en Suède. Alors, quelle région du monde peut prétendre être le berceau de la viticulture? Le Caucase, la Mésopotamie, peut-être les montagnes d'Anatolie où furent découvertes les premières preuves d'une vinification 4 à 5 000 ans av. J.-C. On est, en revanche, certain que la vigne et le vin furent toujours liés à la mythologie et aux croyances; pour preuves, les vins funéraires d'Égypte de la période prédynastique, le culte de Dionysos et de Bacchus ou les très nombreuses mentions du vin que comptent l'Ancien et le Nouveau Testament.

LES SUMÉRIENS SERAIENT-ILS LES PREMIERS VIGNERONS?

La découverte récente d'une amphore à vin sur le site iranien de la chaîne de Zagros laisse croire que l'on vinifiait déjà il y a 5 500 ans dans la cité sumérienne d'Uruk en basse Mésopotamie (deuxième moitié du IVe millénaire av. J-C). La tache au fond d'une jarre trouvée sur le site, analysée en spectroscopie à infrarouges, a révélé la présence d'acide phénolique (tanin) et d'acide tartrique, deux composantes du vin.

Livraison de vin.

Musée de la civilisation romaine, Rome.

LES ÉTRUSQUES AVANT LES GRECS

En France, la vigne arriva par la mer et, contrairement aux idées reçues, ce ne sont pas les Romains qui implantèrent la viticulture et l'art de la vinification, mais les Étrusques qui, dès le VIIᵉ siècle avant notre ère, précédèrent Phéniciens et Grecs sur cette partie du littoral méditerranéen. Les Grecs de Phocée, venus d'Asie Mineure, établirent dès le VIᵉ siècle av. J.-C. leur comptoir de Marseille (Massalia) et plantèrent aux abords de la ville le tout premier vignoble répertorié en France. Que sait-on de ces vins? En se référant à Hésiode ou à Pline l'Ancien, Grecs et Latins s'abreuvaient de vins rouges, blancs ou ambrés. Des vins doux, des vins "forcés" qu'ils coupaient avec de l'eau, voire de l'eau de mer. Ils les aimaient bitumés et saumurés ou, mieux, pour leur donner du moelleux et les vieillir, ils les fumaient.

Les Romains, en colonisant la Gaule, apprirent aux Gaulois l'art de la taille. Sous leur impulsion, les vignobles s'étendirent vers la Narbonnaise, puis le long des fameuses voies romaines, dans des régions de plus en plus septentrionales.

Pline l'Ancien et surtout Columelle, dans les douze volumes de son *De re rustica*, nous dressent le cadre de cette expansion rendue possible grâce à de nouvelles variétés de vignes plus résistantes au froid.

Avec l'ouverture des routes commerciales, on planta de la vigne en Garonne, le long du Rhône et de la Saône, sur les bords du Rhin et jusqu'en Moselle. Si le transport du vin s'effectuait jusqu'à présent dans des amphores de terre cuite, les Gaulois, pragmatiques, apportèrent le tonneau. De tout l'Empire, le vin convergeait vers Rome. Les quantités étaient telles que l'empereur Domitien fut vite confronté à de graves problèmes de surproduction. En 91 de notre ère, pour apaiser ses propres viticulteurs, il décréta l'arrachage des vignes dans toute la Gaule, mesure qui resta heureusement lettre morte. Elle fut d'ailleurs abrogée deux siècles plus tard par Probus.

L'ÉGLISE DÉFENSEUR DE LA VITICULTURE

À l'éclatement de l'Empire romain, on vit l'Église prendre le relais. Elle restructura les vignobles ruinés par l'invasion des Alamans et des Francs. C'était l'époque du christianisme triomphant où chaque monastère, chaque évêché, plantait des vignes pour satisfaire aux besoins liturgiques.

Charlemagne, qui appréciait tant ses vignobles de Bourgogne, laissa à la postérité une grande appellation : le Corton-Charlemagne. Cîteaux, non loin de là, eut, grâce à l'ordre des cisterciens, une influence déterminante, non seulement en Bourgogne (le Clos de Vougeot), mais également en Allemagne (voir le Spätburgunder dans les secteurs rhénans).

En 1375, un événement considérable eut lieu en Bourgogne : on identifia la première variété de *vinifera*, à laquelle fut donné le nom de pinot. Ce souci constant

de qualité fut accentué par Philippe le Hardi qui, par décret, bannit de son duché tout autre cépage, et notamment le gamay.

Si, à cette époque, la vigne est implantée partout en France, elle fut l'objet dans le Bordelais d'un commerce très étroit avec l'Angleterre. Les Londoniens raffolaient de ces vins rouges et légers de Gascogne qu'ils surnommèrent "Claret" (Clairet). Et Dieu sait s'il coula pour le mariage d'Henri II

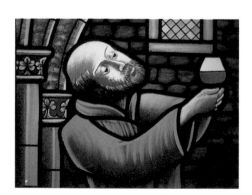

Détail d'un vitrail dans un caveau en Bourgogne.

Plantagenêt avec Aliénor d'Aquitaine, qui apportait à l'Angleterre le sud-ouest de la France! Ces liens, à peine entachés par la guerre de Cent Ans, durent encore, huit siècles plus tard.

Au nord-est, la réputation des vins blancs et gris de Reims et d'Épernay, légèrement effervescents, n'avait pas encore la renommée du Champagne, appelé ainsi pour la première fois par Henri IV. Il fallut attendre Louis XIV, qui le rendit populaire à la cour, et surtout le frère cellérier dom Pérignon, qui mit au point la technique du vin mousseux.

Au Moyen Age, les vins se buvaient jeunes et légers. L'opiniâtreté dans la sélection des cépages et l'art de vinifier apportèrent à bien des vins leur caractère d'aujourd'hui : les fameux vins de paille du Jura, les vins liquoreux dans le Sauternais, les premiers grands crus du Bordelais et déjà la qualité exceptionnelle des Bourgogne.

VES: ET HIC   + HIC·W
VNT: CARRVM
INO: ET ARM IS:

UNE CATASTROPHE NATIONALE

Le XIXᵉ siècle fut pour la France le siècle de toutes les réussites et de tous les dangers. Partout dans le monde, les vignobles étaient en plein essor. Avec le chemin de fer, les grandes plaines du Languedoc commençaient à déverser leur flot de vin ordinaire, auquel s'ajouta la production algérienne. C'était l'époque des grandes découvertes de Pasteur qui révolutionnèrent les techniques de vinification. Mais ce bel ordonnancement eut une fin lorsque les sept plaies d'Égypte s'abattirent sur les vignes du monde entier. D'abord l'oïdium en 1830, puis le mildiou, deux maladies cryptogamiques qui causèrent des dégâts considérables. Et ce n'était rien ! Le pire arriva avec le pou térébrant, plus connu sous le nom de phylloxéra. Il débarqua d'Amérique (au sens propre) vers 1864, provoquant une catastrophe nationale qui allait ruiner des régions entières et entraîner la quasi-disparition de la vigne. Heureusement, la parade fut trouvée par le greffage des variétés européennes sur des souches américaines immunisées. Cinquante ans de maladie ne laissèrent du vignoble français que le meilleur, aidé en cela par une réglementation de plus en plus stricte. Les premiers classements dans le Bordelais, pour garantir l'origine et la qualité des vins, datent de 1855. Et s'il fallait répertorier depuis réglementations, textes et amendements divers touchant à la vigne et au vin, un tel ouvrage ne suffirait pas. C'est sans doute le système d'appellation d'origine, copié dans le monde entier, considérant la réputation et l'identité d'un vignoble comme un véritable patrimoine, qui fait encore de la viticulture française un modèle de perfection.

Champagne, Bouzy. L'une des dernières parcelles épargnées par le phylloxéra, appelée "cépages francs".

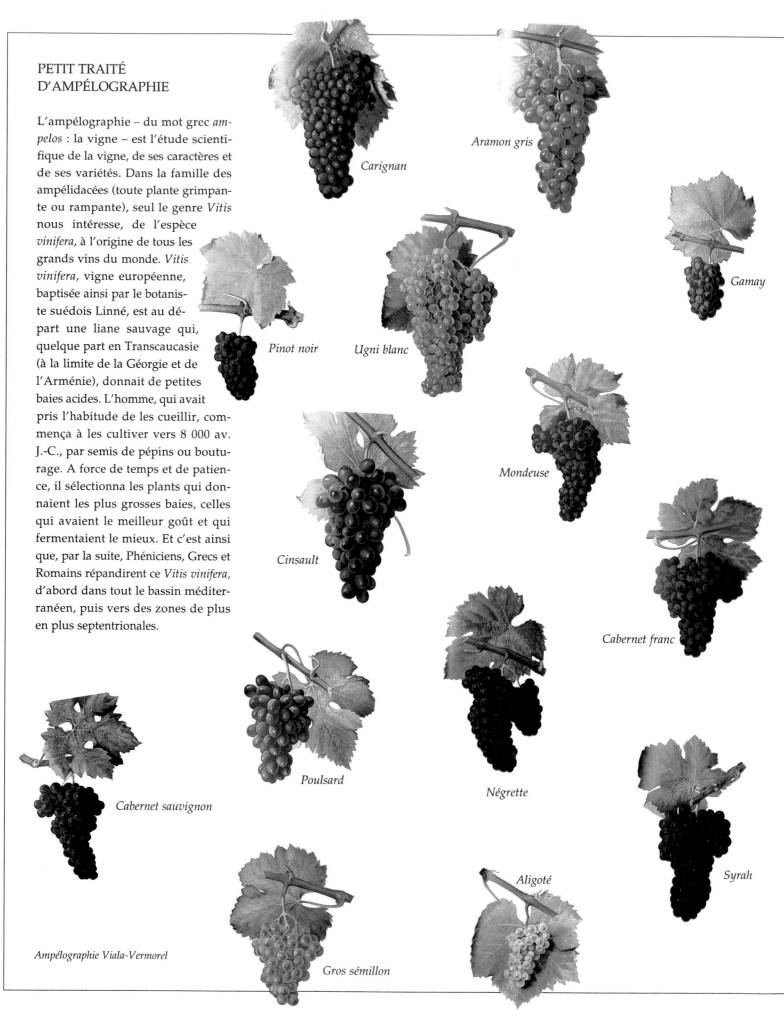

PETIT TRAITÉ D'AMPÉLOGRAPHIE

L'ampélographie – du mot grec *ampelos* : la vigne – est l'étude scientifique de la vigne, de ses caractères et de ses variétés. Dans la famille des ampélidacées (toute plante grimpante ou rampante), seul le genre *Vitis* nous intéresse, de l'espèce *vinifera*, à l'origine de tous les grands vins du monde. *Vitis vinifera*, vigne européenne, baptisée ainsi par le botaniste suédois Linné, est au départ une liane sauvage qui, quelque part en Transcaucasie (à la limite de la Géorgie et de l'Arménie), donnait de petites baies acides. L'homme, qui avait pris l'habitude de les cueillir, commença à les cultiver vers 8 000 av. J.-C., par semis de pépins ou bouturage. A force de temps et de patience, il sélectionna les plants qui donnaient les plus grosses baies, celles qui avaient le meilleur goût et qui fermentaient le mieux. Et c'est ainsi que, par la suite, Phéniciens, Grecs et Romains répandirent ce *Vitis vinifera*, d'abord dans tout le bassin méditerranéen, puis vers des zones de plus en plus septentrionales.

Ampélographie Viala-Vermorel

Carignan

Aramon gris

Gamay

Pinot noir

Ugni blanc

Mondeuse

Cinsault

Cabernet franc

Cabernet sauvignon

Poulsard

Négrette

Aligoté

Syrah

Gros sémillon

Maccabéo

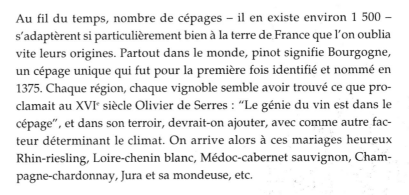

Courbu noir

LE GÉNIE
DU VIN EST
DANS LE CÉPAGE

Viognier

Melon

Au fil du temps, nombre de cépages – il en existe environ 1 500 – s'adaptèrent si particulièrement bien à la terre de France que l'on oublia vite leurs origines. Partout dans le monde, pinot signifie Bourgogne, un cépage unique qui fut pour la première fois identifié et nommé en 1375. Chaque région, chaque vignoble semble avoir trouvé ce que proclamait au XVIᵉ siècle Olivier de Serres : "Le génie du vin est dans le cépage", et dans son terroir, devrait-on ajouter, avec comme autre facteur déterminant le climat. On arrive alors à ces mariages heureux Rhin-riesling, Loire-chenin blanc, Médoc-cabernet sauvignon, Champagne-chardonnay, Jura et sa mondeuse, etc.

La France compte un million d'hectares de surface viticole avec une production majoritaire de vins rouges. Si l'encépagement est strictement contrôlé dans la plupart des régions, on peut s'étonner d'y trouver si peu de cépages nobles. Seul le merlot dépasse 25 000 ha. Quant au syrah, il n'apparaît qu'à la douzième place des cépages rouges.

Depuis trente ans, on se dirige inexorablement vers la disparition des hybrides, croisements de deux variétés de cépages qui portent en général le nom de leur inventeur : Couder, Villard, Seibel, Baco, etc.

Et que faire face à l'irrésistible ascension des cinq grands : cabernet sauvignon, pinot noir, chardonnay, merlot, chenin blanc? Cette suprématie a établi un véritable "diktat" sur le monde, éliminant nombre de petits cépages qui pourtant forgent le caractère à bien des vins régionaux.

Gamay blanc

Chenin blanc

Grenache

Pinot blanc

Savagnin jaune

Bourboulenc

LE CABERNET SAUVIGNON

Il est par excellence le cépage noir du Bordelais où il n'atteint, d'après les experts, nulle part ailleurs une telle perfection. Ses zones de prédilection sont les plus aristocratiques, jusqu'à représenter 70 % des grands crus. Il s'appelle petit cabernet ou petite vidure dans le Médoc et, dans les Graves, petit-bouchet à Saint-Émilion et à Pomerol. Ce cépage récent est né au XVIIIe siècle dans le Bordelais. Il y couvre 18 000 ha entre le merlot (premier cépage) et le sémillon. Depuis quelques années, il connaît une irrésistible ascension internationale. Ses nouvelles terres d'élection se comptent par centaines : à Napa en Californie, dans le Coonnawarra et la Hunter Valley en Australie, dans la vallée de Maipo au Chili. Il a conquis la plupart des pays de l'est de l'Europe, et s'il est très présent en Espagne, on le retrouve dans toute la Méditerranée orientale. Partout, cabernet sauvignon est synonyme de réussite. En France, son extension est ininterrompue. Dans les pays de la Loire, il procure corps et couleur à bon nombre de vins locaux ; il est d'ailleurs surnommé cabernet rouge (à ne pas confondre avec le cabernet franc). En Languedoc-Roussillon, il est planté sur des milliers d'hectares pour donner leurs lettres de noblesse à des vins entachés de médiocrité.

Le cabernet sauvignon est formé de petites grappes aux baies bleu noir, à la peau épaisse et dure. Elles donnent des vins foncés, très tanniques, à l'arôme de cassis et de réglisse. Des vins très lents à se développer, mais qui, avec le temps, prennent corps et souplesse.

Vignoble du Médoc prolongé par l'estuaire de la Gironde.

ATOUTS

C'est un ascète, il aime les sols secs, bien drainés et maigres.
Les gelées tardives ne lui font pas peur, il débourre tard.
Il possède des bois suffisamment durs pour résister aux hivers rigoureux.
Il est peu vulnérable aux parasites et à la pourriture (sauf à l'oïdium).

FAIBLESSES

Il mûrit tard, attention aux automnes humides.
Son rendement est faible, mais ses qualités sont telles qu'elles surpassent ce défaut.

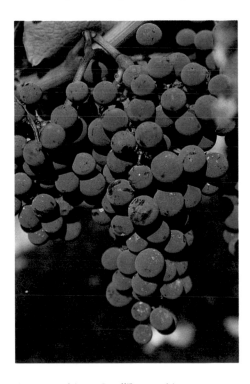

Au centre, château Cos d'Estournel à Saint-Estèphe (Médoc).

À gauche, plants de cabernet sauvignon sur le sol graveleux du Médoc.

Il débourre et mûrit tôt.
Il aime les climats assez froids.
Il s'épanouit sur des sols profonds et bien drainés, surtout les sols calcaires.
Génétiquement instable, il a une durée de vie qui dépasse rarement les trente ans.

FAIBLESSES

Il est très sensible aux maladies (oïdium et mildiou) et à la pourriture grise.
Il craint les gelées printanières.
Il faut attendre l'extrême limite juste avant la surmaturité pour vendanger.
Les rendements sont très bas : environ 25 hl/ha en Bourgogne, le double ailleurs.

Grappe de pinot noir, cépage qui donne les plus grands Bourgogne et Champagne.

LE PINOT NOIR

Maître absolu de la Bourgogne, ce très grand cépage laisse entr'apercevoir un soupçon d'ambiguïté au charme quasi féminin. C'est à lui seul que l'on doit cette litanie des grands vins de Bourgogne : Vougeot, Pommard, Vosne-Romanée, Chambolle-Musigny, Gevrey-Chambertin et autres Corton. A lui également les grands Champagne, ceux de la montagne de Reims. Son histoire est celle de la Bourgogne. Il a été le premier cépage à être officiellement reconnu et nommé en 1375 dans les registres hospitaliers de Beaune. En France, il couvre plus de 20 000 ha, dont un bon tiers se concentre en Côte-d'Or, le reste se répartissant sur la Champagne, l'Alsace, la Savoie et le Jura. On le trouve également dans le Sancerrois et les coteaux d'Irancy. A l'étranger, seule l'Allemagne, depuis les cisterciens, a réus-si à bien l'acclimater sur 4 000 ha. Il est appelé Spätburgunder ; il donne des vins d'un rouge très pâle, à confondre presque avec le rosé.

Ses baies, d'un noir légèrement bleuté, sont petites et serrées. Elles donnent un jus incolore et sucré. En Bourgogne, tout l'art consiste à dissoudre, au moment de la fermentation, la matière colorante contenue dans la peau qui va procurer au vin cette belle teinte tuilée.

Pleins de feux et de force, les grands vins de Bourgogne possèdent des nuances aromatiques d'une complexité extrême. Il est possible d'y déceler l'églantine, la cerise, le cassis, la poire et la réglisse.

En Champagne, on ne foule surtout pas le raisin avant de le presser, pour laisser au jus toute sa clarté et sa limpidité.

LE CHARDONNAY

Son nom, il le doit à un petit village du Mâconnais, un peu excentré de ses deux terres d'élection, la Champagne et la Bourgogne.

Extraordinaire Chardonnay, le monde entier le convoite. Partout on se l'arrache pour le cultiver, pour l'élever et pour le boire. Et cette passion qu'il suscite, il nous la rend au centuple. Non seulement il produit les plus grands Champagne mais on lui doit également les plus grands Bourgogne blancs : Meursault, Montrachet, Chablis, Pouilly-Fuissé. Alors, par quel qualificatif louangeur faut-il commencer puisque à l'autre bout du monde, en Australie, on dit que c'est le cépage le plus indulgent de tous ? En Californie, il fait l'objet d'un véritable culte. En France, d'un recensement à l'autre, il est bien difficile de suivre sa progression. Il occupe 15 000 ha avec deux secteurs en pointe : la Champagne et le Chablis. En Côte-d'Or, il atteint maintenant 1 000 hl pour 6 000 ha de pinot noir et 600 ha d'aligoté.

Ses baies sont petites et dorées. Elles donnent des vins riches, équilibrés, légers, à l'arôme remarquable de tilleul, de beurre frais et d'amandes grillées avec un arrière-goût qui se garde longtemps en bouche.

ATOUTS

C'est le plus accommodant et le plus
malléable des cépages blancs.
Il aime particulièrement les sols calcaires,
pauvres et bien drainés.
C'est un cépage vigoureux qui résiste bien au
froid.
Il mûrit tôt, et ses rendements sont généreux
(de 25 à 60 hl/ha), avec un taux de saccharine
élevé.
Sa vinification est relativement facile, et il
vieillit excellemment bien en fût de chêne.

FAIBLESSES

Il est précoce, attention aux gelées
printanières qui lui sont fatales.
Surtout, ne pas le vendanger trop tard.

À gauche, le prestigieux vignoble de Montrachet en
Bourgogne.
Au centre, pressoir à vin en Champagne.

La colline de Corton-Charlemagne, donnant l'un des plus grands vins blancs de Bourgogne.

LE CÉPAGE, LE SOL, L'EAU, L'AIR ET L'HOMME : UN QUINTÉ GAGNANT POUR LA VIGNE

Le cépage est l'empreinte et l'identité du vin. Il va lui apporter ses arômes et, par la suite, son bouquet, sa puissance et sa propension à bien vieillir. Au viticulteur de choisir le meilleur cépage adapté au sol et au climat et de réussir ces mariages à trois, modèles de perfection et d'harmonie entre chardonnay, Champagne et calcaire, ou bien entre riesling, Moselle et schiste.

LA PAUVRETÉ DU SOL

La vigne, dit-on, s'accommode de n'importe quel terrain, pourvu que l'eau n'y stagne pas. Un détail essentiel, elle exige la pauvreté du sol, là où rien d'autre ne pourrait pousser : des sols cailouteux, des sols composites plutôt qu'uniformes, des éboulis de pentes, des graviers sablonneux, des débris granitiques, etc.

Autre paradoxe, pauvreté ne veut pas dire total dénuement. De son sol, la vigne va puiser le peu d'eau qui lui est nécessaire et la myriade d'oligo-éléments dont elle a besoin pour se développer : bore, cobalt, fer, potassium, manganèse, nickel, magnésium, etc. (ses racines peuvent descendre jusqu'à 7 m).

Tout est encore une question d'équilibre. Sur des terrains quartzeux, calcaires ou schisteux, donc bien drainés, les raisins seront plus beaux. Sur un sol azoteux et riche en humus, le feuillage sera ample et généreux ; attention alors aux fruits qui risquent d'en pâtir.

ENCÉPAGEMENT DU VIGNOBLE FRANÇAIS

N = vigne noire
B = vigne blanche

LA VALLÉE DE LA LOIRE
Chenin blanc (B) ou pineau de la Loire ; grolleau (N) ; cabernet franc (N) ; cabernet sauvignon (N) ; gamay (N), muscadet (B) ou melon ; gros plant ou folle blanche (B) ; sauvignon (B) ; chasselas (B) ; pinot noir (N) ; cot (N).

LE BORDELAIS
Cabernet sauvignon (N) ; merlot (N) ; cabernet franc (N) ; malbec (N) ou cot ; petit verdot (N) ; sémillon (B) ; sauvignon (B) ; muscadelle (B).

LE SUD-OUEST
Cabernet sauvignon (N) ; merlot (N) ; cabernet franc (N) ; malbec (N) ou cot ; petit verdot (N) ; tannat (N) ; mauzac (N) ; fer servadou (N) ; manseng (N) ; courbu (N) ; négrette (N) ; jurançon noir (N) ; gamay (N) ; syrah (N) ; sémillon (B) ; sauvignon (B) ; muscadelle (B) ; lén de l'el (B) ; arrufiac (B) ; cinsault (N) ; ugni blanc (B).

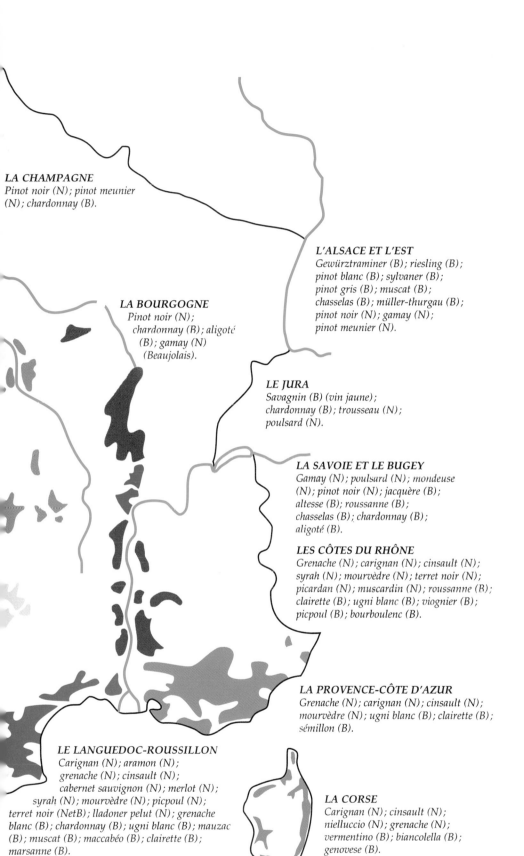

LA CHAMPAGNE
Pinot noir (N); pinot meunier (N); chardonnay (B).

LA BOURGOGNE
Pinot noir (N); chardonnay (B); aligoté (B); gamay (N) (Beaujolais).

L'ALSACE ET L'EST
Gewürztraminer (B); riesling (B); pinot blanc (B); sylvaner (B); pinot gris (B); muscat (B); chasselas (B); müller-thurgau (B); pinot noir (N); gamay (N); pinot meunier (N).

LE JURA
Savagnin (B) (vin jaune); chardonnay (B); trousseau (N); poulsard (N).

LA SAVOIE ET LE BUGEY
Gamay (N); poulsard (N); mondeuse (N); pinot noir (N); jacquère (B); altesse (B); roussanne (B); chasselas (B); chardonnay (B); aligoté (B).

LES CÔTES DU RHÔNE
Grenache (N); carignan (N); cinsault (N); syrah (N); mourvèdre (N); terret noir (N); picardan (N); muscardin (N); roussanne (B); clairette (B); ugni blanc (B); viognier (B); picpoul (B); bourboulenc (B).

LA PROVENCE-CÔTE D'AZUR
Grenache (N); carignan (N); cinsault (N); mourvèdre (N); ugni blanc (B); clairette (B); sémillon (B).

LE LANGUEDOC-ROUSSILLON
Carignan (N); aramon (N); grenache (N); cinsault (N); cabernet sauvignon (N); merlot (N); syrah (N); mourvèdre (N); picpoul (N); terret noir (NetB); lladoner pelut (N); grenache blanc (B); chardonnay (B); ugni blanc (B); mauzac (B); muscat (B); maccabéo (B); clairette (B); marsanne (B).

LA CORSE
Carignan (N); cinsault (N); nielluccio (N); grenache (N); vermentino (B); biancolella (B); genovese (B).

LE TERROIR

La vigne affectionne les pentes bien orientées au sud et à l'est pour éviter à tout prix les gelées du printemps. La pluie est nécessaire en juillet et en août pour le bon développement des grappes, mais surtout pas avant les vendanges, par risque de pourriture. Les hivers peuvent être froids mais sans excès, les étés chauds et ensoleillés, mais pas torrides. L'homme a toujours su trouver les petits paradis climatiques que sont les microclimats où l'indice hygrométrique, l'altitude, l'ensoleillement et la nature du terrain font tant de vins exceptionnels. Nombreux sont les endroits où il a amélioré ce que la nature lui avait légué en défonçant, labourant en permanence la terre, au point que certaines compositions de sol en Champagne ou dans le Mâconnais lui sont plus redevables qu'à celle-ci.

À gauche, sol typique graveleux du Médoc.

En haut, à droite, la colline de Santenay en Bourgogne.

En bas à droite : entre Sauternes et Barsac coule une petite rivière, le Ciron, qui joue un rôle essentiel dans la qualité des grands liquoreux. En rencontrant les eaux tempérées de la Garonne, elle crée l'humidité nécessaire au développement de la pourriture noble.

DE LA VIGNE
AU VIN

Combien de fois par an le vigneron doit-il travailler sa vigne : arracher, planter, amollir le sol, désherber, fertiliser la terre, combattre la maladie…? Un cycle sans fin qui se répète année après année, génération après génération. Etant une liane, la vigne se doit d'avoir une bonne conduite, que seul apporte le fil de fer. Bonne conduite et bonne discipline, elle a donc besoin d'être taillée avant que la sève ne monte après l'hiver. Un seul leitmotiv chez le vigneron : qualité et quantité! Pour cela, il faut à tout prix et en permanence émonder les pousses et les rameaux superflus, faire en sorte que les racines ne nourrissent que l'essentiel.

Dresser la liste des maladies de la vigne serait trop long. Dans ce registre, tout est à craindre. Si le phylloxéra et le mildiou sont éradiqués, il n'en reste pas moins que les autres parasites, les champignons, l'humidité, le froid, la grêle, le gel sont les casse-tête permanents du vigneron, qui lui occasionnent bien des nuits blanches. Ensuite, il faut beaucoup de lumière et beaucoup de chaleur. On a calculé que 20 000 lux étaient nécessaires pour une bonne croissance de la vigne, avec un taux d'humidité avoisinant les 60%, 20°-25° étant la température idéale.

La vigne est heureusement prodigieuse de sobriété. Elle s'adapte à n'importe quel sol pourvu qu'il ne soit pas trop riche. Un sol de roche primitive est idéal : des sols sablonneux, ou argileux et calcaire sont recherchés, tout ce qui peut emmagasiner la chaleur du soleil pour la restituer la nuit et retenir l'humidité. Les racines atteignent s'il le faut 12 m de profondeur pour trouver humidité et substances nutritives (et minérales), allant jusqu'à 2 m dans un sol de pierre.

La croissance du cep et le mûrissement de son fruit se font en cinq ou six mois. Ils commencent au sortir de l'hiver par le débourrement.

Raisin prêt à être vendangé.

LE DÉBOURREMENT DES BOURGEONS

En mars ou avril, les bourgeons latents, sortent de l'hiver en faisant éclater la pellicule ligneuse qui les protège du froid. Les feuilles apparaissent en premier, suivies par les grappes de fleurs. On appelle débourrement la première phase de retour à la vie, car, en éclatant, les bourgeons perdent leur bourre, sorte de renflements qui apparaissent sur les sarments.

LA FLORAISON

Elle a lieu en juin et dure très peu de temps, dix jours au maximum. C'est un moment très délicat qui aboutit à la nouaison ou fécondation. Si le temps est humide et froid, on risque la coulure, c'est-à-dire la chute des fleurs et la non-fécondation des ovules. La précocité de certains cépages, notamment le chardonnay, les rend particulièrement vulnérables à cette affection.

LA VÉRAISON

La grappe s'est maintenant chargée de grains qui se développent lentement. Au mois d'août, le raisin est au maximum de son acidité; celle-ci va commencer à décroître avec l'accumulation des sucres. La véraison est la période qui voit les grains passer d'un vert profond à toute une gamme de couleurs, du translucide au doré, en passant par le rouge violacé. On peut alors déterminer l'époque des vendanges.

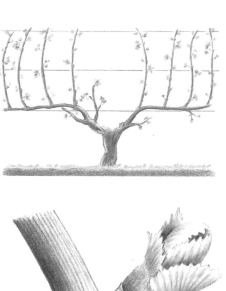

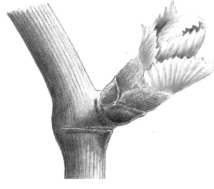

DE LA VIGNE

LA MATURITÉ

Tout est une question de teneur en sucres et en acides organiques. Le jour des vendanges se décide lorsque l'on est sûr que la teneur en sucres du raisin ne pourra plus augmenter. Dans les régions froides, il faut attendre le tout dernier moment pour obtenir une maturité parfaite. Dans les secteurs chauds, il suffit d'arriver à l'état d'équilibre entre sucres et acides en rapport avec le vin qui va être fait.

LA DORMANCE

Les vendanges sont terminées. Les feuilles sont tombées et la vigne va se recroqueviller sur elle-même pour le repos hivernal. Un autre cycle s'achève. Depuis la véraison, elle a stocké de la réserve en amidon. C'est l'aoûtement. Ainsi, année après année, peut-elle améliorer ses qualités et son rendement. Dès novembre, la prétaille commence, une taille de propreté avant l'hiver.

LA TAILLE

La vigne est une liane; elle doit être taillée et palissée pour produire toujours plus de fruits que de bois. Aussi, le vigneron met-il à profit la période de dormance pour effectuer la taille. Il va élaguer, couper, à partir de la mi-décembre (et non à partir du 22 janvier, à la Saint-Vincent, comme le voulait la tradition), toutes les tiges qui ont porté les grappes en ne laissant à partir du tronc qu'une simple branche.

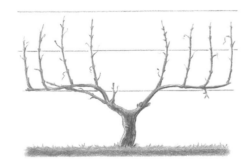

C'est la taille dite "Guyot", pratiquée communément dans le Bordelais ou en Bourgogne. L'autre technique est appelée "taille Gobelet" pour des cépages plus robustes de type gamay ou carignan. Elle consiste à ne laisser sur les trois ou quatre branches du tronc qu'un ou deux coursons, donnant à l'ensemble l'aspect d'un gobelet. Il existe bien d'autres types de taille. Il faudrait citer la taille "Royat", en "Lyre", etc. On pratique les unes ou les autres en fonction de la vigne, du climat et de l'exposition du vignoble.

LES VENDANGES

Le choix du jour est capital. Il faut que le raisin ait atteint son degré optimal de maturité, le moment exact où trois facteurs coïncident : le poids maximal du raisin, la richesse en sucres, qui va déterminer le degré d'alcool, et la baisse de l'acidité. Tout dépend également du vin que l'on désire faire. En Champagne, on vendange le pinot noir avant sa pleine maturité pour lui conserver un peu plus d'acidité; par contre, en Bourgogne, il est vendangé le plus tard possible. Exercice hautement délicat, car le risque de pourriture est accru, mais la complexité des grands vins de Bourgogne est à ce prix.

En haut à droite, fête des vendanges dans le Sauternais (gravure).
Au centre, vendanges dans le Médoc.
En bas à droite, vendanges en Champagne.

LA VIGNE,
DU CEP AU RAISIN

LE RAISIN

C'est le principal ingrédient du vin. Il est composé de quatre éléments :

– la rafle, qui n'est autre que la grappe sans les grains. Elle représente jusqu'à 7 % du poids de la vendange. Son rôle, lorsqu'elle est conservée, est de donner un peu plus de charpente à des vins qui en manquent, grâce notamment à sa richesse en tanin ;

– la peau. Le jus de raisin est généralement incolore. Ce sont les tanins et les pigments de la peau qui apportent au vin rouge ses matières colorantes. Une sorte de pellicule cireuse la recouvre, que l'on appelle "pruine", très importante réserve de levures qui, en excrétant certaines enzymes, permettent à la fermentation alcoolique de s'opérer ;

– la pulpe. Gorgée d'eau, de sucres et d'acides, elle constitue 80 à 90 % du poids de la grappe ;

– les pépins. Au pressoir ou au foulage, il ne faut surtout pas les écraser car, mélangés au moût, leur forte teneur en tanin et substances huileuses transmettrait au vin un goût trop prononcé d'amertume.

LE TANIN, UNE MARQUE DE CARACTÈRE

Le tanin est la substance astringente que l'on trouve dans la rafle, les pépins et la peau du raisin. Les deux premiers sont éliminés ; seul le tanin extrait de la peau et dissous au moment de la fermentation apporte au vin son épanouissement et ses capacités à bien vieillir.

Coupe du sol d'un pied de vigne. La vigne traverse différentes couches géologiques et peut s'enfoncer jusqu'à 7 m en terrain pierreux pour capter le peu d'eau qui lui est nécessaire.

LE RÔLE DES LEVURES

Pas de fermentation alcoolique sans levures, phénomène microbiologique découvert par Pasteur. Ces micro-organismes unicellulaires sont nichés à l'état naturel sur la peau du raisin (la pruine). Ils provoquent, à l'abri de l'air, une bonne fermentation, entre 10 et 32°.

Dans les moûts frais, on compte jusqu'à 100 millions de cellules par millilitre. Classées par familles, elles travaillent à la chaîne et meurent en s'intoxiquant par l'alcool qu'elles produisent, non sans avoir donné naissance à des acides aminés, à de la glycérine, à des éthers et autres composés chimiques.

Château Ausone (Saint-Émilion). Chaque pied de vigne est en lui-même un trésor.

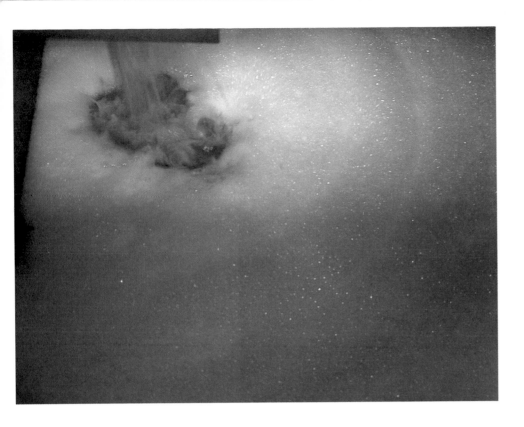

En bas à droite, pressoir en Champagne.
La récolte de pinot noir vient d'être déposée.

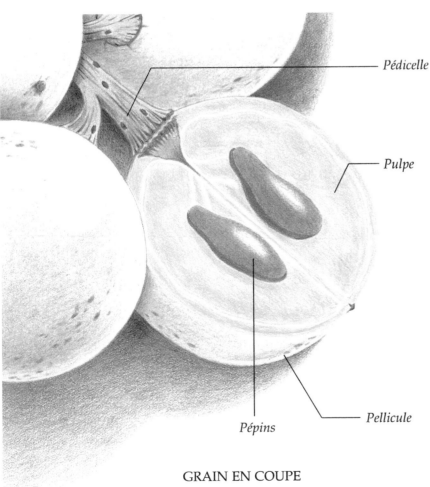

Pédicelle

Pulpe

Pellicule

Pépins

GRAIN EN COUPE

LA VINIFICATION

La vendange est au chai; le processus qui va transformer le raisin en vin peut commencer : c'est la vinification. Il en existe quatre principales, selon le vin que l'on produit : vin rouge, vin blanc, vin liquoreux ou vin rosé.

LA VINIFICATION EN ROUGE, ÉTAPE PAR ÉTAPE

1 - L'éraflage (ou égrappage) et le foulage
Ce sont deux opérations qui se font maintenant mécaniquement. Elles consistent à séparer la rafle des grains. Ceux-ci sont ensuite foulés en évitant d'écraser les pépins, ce qui donne le moût, un mélange de peau, de pulpe et de pépins.

2 - La cuvaison et la macération
Les moûts ainsi récoltés, auxquels on ajoute un peu d'anhydride sulfureux pour éviter tout risque d'oxydation et anéantir bactéries et mauvaises levures, sont placés dans des cuves de fermentation. Ils vont macérer en moyenne de neuf à vingt jours dans le Bordelais et de cinq à quinze jours en Bourgogne. Grâce aux levures et à une bonne aération, les moûts, en quelques jours, commencent à chauffer et à bouillonner, permettant l'extraction des matières colorantes, du tanin et des arômes particuliers du cépage. Pendant ce

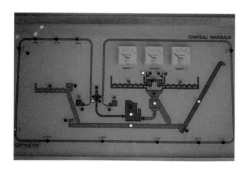

En haut, cuverie traditionnelle à Château Margaux (Médoc).
En bas, contrôle de la température.

temps, les sucres se transforment en alcool, à raison d'un degré d'alcool pour 15 à 18 g de sucres. À ce stade, le contrôle de la température est essentiel. Au-dessus de 32°, on risque l'arrêt de la fermentation. 20-25° est la température idéale pour les vins primeurs, plus fruités que tanniques. Les vins de garde, riches en tanin et en alcool, supportent les 30°.

Le gaz carbonique qui se dégage de la fermentation va concentrer en haut de la cuve tous les éléments solides du moût. Il forme ce que l'on appelle le chapeau (ou marc), atteignant jusqu'à un mètre d'épaisseur. Tout l'art consiste alors à faire remonter, par un système de pompe, le jus sur le chapeau de marc pour dissoudre sans cesse tanin, pigments, acides et sels.

3 - L'écoulage et le pressurage
Après la période de macération, le jus est séparé des éléments solides par soutirage ou simple écoulage. On obtient alors le vin de goutte.

Le vin de presse (15 % de la récolte), de qualité inférieure mais plus riche en tanin et en substances végétales, provient du pressurage ou de l'essorage du marc. Il est suivi, s'il y a lieu, d'une seconde presse. Mais seul le vin de première presse peut s'ajouter partiellement au vin de goutte.

Mélangés ou en cuves séparées, ils incubent quelques semaines encore à une température de 18 à 20°.

4 - La fermentation malolactique
Un chimiste vous expliquerait que cette seconde fermentation transforme l'acide malique en acide lactique, grâce aux bactéries lactiques du vin. Il faut trois conditions : une température de 20°, un peu d'aération, un pH pas trop acide et la suppression de toute trace d'anhydride sulfureux. En langage clair, le vin va perdre de son acidité, de sa verdeur; il s'assouplit enfin en gagnant de la rondeur.

La phase de vinification est terminée. Tout l'art du maître de chai consiste maintenant à réussir ses assemblages entre deux ou trois cépages, en rajoutant un peu de vin de presse au vin de goutte, à fabriquer ainsi ce qui sera un millésime.

LA VINIFICATION EN BLANC

Première règle : le vin blanc résulte de la fermentation du seul jus de raisin. Il faut donc éliminer rafle, peau, pulpe et pépins. On emploie deux techniques : l'une consiste à pressurer le raisin non foulé pour obtenir du jus blanc à partir, par exemple, d'un cépage blanc à peau noire (le pinot en Champagne) ; l'autre technique part d'abord du foulage, pour faire éclater les baies.

Il arrive aussi que l'on effectue, avant le pressurage, une très courte macération préfermentaire qui aide à une meilleure extraction des arômes. Les moûts sont ensuite clarifiés ; ils sont, comme on dit, mis à débourber, opération qui consiste à se débarrasser de tous les débris végétaux (la bourbe).

Deuxième règle à respecter : éviter à tout prix le contact avec l'air. Moût blanc, jus de raisin et vin blanc jeune craignent en effet l'oxydation qui fonce la couleur et détruit les arômes. La fermentation alcoolique qui suit dure en moyenne une quinzaine de jours. Elle doit se faire en cuves à une température de 18°, à l'exception des grands vins de garde qui respectent l'usage de la fermentation alcoolique à 25° en barrique de chêne.

Pour les vins destinés à être bus jeunes et frais, écarter le risque de toute fermentation malolactique est la troisième règle d'une vinification réussie, car cette seconde fermentation tend à atténuer les arômes de cépage. Elle est, par contre, indispensable pour les vins de garde, leur apportant les qualités dont ils ont besoin pour bien vieillir.

LA VINIFICATION EN VIN LIQUOREUX

Cette vinification particulière nécessite des raisins très riches en sucres (deux fois plus que des raisins ordinaires). Une telle concentration de sucres est due au passerillage (voir les vins de paille du Jura) ou à la pourriture noble qui se développe sur certains cépages grâce à la présence d'un champignon, *Botrytis cinerea*, lorsque les vendanges sont tardives et que le temps est humide et ensoleillé. La fermentation alcoolique transforme une partie seulement des sucres en alcool. Elle est alors stoppée artificiellement par de l'anhydride de sulfureux, antiseptique puissant, qui arrête le travail des levures. Celles-ci sont ensuite éliminées par soutirage, centrifugation ou tout simplement par pasteurisation. Le vin ainsi obtenu possède une forte teneur en sucres résiduels, ce qui donne le vin liquoreux.

Les vins moelleux représentent l'état intermédiaire entre les vins blancs secs et les vins liquoreux.

En haut, vendanges à Yquem (Sauternes). Ci-dessous, cuves en acier inoxydable en Bourgogne.

LA VINIFICATION EN ROSÉ

On appelle rosés tous les vins plus ou moins colorés, situés entre les blancs et les rouges, c'est-à-dire les vins clairets, les rosés ou les gris. En aucun cas ils ne sont, comme on pourrait le croire, un mélange de vins rouges et de vins blancs (à l'exception du champagne rosé).

Il existe deux techniques pour obtenir les vins rosés :
– par le pressurage direct de raisins noirs bien mûrs pour permettre aux pigments contenus dans la peau de teinter le moût. On vinifie ensuite en blanc ;
– par saignée. La méthode est identique à celle des vins rouges, mais la macération se limite à quelques heures, jusqu'à ce que l'on ait atteint la couleur désirée. On prélève alors (la saignée) une certaine quantité de moûts qui vont fermenter séparément.

SEC - DEMI-SEC - MOELLEUX - LIQUOREUX

Tout est une question de sucres non transformés en alcool pendant la fermentation. Il faut savoir qu'à 15 ou 16° d'alcool, le sucre ne fermente plus. Il laisse donc des sucres résiduels qui donnent les vins doux.

(pourcentage de sucre par litre)
– les vins secs : 0 g ;
– les vins "demi-secs" ou doux : jusqu'à 10 g ;
– les vins "moelleux" : de 10 à 18 g ;
– les vins "liquoreux" : de 40 à 200 g ;

LE VIEILLISSEMENT DU VIN

À l'exception des vins blancs secs, qui se consomment jeunes, les vins fins doivent s'épanouir, se travailler, s'épurer d'abord en barrique en contact avec l'oxygène, puis en bouteille, à l'abri de l'air, où ils vont passer de la jeunesse à l'âge mûr avant de se dégrader inexorablement.

LE TEMPS DE L'ÉLEVAGE

Un vin rouge séjourne en barrique de six mois à deux ans pour les plus robustes. Le travail en chai consiste à laisser reposer le vin et à veiller à ce que le niveau des fûts reste constant. Pour compenser l'évaporation et éviter le développement des bactéries au contact de l'air, on va "ouiller", c'est-à-dire rajouter du vin une à deux fois

Dans le Bordelais, il n'existe pas de caves. Fûts et vins sont entreposés dans des chais, autrement dit, des celliers construits au-dessus du sol. On parle en barrique (225 l) et en tonneau (900 l). En Bourgogne, les chais n'existent pas, il n'y a que des caves creusées dans le sol. Ici, les fûts sont des pièces (228 l), des feuillettes (demi-pièces) et des queues (456 l).

par semaine. Pendant ce temps, lie et autres sédiments se déposent au fond de la barrique. Il faut alors, jusqu'à quatre fois par an, soutirer le vin pour le transférer dans un tonneau propre. La tradition voulait que l'on attende trois conditions météo bien précises : temps clair, vent du nord et pleine lune. Le vin, au contact du bois et de l'air, commence à perdre de son âpreté, devient moins dur, augmente l'intensité de sa couleur et accapare des arômes et des tanins nouveaux, le fameux "goût de bois" que l'on retrouvera des années plus tard dans des arômes vanillés et de pain grillé. La qualité du fût est essentielle. Un fût n'est pas seulement de chêne, il doit aussi être neuf. Trois ans sont suffisants pour épuiser totalement l'effet du bois. S'il est constamment imprégné de vin, sa saveur se tarit et il se couvre alors de tartre.

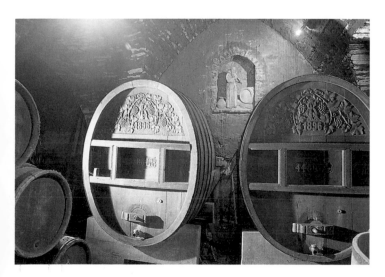

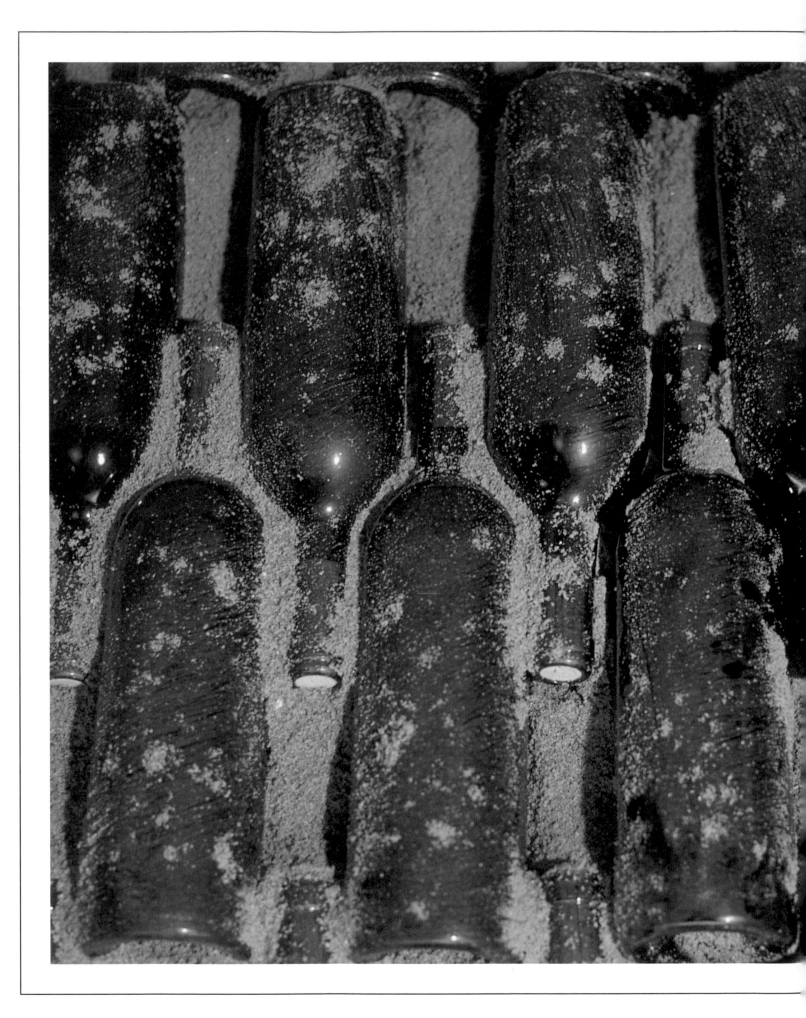

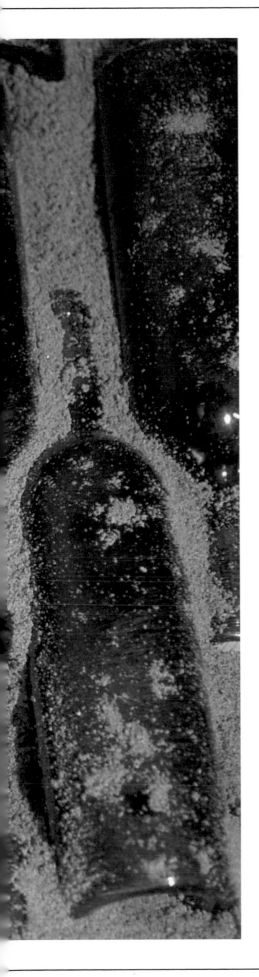

LA MISE EN BOUTEILLES

Condition essentielle avant la mise en bouteilles : le vin doit être parfaitement limpide, sain et dépourvu de tout ferment. Pour cela, on procède à la "clarification" par collage (et) ou par filtrage. Il faut, par des matières colloïdales de type blanc d'œuf, gélatine ou sang (on utilise de la colle de poisson pour les vins blancs), attirer au fond du tonneau toutes les particules en suspension. Ce résultat s'obtient également par filtrage ou centrifugation.

Une fois clarifié, le vin est mis en bouteilles où, à l'abri de l'air, il poursuit son vieillissement. Il s'arrondit en perdant de l'astringence. Sa couleur évolue du rouge vif au tuilé et du jaune-vert vers le doré pour les blancs. Enfin, suprême aboutissement, les arômes se développent pour former le "bouquet", extraordinaire trésor olfactif dans lequel l'amateur va puiser une myriade d'odeurs végétales, d'odeurs d'épices et ces très fugitives odeurs empyreumatiques de grillé, de goudron, de boucané. Le vin est enfin arrivé à son apogée ; il est temps de le boire.

Cave de vieillissement à Saint-Émilion.

L'ÉTIQUETTE,
UNE QUESTION DE RANG
ET DE RÈGLEMENT

Comment s'y reconnaître dans les quelques dizaines de milliers de vins produits chaque année en France? Au-delà de la couleur et de la forme de la bouteille, l'étiquette est la seule source d'information. En outre, elle garantit la qualité.

Elle indique :

1 - le nom et l'adresse de l'embouteilleur, précisant si c'est un propriétaire-récoltant ou un négociant;

2 - la catégorie du vin. Est-ce un vin de table, un vin de pays, un VDQS, un AOC?

– Vin de table : l'indication du degré d'alcool est obligatoire. Mais il peut s'agir d'un mélange provenant de différents pays de la CEE.

– Vin de pays : il n'est autre qu'un vin de table avec indication d'origine. L'aire de production et le cépage traditionnel (jamais d'hybrides) sont réglementés.

–VQPRD : abréviation un peu barbare qui cache en réalité les vins de qualité. VQPRD ou Vin de qualité produit dans une région déterminée, jamais mentionné sur les étiquettes en France, est en fait une norme européenne apparue en 1962. Elle regroupe les VDQS (Vins délimités de qualité supérieure) et les très célèbres AOC (Vins d'appellation d'origine contrôlée).

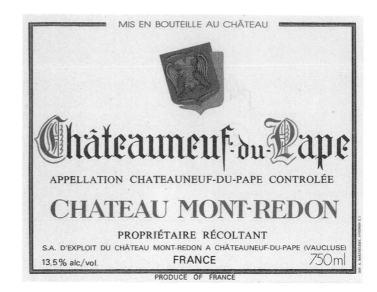

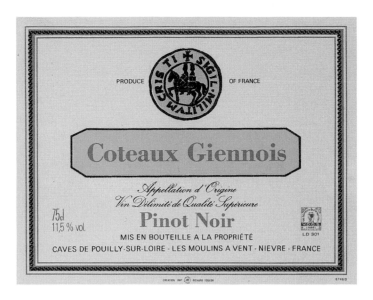

L'étiquette a pour rôle essentiel d'indiquer le nom
du responsable du vin. En général, il s'agit du
dernier intervenant, c'est-à-dire l'embouteilleur.
Elle fixe ensuite la catégorie à laquelle ce vin
appartient : vin de table, vin de pays, vin délimité
de qualité supérieure (VDQS) et appellation
d'origine contrôlée (AOC).

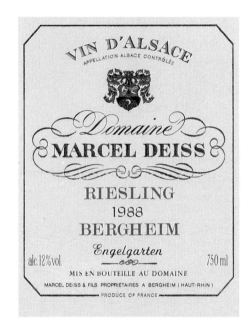

À l'acheteur, le rang AOC offre cinq
garanties assises sur une montagne de
textes, d'amendements, de dispositions
spéciales et de règlements divers qui ont
abouti à la création en 1947 du fameux
INAO (Institut national des appellations
d'origine).

1 - L'aire de production : elle est délimitée
géographiquement à l'intérieur d'une
région vinicole selon des critères de tradition, mais aussi d'après des facteurs géologiques, pédologiques, liés au terroir.

2 - Les cépages : ce sont eux qui donnent
le meilleur vin sur un terroir précis, en
fonction des conditions climatiques.

3 - Le rendement à l'hectare : tout est prévu et réglementé, la façon de cultiver et
d'entretenir la vigne, mais aussi le rendement maximal qui, en aucun cas, ne peut
dépasser cette norme. On parle en hectolitres par hectare (hl/ha).

4 - Le degré d'alcool minimal, en dehors,
bien entendu, de toute addition de sucre.

5 - Les procédés de culture et de vinification, avec le souci de conserver les pra-
tiques traditionnelles de vinification.

COMMENT DEVENIR CONNAISSEUR !

Déguster un vin, c'est avant tout exercer son plaisir. C'est apprendre avec beaucoup de modestie à déceler des sensations nouvelles, à identifier des arômes, à distinguer le bouquet, à savoir apprécier un vin dans sa globalité et à en saisir ses plus subtiles finesses. Est-il aimable, racé, grand seigneur ou bien rustre, grossier, vulgaire ? Est-il féminin ou viril, riche, charpenté, vigoureux, généreux ou plat, mou, mal bâti, étriqué ? Car, de la surprenante alchimie qui le compose : alcools, acides, sucres, glycérines, minéraux, azote, vitamines, tanins et autres substances phénoliques, il sort superbement vivant et toujours prêt à nous surprendre.

Un vin se fait avec le temps ; sachons l'attendre, attendre sa plénitude, cet instant d'équilibre parfait où il est à la quintessence de ses qualités. Passé ce stade, il décline jusqu'à sa mort aux signes cliniques évidents : vin trouble, robe tirant sur le brun, madérisation ou acidité excessive.

Et, avant de le boire, amenons-le à sa bonne température. La plupart des vins blancs se boivent frais, à une température moyenne de 8 à 10°. Pour les rouges, les plus jeunes et légers se servent à environ 12 ou 13°, tandis que les plus âgés demandent 3 à 4° supplémentaires. Pour ceux-là, on dit qu'ils ont besoin d'être "chambrés", expression utilisée avant l'avènement du chauffage central. Aucun vin ne se sert aujourd'hui à température ambiante (un vin prend 1° toutes les dix minutes dans une pièce à 20°). La bonne solution consiste à plonger les bouteilles dans l'eau froide. Et, si la bouteille est trop fraîche, un seul remède, la patience... et surtout pas le dessus du radiateur.

Certaines vieilles bouteilles ont besoin d'être décantées, c'est-à-dire qu'il faut transvaser le vin en carafe pour le séparer de son dépôt. Mais mille précautions sont nécessaires, parce que cette opération a pour second effet d'aérer trop brusquement le vin, et les plus âgés risquent d'y perdre une partie de leur bouquet. Il faut donc amener lentement le goulot propre sur le rebord de la carafe, puis incliner la carafe pour que le vin coule doucement le long de sa paroi. Une bougie placée sous le col aide alors à surveiller l'arrivée du dépôt.

Salle de dégustation au Château Prieuré-Lichine (Médoc).

ARÔMES ET BOUQUET

Avant de le déguster avec les yeux, le nez, le palais, apprenons à reconnaître les arômes pour mieux cueillir le bouquet. Les arômes sont ces parfums que le vin tire du cépage et du sol qui le nourrit, quelle que soit l'année ou le climat.

L'arôme primaire, le muscat par exemple dont le fruit porte déjà le goût de musc, se distingue des arômes secondaires qui se révèlent lors de la fermentation. Là, la palette des odeurs est immense, odeurs fruitées de framboise, pêche..., odeurs florales de rose, pivoine, iris, jacinthe, violette ..., odeurs de sous-bois, de cham-

pignon, odeurs de venaison, odeurs minérales, odeurs de cuir. Le bouquet se développe lentement lors de la maturation du vin. Les arômes primaires et secondaires se fondent alors dans une extraordinaire communion d'essences et d'éthers volatils d'où émane "l'âme du vin", autrement dit le bouquet.

ROUE DES ARÔMES DU VIN

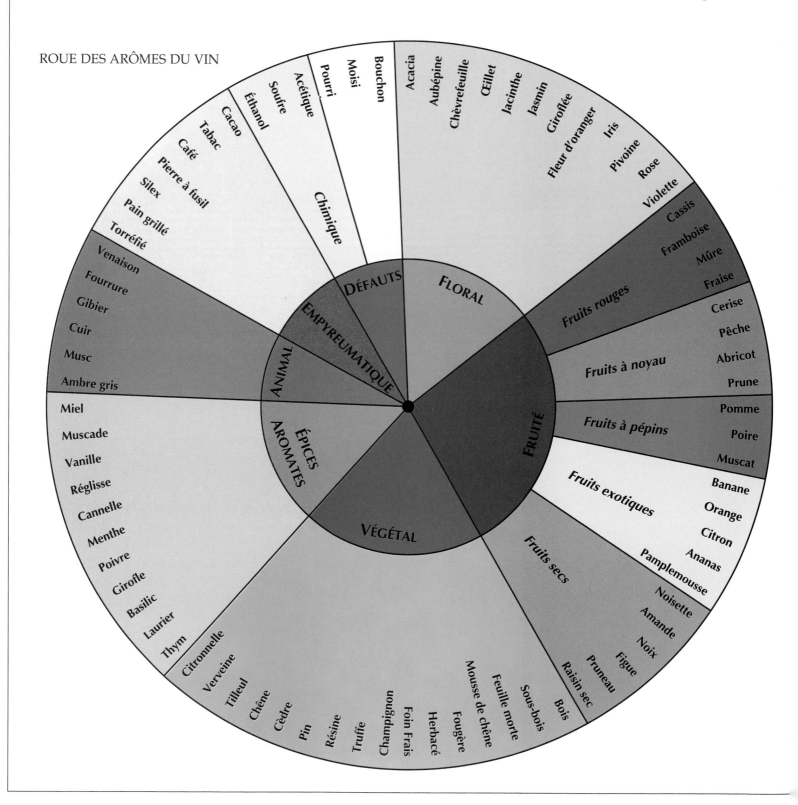

50

LES YEUX, LE NEZ, LE PALAIS

– Le vin se goûte avec les yeux : rien que pour le plaisir des yeux, un vin se doit d'être beau ;

– dans un verre, sa surface est brillante sans irisation, signe de maladie ;

– sa couleur, sa robe, est scintillante, cristalline. Elle est parée d'une multitude de nuances : rubis, pourpre, grenat pour les rouges ; pelure d'oignon, rose clair, rose foncé, rose vif pour les rosés ; jaune-vert, or, paille, topaze pour les blancs (un vin oxydé se décèle par sa couleur brunâtre) ;

– ses jambes sont-elles épaisses, fines ou équilibrées ? Pour le savoir, il suffit de pencher son verre, de le redresser et de constater l'onctuosité du vin grâce aux traces et gouttes qu'il laisse sur la paroi.

– Le vin se goûte avec le nez : tout consiste à humer le vin par petits coups de nez. Flairer d'abord sans remuer le disque, puis, en tournant le verre, l'obliger à prendre un petit mouvement giratoire que l'on cessera par un arrêt brusque.

Le vin a-t-il un bon nez? Peut-on percevoir ses arômes primaires, les arômes de jus de fruit du gamay ou ceux de fruits rouges du cabernet franc de Touraine? Si oui, on est prêt à l'ultime épreuve, celle du palais.

– Le vin se goûte surtout avec le palais : il doit se livrer tout entier, associant au même moment sensations gustatives et olfactives. L'instant est sublime; le vin, mis à nu, exhale tous ses éthers et essences, imprègne les papilles de la langue, le palais et la gorge. Et, s'il s'attarde par quelques arômes légèrement persistants, on dit qu'il est "long en bouche", flatteur pour un vin!

Une simple technique permet cette perception optimale : ayez soin de bien étaler sur la langue un peu de vin, puis inspirez légèrement, ce qui permet de vaporiser le vin sur les muqueuses. À ce stade, la mémoire, à l'instar de la fameuse madeleine de Proust, vous reviendra. Cette mémoire du vin vous permettra de le juger, de le comparer, de l'apprécier davantage encore avant de le boire pour votre plus grand plaisir.

LE VERRE, DE PIED EN CAP

Les sept règles de verre :

– un verre à pied pour l'avoir bien en main ;

– de forme tulipe, pour la concentration des arômes ;

– des bords légèrement rétrécis pour favoriser l'exhalaison du bouquet ;

– un verre blanc, cristallin, parfaitement transparent pour mieux apprécier la robe et la texture du vin (éviter couleur et fioritures inutiles) ;

– le plus fin possible : le minimum entre vous et le vin ;

– assez vaste, environ 22 cl ;

– un verre à remplir toujours au tiers pour appliquer au vin, sans risque, le mouvement giratoire.

À CHAQUE APPELLATION SON VERRE RÉGIONAL

Bordeaux

Champagne

Bourgogne

Alsace

INAO

SIX RECOMMANDATIONS POUR
UNE DÉGUSTATION :

– tenir le verre par le pied;
– humer le vin après en avoir regardé la
couleur;
– agiter très doucement le verre dans un
mouvement tournant pour l'aérer et libérer de nouveaux arômes;
– humer une dernière fois pour percevoir
d'autres parfums;
– maintenant, le goûter en le mâchant,
c'est-à-dire, par une sorte de gargarisme,
le faire pénétrer avec un peu d'air dans sa
gorge;
– l'avaler en faisant attention à la longueur (est-il long en bouche?), ou le re-
cracher dans un seau prévu à cet effet, ce
qui permet de déguster plusieurs vins à
la suite.

LES MOTS DU VIN			
Finesse	Robe	Bouquet	Onctuosité
Délicat, sérieux, aimable, racé, grand seigneur, distingué, et à l'opposé, commun, grossier, rustre, vulgaire, frivole.	Brillante, scintillante, vive, rubis, claire, dorée, foncée, grenat, et à l'opposé, dépouillée, cassée, terne.	Avoir du nez, être à point, en pleine sève, fruité, affriolant, séducteur, amoureux, coquin, voluptueux, droit, franc de goût, fait la queue de paon, et à l'opposé, éteint, aplati, dégingandé, sévère, revêche, stupide.	Velouté, soyeux, souple, tendre, charnu, et à l'opposé, vert, acerbe, dur, sauvage, âpre, rude.

Un bon vin est celui dont la courbe de vos appréciations entre dans les cadres de couleur.

ORDRE DES APPRÉCIATIONS À DONNER SUR LE VIN								
Bouquet ou nez	Équilibre ou harmonie	Franchise ou netteté	Finesse ou élégance	Corps ou charpente	Caractère ou personnalité	Acidité ou nervosité	Dureté ou sécheresse	Évolution ou vieillissement
Nul	Très déséquilibré	Tourné	Vulgaire	Squelettique	Inexistant	Aqueux	Mollasson	Bourru
Insignifiant	Déséquilibré	Piqué	Cru	Maigre	Muet	Fade	Mou	Pas fait
Léger	Creux	Faux goût	Commun	Mince	Neutre	Plat	Tendre	Primeur
Peu développé	Petit	Douteux	Quelconque	Léger	Effacé	Coulant	Gommé	Jeune
Moyen	Assez équilibré	Assez franc	Ordinaire	Assez corsé	Petit caractère	Normal	Rond	Fait
Appréciable	Équilibré	Franc	Assez fin	Étoffé	Personnalisé	Nerveux	Ferme	Rassis
Bouqueté	Harmonieux	Très franc	Fin	Très corsé	Grand caractère	Acide	Dur	Mûr
Très bouqueté	Riche	Net	Grande finesse	Lourd	Terroir	Vert	Âpre	Passé
Grand bouquet	Parfait	Très net	Extrême finesse	Chargé	Fort terroir	Acerbe	Raide	Usé

SACHEZ LE DIRE

Amer : goût très désagréable, s'il est dû à un excès de tanin peut s'atténuer, voire disparaître après vieillissement.

Apre : rude un tel vin donne l'impression de râper le palais.

Cassé : se dit d'un vin qui noircit, qui plombe au contact de l'air.

Qui a du corps : vin bien constitué, rond, bien charpenté qui emplit la bouche.

Elégant : vin racé, distingué, délicat.

Frais : vin ayant conservé la fraîcheur du fruit – vin de primeur.

Généreux : dispensant la chaleur et le bien-être, ce vin est riche en alcool et en qualités essentielles.

Léger : pauvre en alcool et souvent en couleur, ce vin peut être agréable s'il est de noble naissance.

Equilibré : complet, ce vin présente un ensemble harmonieux de caractères.

Etoffé : produit soyeux, solide, dont les qualités sont bien marquées.

Madérisé : vin blanc trop vieux, ou oxydé qui prend une teinte jaune brun et un goût rappelant le Madère.

Maigre : sans gras, creux, un tel vin est mince et pauvre.

Moelleux : onctueux, velouté.

Mou : vin manquant d'acidité et de vivacité, de nerf (le contraire de vif).

Nerveux : vin bien équilibré en acides, souvent vigoureux.

De primeur : vin jeune mais frais et agréable à boire (primeur).

Puissant : vin très corsé, étoffé, riche.

Racé : il s'agit d'un vin de haut lignage, d'un grand seigneur.

Rond : vin souple, gras et plein, sans aspérité.

Souple : produit moelleux, pas trop riche en tanin, très agréable au goût.

Usé : vin trop vieux ayant perdu ses qualités initiales.

Velouté : vin qui flatte le palais comme une caresse, très souple.

Vert : vin trop jeune, en tout cas trop acide.

Vif : vin riche, il a du nerf, du mordant (le contraire de mou).

Vineux : vin riche ayant un goût de vin très accusé.

Le bouchon de liège est indispensable pour une bonne conservation du vin. Il provient du revêtement naturel du chêne-liège dont l'Espagne et le Portugal assurent 80 % des besoins mondiaux.

LE BOUCHON, "UN PEU DE LIÈGE ET BEAUCOUP D'AIR"

Jusqu'au IVe siècle de notre ère, le liège était utilisé au bouchage de certaines amphores. Mais cet usage se perdit jusqu'à sa redécouverte au XVIIIe siècle. La légende veut que dom Pérignon, à l'abbaye d'Hautvillers, remarquât les bouchons de liège qui obturaient la gourde des pèlerins espagnols. Depuis, le bouchon de liège est devenu irremplaçable.

Extraordinaire liège! Il nous vient du chêne qui porte son nom et dont l'aire de végétation s'étend sur le pourtour de la Méditerranée. L'une de ses qualités, lorsqu'il est dépouillé de son écorce, est de la renouveler de cinq à dix millimètres par an. Mais sa propriété essentielle vient de sa capacité à établir un échange respiratoire entre le vin et l'atmosphère ambiante. Il est constitué en effet d'un tissu imperméable rempli à 85 % d'air, qui se compresse jusqu'à 35 % de son diamètre, idéal pour le bouchage des bouteilles.

LA BOUTEILLE, "DEUX FILLETTES POUR UNE BOUTEILLE"

Son histoire remonte à l'Antiquité, le jour où fut inventée la canne à souffler le verre. Ustensile précieux protégé d'un clissage, elle servait de carafe pour le service du vin. Valut-elle un jour les nombreux surnoms dont l'affubla Rabelais dans *Gargantua* : fiole, bourrache, flacon, pinte, ferrière, guedoufle, etc.? En tout cas, on la retrouve un siècle plus tard, en noir et sous forme de sphéroïde. Mais il fallut attendre 1778 pour que l'*Encyclopédie* de Diderot la consacre comme "presque le seul récipient en usage parmi nous pour le vin". A cette époque, elle s'allonge, prend la forme cylindrique et se personnalise en "bourguignonne", suivie au début du XIXᵉ siècle par la "bordelaise" et la "champenoise". On passe alors au verre vert (pivette) et au verre blanc. En 1894, Claude Boucher, maître verrier, fut le premier à fabriquer les bouteilles mécaniquement. Un triple objectif était atteint : la bouteille devenait le récipient le mieux adapté au transport, à la conservation du vin, à la présentation et au service de table.

SEIZE BOUTEILLES À BOIRE

20 cl	quart de bouteille : quart (Champagne)
37,5 cl	demi-bouteille : fillette dans le Bordelais
50 cl	pot : Beaujolais
75 cl	bouteille
150 cl	magnum (2 bouteilles), Bordeaux/Bourgogne
160 cl	magnum (2 bouteilles), Champagne
250 cl	marie-jeanne (3 bouteilles), Bordeaux
300 cl	double magnum, Bordeaux
320 cl	jéroboam, Champagne
480 cl	réhoboam, Champagne
500 cl	jéroboam, Bordeaux
600 cl	impériale, Bordeaux
640 cl	mathusalem, Champagne
960 cl	salmanazar, Champagne
1 280 cl	balthazar, Champagne
1 600 cl	nabuchodonosor, Champagne

Querelle d'origine, querelle d'étymologie ! Le tonneau, né d'une géniale inspiration, serait-il d'origine celte, gauloise ou grecque, puisque Diogène, célèbre philosophe grec (413-327 av. J.-C.) vivant pieds nus, avait pour demeure un tonneau ? L'histoire, finalement, trancha pour les Gaulois. Et c'est presque inchangé qu'il traversa le temps pour arriver jusqu'à notre époque où il sert encore à l'entreposage et à la maturation du vin.

Quant aux noms latins, écoutez : *"fulgores... tonitrua"* (foudre... tonneau), n'est-ce pas le bruit tonitruant de la foudre que l'on entend lorsque l'on roule la futaille à vide ?

Aujourd'hui, on dénombre plusieurs centaines de différentes futailles, faites pour la plupart en chêne, bois idéal pour le vieillissement du vin.

Le rôle du tonnelier n'a pas changé. Faire un fût nécessite six opérations :
1 - on mesure et on façonne les douves (longues pièces de bois qui forment la futaille) ;
2 - on les monte et on les met en forme ;
3 - on les cintre au feu ;
4 - on effectue le rognage ;
5 - on prépare les fonds ;
6 - le travail se termine par le fonçage, le cerclage et l'épreuve de solidité.

DE LA CRUCHE DE BEAUNE (23 LITRES)
AU TONNEAU BORDELAIS (900 LITRES)

Alsace
foudre (1 000 l)
aume (114 l)

Beaujolais
pièce (216 l)
feuillette (demi-pièce : 108 l)
quartaut (quart de pièce : 54 l)

Bordeaux
barrique (225 l) (24 caisses de 12 bouteilles)
tonneau (900 l) (soit 4 barriques)
demi-barrique ou feuillette (112 l)
quartaut (quart de barrique : 56 l)

Bourgogne
pièce (228 l)
queue (456 l)
feuillette (demi-pièce : 114 l)
quartaut (quart de pièce : 57 l)

Chablis
feuillette (132 l)

Champagne
queue (216 l)
demi-queue (108 l)

Vallée de la Loire
pièce (220 l)

Mâconnais
pièce (215 l)

Midi
demi-muid (entre 600 et 700 l)

Vallée du Rhône
pièce (225 l)

Le tonnelier de Château Margaux, l'un des derniers du Médoc.

LE BORDELAIS

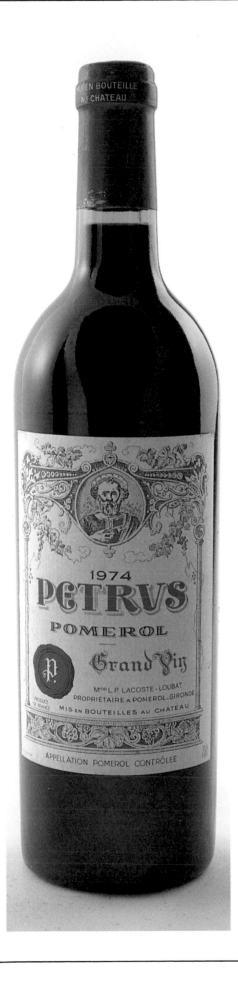

Le Bordelais est sans conteste la première région viticole du monde. Ses 100 000 ha de vignes, en bordure de l'Atlantique, produisent la moitié de tous les grands crus français. Les vignobles, d'une exceptionnelle qualité, couvrent à eux seuls 10 % du département de la Gironde (le plus vaste de France), dont 92 % en aires d'appellation d'origine contrôlée.

Imaginez un vaste triangle, organisé autour de la Garonne et de la Dordogne. A leur confluence, se forme l'estuaire de la Gironde qui coule sur 80 km avant d'atteindre l'Océan. La vigne est partout, jamais très éloignée de l'eau. Rive gauche, le prestigieux Médoc s'étire de la pointe de Grave à la Jalle de Blanquefort. Ses terres rocailleuses, douées d'une sorte de génie, regroupent les plus célèbres vins rouges du monde. Mais passons Bordeaux et sa banlieue pour pénétrer en terre graveleuse, celle qui produit les très grands Graves et les plus raffinés des Sauternes. Il suffit alors de franchir le fleuve pour se retrouver Entre-Deux-Mers, entre Garonne et Dordogne. Sur l'autre rive, voici le Libournais, Saint-Émilion, Pomerol et l'inestimable Pétrus. Enfin, en remontant le cours de la Dordogne, c'est le groupe des Côtes, Côtes de Bourg, Côtes de Blaye, faisant face de l'autre côté de la Gironde au tout-puissant Médoc.

Les chiffres sont éloquents. Le Bordelais compte cinquante-trois appellations et plus de quatre mille châteaux (souvent de simples maisons). La production annuelle oscille entre cinq et six millions d'hl dont cinq millions en AOC. Les vignes rouges, largement majoritaires (75 %), se situent plutôt au nord de Bordeaux. Quant aux blanches (25 %), on les rencontre davantage au sud-est de la ville.

Qu'ils soient blancs, rouges, secs ou doux, ces vins sont d'une incomparable qualité, due non seulement à la diversité des sols et des cépages, au climat particulièrement doux et humide, mais également à l'histoire mouvementée de cette terre de Guyenne.

CHATEAU CARBONNIEUX
GRAVES DE LÉOGNAN
1928
1er Cru Graves
MISE EN BOUTEILLES AU CHATEAU

UNE HISTOIRE TOURNÉE VERS LE GRAND LARGE

"La gloire de Burdigala (Bordeaux) et son renom universel proviennent de ses vins", écrivait au IVe siècle Ausone, poète et homme politique gallo-romain. Bordeaux, qui lui consacre l'un de ses plus prestigieux châteaux, était à l'époque un centre de commerce très important, tourné déjà vers l'Angleterre. Les invasions qui suivirent, la chute de l'Empire romain laissèrent peu de chose de cette prospérité. Au XIIe siècle, un édit de Jean sans Terre alla jusqu'à mentionner les vignes du Poitou sans évoquer celles du Bordelais. L'Histoire pourtant était déjà en marche.

En 1152, le mariage de Louis VII, futur roi de France, devait être déclaré nul pour consanguinité. Répudiée, Aliénor d'Aquitaine épousa alors Henri Plantagenêt,

---

LES APPELLATIONS : TROIS GRANDES CATÉGORIES

La règle veut qu'en France il n'y ait pas de hiérarchie dans les AOC et pourtant, dans le Bordelais, il existe bien trois grandes catégories d'appellations :

1 - Une appellation générale : Bordeaux ou Bordeaux supérieur.
Elle a été définie en 1911 et s'applique à tous les vins provenant des terres à vignes (à l'exclusion des zones forestières et des terres alluviales appelées "palus") du département de la Gironde, soit une production de 2 600 000 hl par an. On y trouve :
les Bordeaux blancs
les Bordeaux blancs secs
les Bordeaux supérieurs (cépages nobles, meilleure vinification, degré d'alcool supérieur, rendement à l'hectare inférieur, bonne longévité)
les Bordeaux rosés
les Bordeaux Claret
les Bordeaux Claret supérieurs
les Bordeaux mousseux (la deuxième fermentation est effectuée en bouteille, selon la méthode champenoise).
Cette appellation regroupe en gros les vignobles qui n'ont pas d'appellation locale. Mais nombreux sont les producteurs qui, en Gironde, font plusieurs types de vins. Dans la plupart des cas, l'appellation ne concerne qu'un seul vin, les autres portant l'appellation générique.

2 - Une appellation "régionale".
3 - Une appellation "locale" ou "communale".

Le Médoc : deux appellations régionales :
Médoc, Haut-Médoc
et six appellations "communales" :
Margaux
Moulis
Listrac
Saint-Julien
Pauillac
Saint-Estèphe

Les Graves : trois appellations :
Graves
Graves supérieurs
Pessac-Léognan
Le Sauternais : trois appellations :
Sauternes
Barsac
Cérons
L'Entre-deux-Mers : huit appellations :
Entre-deux-Mers
Entre-deux-Mers-Haut-Benauge
Cadillac
Loupiac
Sainte-Croix-du-Mont
Côtes de Bordeaux Saint-Macaire
Sainte-Foy-Bordeaux
Graves de Vayres
Le Libournais : quatorze appellations dont quatre pour Saint-Émilion :
Saint-Émilion
Saint-Émilion Grand Cru
Saint-Émilion Grand Cru classé
Saint-Émilion Premier Grand Cru classé
et cinq communes satellites :
Montagne-Saint-Émilion
Saint-Georges-Saint-Émilion
Parsac-Saint-Émilion
Lussac-Saint-Émilion
Puisseguin-Saint-Émilion
Pomerol
Lalande de Pomerol
Néac
Fronsac
Canon Fronsac
Le groupe des Côtes (sans être géographiquement regroupés, ils se sont constitués en association pour défendre leurs intérêts) :
les Côtes de Blaye
les Premières Côtes de Blaye
les Côtes de Bourg
Premières Côtes de Bordeaux
Bordeaux Côtes de Castillon
Bordeaux Côtes de Francs

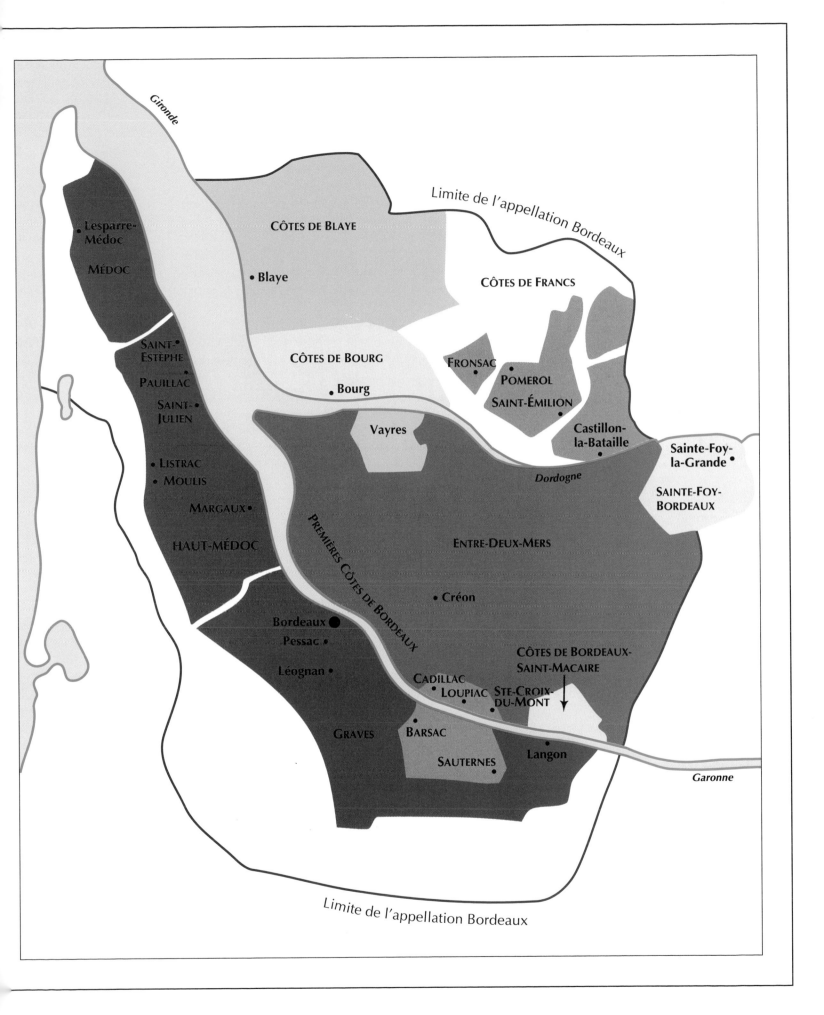

Gironde

Limite de l'appellation Bordeaux

Lesparre-
Médoc

MÉDOC

CÔTES DE BLAYE

CÔTES DE FRANCS

• Blaye

SAINT-
ESTÈPHE

CÔTES DE BOURG

FRONSAC

POMEROL

PAUILLAC

• Bourg

SAINT-ÉMILION

SAINT-
JULIEN

Vayres

Castillon-
la-Bataille

Sainte-Foy-
la-Grande •

• LISTRAC

• MOULIS

Dordogne

SAINTE-FOY-
BORDEAUX

MARGAUX •

ENTRE-DEUX-MERS

HAUT-MÉDOC

PREMIÈRES CÔTES DE BORDEAUX

• Créon

Bordeaux ●

Pessac •

CÔTES DE BORDEAUX-
SAINT-MACAIRE

Léognan •

CADILLAC
• LOUPIAC

STE-CROIX-
DU-MONT

GRAVES

BARSAC

SAUTERNES

Langon

Garonne

Limite de l'appellation Bordeaux

61

Cabernet sauvignon (N);
merlot (N);
cabernet franc (N);
malbec (N) ou cot;
sémillon (B);
sauvignon (B);
petit verdot (N).

BORDEAUX
Dégustation
Robe : rubis.
Bouquet : fruité.
Saveurs : souple, délicat et peu corsé.
Température de service : 14-16°C.
Alliances gastronomiques : pâtés. Grillades.
Fromages peu relevés.

BORDEAUX SUPÉRIEUR
Dégustation
Robe : rubis.
Bouquet : fruits rouges.
Saveurs : fruité, souples, tanins bien fondus.
Température de service : 14-16°C.
Alliances gastronomiques : foie de veau poêlé,
viandes rouges sautées.

comte d'Anjou et roi d'Angleterre, apportant en dot le sud-ouest de la France (Poitou, Guyenne et Gascogne). Cette alliance marqua trois siècles de domination anglaise. Bordeaux put alors bénéficier, grâce à une série de privilèges et de protections, d'un développement fulgurant. Elle obtint, dès le XIVᵉ siècle, le quasi- monopole du vin en Angleterre. On compta jusqu'à mille navires qui partaient lestés de barriques de Cahors, de Moissac, d'Agen et de Gaillac (des vins de l'arrière-pays) en direction des ports anglais. Jusqu'au XVIIᵉ siècle, tout vin expédié de Bordeaux, et quelle qu'en fût l'origine, recevait l'appellation Bordeaux; des vins que l'on buvait en primeur, avant la Noël, et que les Anglais baptisèrent "Clarets" à cause de leur couleur très pâle.

Pendant la guerre de Cent Ans, la Guyenne prit fait et cause pour les Anglais. Choix malheureux puisque John Talbot (honoré du nom d'un château), à la tête de l'armée anglaise, fut défait à Castillon en 1453. Réinstallée dans ses droits par Louis XI, Bordeaux vécut sa période d'or au XVIIIᵉ siècle. Une aristocratie du vin se constitua avec l'installation d'importantes maisons de négoce sur les quais. Beaucoup de noms à consonance anglaise, irlandaise, hollandaise : les Barton, Lawton, Johnston, à qui l'on doit la première classification des Médoc en 1815, se taillèrent de véritables empires dans les vignobles et le négoce. Pour la première fois, un vin rouge fut mis en bouteille pour vieillir, un Château Lafite 1793. Et, à l'occasion de l'Exposition universelle de 1855, le syndicat des courtiers en vins de Bordeaux marqua l'année de sa célèbre classification, inchangée depuis. D'autres classements suivirent : les crus bourgeois du Médoc en 1932, les Graves en 1959, les Saint-Émilion en 1953. Cinq millésimes, 1838, 1864, 1865, 1870 et 1875, s'inscrivirent dans l'histoire bordelaise, avant que le phylloxéra et le mildiou ne s'abattent sur les vignobles en 1878. Tout fut mis en œuvre pour les ralentir; la bouillie bordelaise (mélange de sulfate de cuivre et de chaux éteinte, mis au point par Millardet), efficace contre le mildiou, ne

put rien contre le pou térébrant. Seul le greffage sur des souches américaines (du Chili, notamment) assura la survie et la qualité du vignoble.

MÉDOC, LES PLUS BEAUX GRAVES DU BORDELAIS

S'il fallait chercher une unité géologique dans le sous-sol bordelais, on la trouverait dans la présence de graviers et de cailloux qui se rencontrent en couches continues à la surface des principaux vignobles. D'ailleurs, la liste des châteaux est significative : Château Le Caillou à Pomerol, Château Caillou en Barsac et des dizaines d'autres mentionnant la nature pierreuse de leur sol, jusqu'au mot Graves qui signifie gravier.

Tous les grands crus sont plantés sur les coteaux et terrasses alluviales formés de croupes gravelo-sableuses déposées à la fonte des glaciers au quaternaire. Par contre, la partie basse des vallées, que l'on appelle "palus", là où la couche d'alluvions est la plus récente, regroupe les vignobles sans appellation. D'un côté, les sols secs et chauds du Médoc donnent au cabernet sauvignon le temps de bien mûrir pour exprimer toutes ses potentialités; de l'autre, les terrains plus argileux, donc plus humides et frais, de Saint-Émilion préfèrent le merlot et le cabernet franc.

En règle générale, on peut dire que les propriétés physiques des roches (marnes, molasses, calcaires et formations alluviales) influent plus sur la qualité des vins que sur leur nature. Elles permettent, malgré un sol pauvre en humus, une bonne régulation de l'alimentation en eau de la vigne, et cela grâce à la profondeur des racines.

CLIMAT : DOUCEUR OCÉANIQUE, MAIS ATTENTION À LA GRÊLE

Le climat joue un rôle essentiel. Il est tempéré par la présence de l'Océan qui apporte douceur et humidité, aidé en cela par les dunes et l'épaisse forêt de pins du littoral. Si les hivers sont généralement doux et les gelées rares, le printemps est à craindre. Des vagues de froid provoquent à intervalles réguliers d'importantes coulures au moment de la floraison (voir le printemps 1991). Les étés sont chauds et très souvent orageux, et l'arrière-saison, propice aux liquoreux, est réputée pour être humide et ensoleillée. En fait, le seul véritable danger est la grêle qui frappe régulièrement les vignobles.

ENCÉPAGEMENT : LE RÈGNE DES CABERNET

On est loin du temps où la Gironde pouvait compter jusqu'à trente-cinq cépages pour les vins rouges et pas moins de treize pour les blancs. C'était au XVIIIᵉ siècle. Aujourd'hui, trois cépages assurent les trois quarts de la production de vin rouge et un seul plus de la moitié des vins blancs.

Honneur au plus aristocratique : le cabernet sauvignon, originaire du Médoc. Depuis le XVIIIᵉ siècle, il y est chez lui ainsi qu'à côté dans les Graves. Nulle part ailleurs, en France ou dans le monde, il n'atteint une telle plénitude. Son association avec le merlot et le cabernet franc apporte aux vins une complémentarité et une harmonie inégalées. S'il est dominant dans le Médoc (52 %) avec le merlot (40 %) et le cabernet franc (8 %), ailleurs, sa position est plus réduite : 16 % dans l'ensemble du Bordelais, contre 32 % pour le merlot. La proportion de chaque cépage dans la composition des vins est soigneusement dosée. Ainsi, le cabernet sauvignon, vin tannique qui s'affine en vieillissant, est associé au merlot qui lui apporte souplesse et contrebalance ainsi la dureté de sa jeunesse. Il faut compter également avec le petit verdot et le carmenère, cépages traditionnels qui offrent la pointe d'originalité à bien des grands Bordeaux.

Dans le Saint-Émilionnais, jusqu'au Blayais, les terres sont trop froides pour le cabernet sauvignon qui laisse la place au merlot (65 % de l'encépagement) et au cabernet franc, les deux grands cépages de la rive droite de la Dordogne.

Dans les cépages blancs, le sémillon a une position de monopole puisqu'il occupe 17 000 ha. Très implanté dans le Sauternais, il donne des vins alcooliques, peu acides, riches en arômes et qui acceptent avec bonheur tous les aléas de la pourriture noble. Loin derrière, l'association ugni blanc, avec 6 000 ha (cépage majoritaire des Charentes servant à la distillation), et sauvignon (à peine 3 000 ha) produit quelques grands Bordeaux secs. Enfin, les deux derniers cépages autorisés sont la muscadelle et le colombard, que l'on rencontre surtout dans le Blayais et le Bourgeais. Ils sont partout en nette régression.

NÉGOCIANTS ET CHÂTEAUX

Il n'y a pas si longtemps, les négociants commercialisaient jusqu'à 80 % des vins de Bordeaux. Leur rôle était essentiel puisqu'ils achetaient aux producteurs la récolte, assemblaient les vins, les élevaient dans leurs propres chais pour ensuite les commercialiser sous leur propre marque. Ils contrôlaient ainsi la quasi-totalité du marché, assurant *de facto* une régulation des cours (fonction qui rentre maintenant dans le cadre du Conseil interprofessionnel des vins de Bordeaux). C'est à eux que l'on doit l'exceptionnelle qualité et la réputation internationale du vignoble bordelais. N'ont-ils pas été à l'origine du très célèbre classement de 1855 ? Pourtant, depuis les années soixante, on assiste à la généralisation de la mise en bouteilles au château, qui offre deux garanties aux consommateurs :
– le vin provient d'une AOC ;
– le domaine viticole assure la propre vinification de ses vins et, très souvent leur élevage.

Ainsi, de cinquante châteaux répertoriés en 1850 est-on passé aujourd'hui à plus de quatre mille. La grande majorité des AOC est élevée, vieillie et stockée par les producteurs malgré le coût très élevé des barriques de chêne. Ils y trouvent pourtant leur compte. De nos jours, on met en bouteilles au château dix-huit à trente mois après les vendanges, alors qu'auparavant les Bordeaux rouges restaient jusqu'à trois ans dans le bois.

Aux côtés des producteurs, les caves coopératives sont de plus en plus actives. Elles vinifient le quart de la récolte, y compris celle provenant des appellations les plus prestigieuses. Pour ces dernières, la vinification est séparée et la commercialisation se fait sous la marque du château avec mention : "mis en bouteille à la propriété". Si les négociants jouent un rôle très important dans la distribution et notamment à l'exportation, on leur doit l'arrivée sur le marché des marques commerciales. Cette pratique, courante en Champagne ou dans les Cognac, consiste à faire l'assemblage de plusieurs vins de différents vignobles de la même AOC, selon des critères fixés à l'avance. Ils fabriquent ainsi des vins de qualité constante d'une année à l'autre. L'étiquette ne peut en aucun cas porter le mot "château", mais le nom de la marque, par exemple "Mouton-Cadet" pour la plus connue d'entre elles.

BORDEAUX ROUGES
Les grands millésimes :
45, 47, 49, 53, 59, 61, 62, 64, 70, 76, 78, 79, 81, 82, 83, 85, 86, 88, 89.
Les bons millésimes :
67, 71, 75, 80, 84, 87.

BORDEAUX BLANCS SECS
Les grands millésimes :
49, 55, 59, 61, 64, 66, 70, 71, 75, 76, 78, 79, 80, 81, 82, 83, 84, 85, 86, 87, 88, 89.
Les bons millésimes :
62, 67.

BORDEAUX LIQUOREUX
Les grands millésimes :
45, 47, 53, 59, 61, 62, 67, 70, 71, 75, 76, 80, 81, 83, 86, 88, 89.
Les bons millésimes :
49, 66, 78, 79, 84, 85, 87.

Château Margaux a été classé Premier Cru en 1855. Sa superficie actuelle est de 75 ha de vignes rouges et de 12 ha de vignes blanches. Ses vins sont considérés comme les plus féminins des Médoc.

LE MÉDOC

Médoc, *"in medio aquae"* disaient les Romains de cette terre "au milieu des eaux", située entre Gironde et Océan. On y pénètre en quittant Bordeaux par la départementale D2 après avoir franchi la Jalle de Blanquefort. Les 100 km qui suivent traversent, de Margaux à Saint-Estèphe, les plus prestigieux villages du vignoble français. Au-delà, et jusqu'à la pointe de Grave, s'étendent les paysages du Bas-Médoc coupés de ruisseaux, de marais et de landes.

Les vignes, dispersées en essaims, occupent une étroite bande de terre, côté Gironde, pour ne pas démentir un vieux dicton médocain qui veut que "le vin soit meilleur quand la vigne voit la rivière". Chaque parcelle, minutieusement cadastrée, correspond à un sol déterminé, qu'il soit légèrement surélevé dans le secteur de Margaux ou formé de ces fameuses croupes graveleuses vers Pauillac et Saint-Estèphe. Toutes les meilleures vignes occupent sommets et pentes qui dominent l'estuaire, là où l'enracinement des plants (jusqu'à 7 m) peut atteindre la nappe phréatique.

L'histoire du Médoc a commencé au XVIe siècle après le dessèchement des terres. Climatiquement, l'endroit est parfait; dunes et pinèdes protègent les vignobles des gelées printanières. Le sous-sol, constitué de nappes alluviales déposées par les glaciers au quaternaire, forme des croupes gravelo-sableuses où les cailloux, en grand nombre, restituent pendant la nuit la chaleur accumulée durant le jour (idéal pour le cabernet sauvignon, que l'on taille bas).

Si les vins (le Médoc ne produit que des vins rouges) sont plutôt féminins, un brin plus élégants vers Margaux, ils ont tendance à se corser, à prendre plus de plénitude au fur et à mesure que l'on atteint Saint-Estèphe. En général, les Médoc acquièrent en vieillissant un bouquet puissant. Ce sont des vins équilibrés, charnus, ronds, qui se distinguent des Saint-Émilion par leur finesse. Ces qualités sont celles qu'ils tirent de leurs cépages et du plus noble d'entre eux, le cabernet sauvignon.

L'ENCÉPAGEMENT

Le cabernet sauvignon représente 60 % de l'encépagement du Médoc et monte jusqu'à 80 % dans les meilleurs crus. Plus le pourcentage est élevé, plus le vin sera dur dans sa jeunesse, signe d'une propension à bien vieillir. Château Latour et Château Mouton-Rothschild en sont les meilleurs exemples puisqu'ils ne s'affinent vraiment qu'après quinze à vingt ans en bouteille.

Cinq autres cépages sont autorisés dans le Médoc; ils viennent contrebalancer la dureté du cabernet sauvignon. Si le cabernet franc (10 %) apporte la finesse de son bouquet, le merlot (30 %), quant à lui, contribue à la grandeur des Médoc en donnant souplesse, arôme et alcool.

LES GRANDS CRUS CLASSÉS DE 1855

C'est Napoléon III qui, à l'occasion de l'Exposition universelle de 1855, demanda au Syndicat des courtiers et négociants en vins de Bordeaux d'établir un classement des vins de Gironde; un classement en cinq catégories qui prenait en compte le prix d'achat des cent dernières années, la qualité du terroir et la notoriété des propriétés. Tous les crus qui furent rete-

LES APPELLATIONS

Très tôt, l'extrême diversité des crus a poussé les négociants à une classification. On distinguait alors les crus paysans, les crus artisans, les crus bourgeois ordinaires, les crus bourgeois supérieurs et les grands crus. Aujourd'hui, les 11 000 ha du vignoble médocain se répartissent sous huit appellations :

Deux appellations régionales :

Médoc et Haut-Médoc
Si l'appellation Médoc peut s'appliquer à l'ensemble des appellations, elle est surtout utilisée au nord, dans le Bas-Médoc, où elle couvre 3 000 ha environ.

Le Haut-Médoc rassemble vingt-neuf communes, de Blanquefort à Saint-Estèphe, concentrant tous les grands crus et notamment :

Six appellations communales mondialement connues :

Saint-Estèphe
Saint-Julien
Pauillac
Listrac
Moulis
Margaux

Quatre de ces appellations regroupent cinquante-quatre des soixante-deux crus classés en 1855
(cette classification ne concerne que les vins rouges).

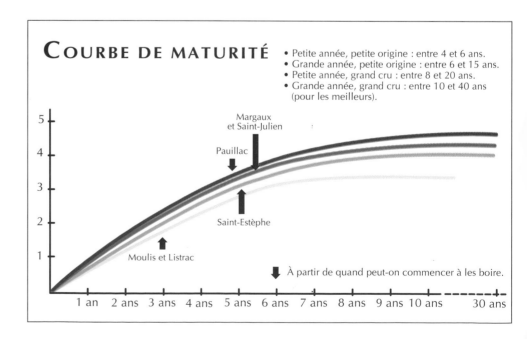

COURBE DE MATURITÉ
- Petite année, petite origine : entre 4 et 6 ans.
- Grande année, petite origine : entre 6 et 15 ans.
- Petite année, grand cru : entre 8 et 20 ans.
- Grande année, grand cru : entre 10 et 40 ans (pour les meilleurs).

Margaux et Saint-Julien
Pauillac
Saint-Estèphe
Moulis et Listrac
À partir de quand peut-on commencer à les boire.

1 an 2 ans 3 ans 4 ans 5 ans 6 ans 7 ans 8 ans 9 ans 10 ans 30 ans

nus sont des Médoc, à l'exception d'un seul, un Graves : le Château Haut-Brion. Ce classement historique a résisté au temps et aux polémiques. Jusqu'à présent, il n'a pas été modifié, hormis le Château Mouton-Rothschild qui est passé en 1973 de Second Cru classé à Premier Cru classé. Ne soyez pas surpris, aucun château classé, sauf les cinq premiers, ne mentionne sur l'étiquette la catégorie du classement, mais seulement "cru classé en 1855". D'autre part, Médoc désigne dans le langage courant tous les Médoc, même les plus fins.

LES CRUS BOURGEOIS

Première chose à savoir, les Crus Bourgeois, malgré leurs qualités, ne sont pas des crus classés. Ils sont nés du privilège dont jouissaient les bourgeois de Bordeaux de posséder des terres seigneuriales. Au cours des siècles, ils acquirent de bonnes terres à vin dans le Médoc, à qui l'on donna tout naturellement le nom de Cru Bourgeois.

Aujourd'hui, il en existe cent vingt-sept pour 2 500 ha de vignes, classés en trois catégories :

– les Crus Bourgeois (soixante-huit châteaux). La surface minimale est de 8 ha. Le vin doit être vinifié au château. Il est soumis à dégustation ;
– les Crus Grands Bourgeois (quarante et un châteaux). En plus des conditions précédentes, le vin doit être élevé en fûts de chêne, selon la tradition ;
– les Crus Grands Bourgeois Exceptionnels (dix-huit châteaux). Pour cela, une autre obligation est nécessaire, il faut que le château se situe dans la délimitation géographique des Grands Crus classés en 1855.

CRUS CLASSÉS

MARGAUX
Premier cru
Château Margaux
Deuxièmes crus
Château Rausan-Ségla
Château Rauzan-Gassies
Château Lascombes
Château Durfort-Vivens
Château Brane-Cantenac
Troisièmes crus
Château Kirwan
Château d'Issan
Château Giscours
Château Malescot-Saint-Exupéry
Château Boyd-Cantenac
Château Cantenac-Brown
Château Palmer
Château Desmirail
Château Ferrière
Château Marquis d'Alesme-Becker
Quatrièmes crus
Château Prieuré-Lichine
Château Pouget
Château Marquis de Terme
Cinquièmes crus
Château Dauzac
Château du Tertre
SAINT-JULIEN
Deuxièmes crus
Château Léoville-Las Cases
Château Léoville-Poyferré
Château Léoville-Barton
Château Gruaud-Larose
Château Ducru-Beaucaillou
Troisièmes crus
Château Lagrange
Château Langoa-Barton
Quatrièmes crus
Château Talbot
Château Saint-Pierre
Château Beychevelle
Château Branaire-Ducru
PAUILLAC
Premiers crus
Château Lafite-Rothschild
Château Latour
Château Mouton-Rothschild
Deuxièmes crus
Château Pichon-Longueville
Château Pichon-Longueville-Comtesse de Lalande
Quatrième cru
Château Duhart-Milon-Rothschild
Cinquièmes crus
Château Lynch-Bages
Château Croizet-Bages
Château Haut-Bages-Libéral
Château Batailley
Château Haut-Batailley
Château Pontet-Canet
Château Grand Puy-Lacoste
Château Grand Puy-Ducasse
Château d'Armailhac
Château Clerc-Millon
Château Pédesclaux
Château Lynch-Moussas
SAINT-ESTÈPHE
Deuxièmes crus
Château Cos d'Estournel
Château Montrose
Troisième cru
Château Calon-Ségur
Quatrième cru
Château Lafon-Rochet
Cinquième cru
Château Cos Labory
HAUT-MÉDOC
Troisième cru
Château La Lagune
Quatrième cru
Château La Tour-Carnet
Cinquièmes crus
Château Belgrave
Château Camensac
Château Cantemerle

SAINT-JULIEN
Dégustation
Robe : rubis.
Bouquet : beaucoup d'élégance, arôme fleuri-raisins mûrs, épices et vanille.
Saveurs : harmonieusement corsé.
Température de service : *18-19°C.*
Alliances gastronomiques : *entrées. Viande d'agneau, gibier à plume, pigeonneau au sang. Fromages à pâte molle corsés, brie, camembert, coulommiers, pont-l'évêque.*

MARGAUX
Dégustation
Robe : rubis.
Bouquet : suave, arômes fins et complexes de sous-bois, d'épices et de fruits mûrs.
Saveurs : velouté, élégant, très fin, généreux sans être trop corsé.
Température de service : *18-19°C.*
Alliances gastronomiques : *mouton et bœuf en sauce, poularde à la souvaroff. Camembert, doron, brie de Melun, emmental.*

SAINT-ESTÈPHE
Dégustation
Robe : rubis.
Bouquet : très aromatisé (fruits mûrs évoluant vers des notes épicées).
Saveurs : les plus souples et les plus fruités du Haut-Médoc, solides et vigoureux, mais assez ronds. "Vineux" et "corsés".
Température de service : *18-19°C.*
Alliances gastronomiques : *viandes rôties, gibier à poil, confits, cassoulet au confit d'oie. Fromages fermentés, camembert, brie de Melun.*

PAUILLAC
Dégustation
Robe : rubis, prend en vieillissant des tonalités dorées.
Bouquet : très développé (fruits rouges et sous-bois puis vanille et réglisse).
Saveurs : du corps et du volume, assez vineux.
Température de service : *18-19°C.*
Alliances gastronomiques : *viandes blanches et rouges, gibier léger, coquelet à l'Armagnac. Langres, brie de Melun, camembert.*

MARGAUX

Château, village? Margaux est assurément le nom qui symbolise à lui seul le Médoc avec ses vingt et un crus classés dont un Premier Cru, le célébrissime Château Margaux. D'une superficie de 1 060 ha et avec une production de sept millions de bouteilles par an, l'appellation Margaux couvre, à 25 km de Bordeaux, les communes de Labarde, Arsac, Cantenac, Margaux et Soussans. Les vignobles, très morcelés, profitent des plus belles graves du Médoc, des terrains gravelo-sableux avec des effleurements de calcaire et de marne. Ici, tout est réglementé : les cépages à majorité de cabernet sauvignon, les méthodes de taille, de culture, la vinification et un rendement qui ne peut dépasser les 45 hl/ha.

En venant de Bordeaux par la D2 et après avoir laissé La Lagune et Cantemerle, on entre dans la zone d'appellation par Giscours, qui ouvre la route des crus classés jusqu'à Palmer et Margaux. Le château Margaux, avec son portique à colonnes, apparaît au bout d'une allée de platanes. Il est entouré d'un domaine très éclaté de 75 ha de vignes rouges dont la finesse et l'élégance des vins sont devenues légendaires. A noter les 12 ha de vignes blanches que le château consacre à un vin sec portant le nom de Pavillon Blanc du Château Margaux, une rareté dans le Médoc.

MOULIS

Au nord-ouest de Margaux, cette commune, sous la protection de son église romane, bénéficie sur 350 ha de sa propre appellation. Les vignes occupent une étroite bande de 12 km de long sur 400 m de large, en bordure des landes. Chasse-Spleen, sur le hameau de Grand-Poujeaux, classé cru exceptionnel en 1855, est aujourd'hui un Cru Bourgeois Supérieur.

LISTRAC

L'appellation correspond aux 555 ha de la commune de Listrac, proche de Moulis. Ses vignes, situées à l'intérieur des terres, sont plantées sur des terrains pierreux faiblement inclinés. Elles donnent des vins (26 000 hl) bien charpentés, richement bouquetés, classés pour les meilleurs dans les Crus Bourgeois.

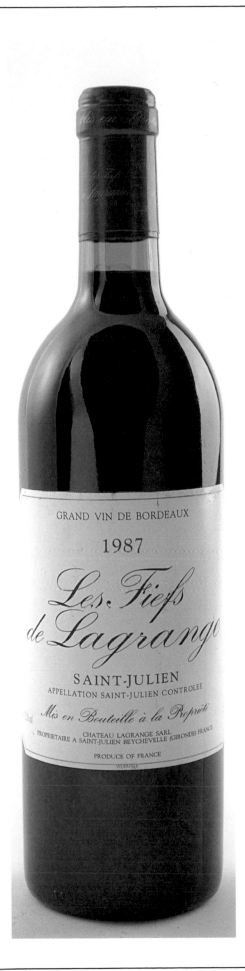

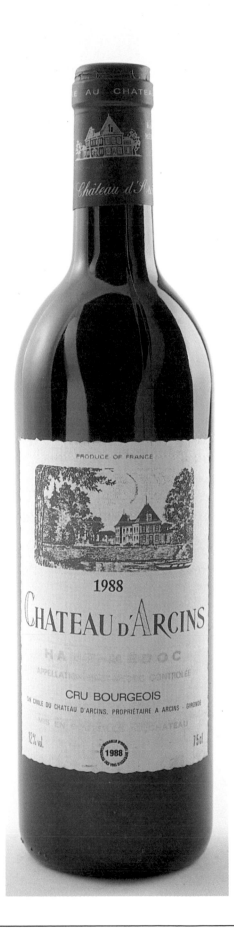

SAINT-JULIEN

En remontant un peu plus au nord, le long de la Gironde, on arrive au cœur du Médoc. L'appellation Saint-Julien s'enorgueillit de ses onze Crus Classés sur les 744 ha de vignes répartis entre les communes de Saint-Laurent, Cussac et Saint-Julien. Les vignobles sont situés sur un plateau de graves au sous-sol argileux et bien drainé. Les vins produits à Saint-Julien (40 000 hl par an) sont à l'image de leur terroir, entre Margaux et Pauillac. Des premiers, ils tirent délicatesse et élégance, des seconds, plénitude et robustesse.

Après avoir traversé la Grande Jalle, la route des vignobles remonte brusquement. Arrivé en haut, on découvre sur la droite la façade classique du château de Beychevelle, avant de pénétrer dans la plus forte concentration de Grands Crus classés du Médoc : Branaire-Ducru, Ducru-Beaucaillou, les trois Léoville (Barton, Poyferré et Las Cases). Plus loin, le prestigieux Château Latour prend le relais pour l'appellation Pauillac.

PAUILLAC

Pauillac, avec son allure de grosse bourgade et ses quais qui longent la Garonne, large à cet endroit de 3 km, est considérée comme la capitale du Médoc. Un titre mérité puisque l'appellation rassemble vingt et un crus classés dont trois Premiers (Château Latour, Château Mouton-Rothschild, Château Lafite-Rothschild), deux Seconds, un Quatrième et douze Cinquièmes. Les 950 ha de son vignoble se répartissent sur d'épaisses croupes de graves qui donnent six millions de bouteilles par an, des vins vigoureux, tanniques, très durs dans leur jeunesse, mais qui s'épanouissent après dix, quinze, vingt ans de bouteille et quelquefois plus, développant alors de somptueux bouquets.

SAINT-ESTÈPHE

Entre Haut et Bas-Médoc, Saint-Estèphe présente au visiteur son paysage de collines formées de sols argileux et peu graveleux. Ses vignobles sont les plus étendus du Médoc (1 100 ha), mais aussi les moins aristocratiques. Avec neuf millions de bouteilles, les rendements sont relativement élevés. Pourtant, l'appellation présente cinq Crus classés, des vins connus par leur couleur, leur robustesse et leur bouquet.

LES GRAVES

Sur la carte, c'est évident, la région des Graves prolonge le Médoc, englobant de ce fait Bordeaux et sa banlieue. Elle s'étend sur 65 km, de la Jalle de Blanquefort à Langon, en marge des grands liquoreux (Cérons, Barsac et Sauternes). Aucune autre région viticole n'offre une telle diversité de vins : des blancs secs et moelleux, des vins rouges élégants et racés, des vins veloutés, soyeux, si parfaitement représentés par le Château Haut-Brion, seul Graves classé Premier Cru en 1855.

Les Graves sont aujourd'hui sur la défensive. A l'ouest, ils se battent contre la forêt landaise. Au nord, l'agglomération bordelaise arrache année après année leurs meilleures vignes. Seuls les grands domaines historiques, îlot de verdure dans la ville, ont été préservés (Château Haut-Brion et la Mission Haut-Brion, notamment). Pourtant, c'est bien aux portes de Bordeaux que se trouvent les meilleures terres, sur les communes de Pessac et Talence, Gradignan, Villenave-d'Ornon, Léognan (nouvelle appellation créée en 1987), Cadaujac et Martillac.

Au Moyen Age, tous les vins venaient des Graves, c'est-à-dire des alentours immédiats de la cité. Jusqu'au XVIe siècle, le Médoc, région de marécages et de landes, vit ses vins interdits à la vente pour des raisons de qualité. En fait, il était impensable, à l'époque, que des vins puissent quitter la Gironde sans passer par Bordeaux. D'ailleurs, pour les Anglais, Graves signifiait Bordeaux. Le Château Haut-Brion, très réputé à Londres au XVIIe siècle, fut le premier vin vendu sous son propre nom, contrairement à l'usage qui voulait que les vins portent le nom de leur paroisse d'origine ou celui de leur propriétaire. Le XIXe siècle fut néfaste pour les Graves. On leur préférait déjà les Médoc. Ils furent, à l'exception de Château Haut-Brion, les grands exclus de la classification de 1855.

DES VINS QUI PORTENT LE NOM DE LEUR SOL

Les Graves se sont attribué le nom de leur sol : Graves ou Gravier, en réalité un mélange de cailloux, de sable et de galets, déposés par les crues régulières de la Garonne. Le sous-sol, établi sur des nappes alluviales souvent morcelées en croupes, est composé de sable, d'argile et de calcaire, ce qui explique l'étonnante diversité des vins.

Au nord du secteur, la composition des sols (très caillouteux) plaît au cabernet sauvignon et au merlot qui font de grands vins de garde et que l'on assemble avec une petite quantité de cabernet franc et de malbec (en régression). En se rapprochant du Sauternais, les vignes blanches dominent, sur des sols plus sablonneux favorables au sémillon et au sauvignon et, d'une manière très limitée, à la muscadelle.

On a beaucoup parlé de la rivalité qui oppose les Graves à leurs grands voisins du Médoc. Si les Graves sont réputés pour être charnus et durables, il leur manque pourtant la finesse, l'aptitude à mieux vieillir et peut-être cette pointe d'élégance des Médoc.

PESSAC-LÉOGNAN, LES GRAVES DE BORDEAUX

Le 9 septembre 1987, la région des Graves se scindait en deux, donnant naissance à l'appellation Pessac-Léognan. C'est tout l'ouest et le sud-ouest de Bordeaux, soit 900 ha, sur les communes de Cadaujac, Canejan, Gradignan, Léognan, Martillac, Mérignac, Pessac, Saint-Médard d'Eyrans, Talence et Villenave-d'Ornon, qui s'appropriaient la nouvelle appellation, soit cinquante-cinq crus dont tous les crus classés des Graves. Réputée pour ses vins rouges, l'appellation Pessac-Léognan produit aussi, sur 145 ha, les meilleurs vins blancs secs de toute la région bordelaise.

LES CRUS CLASSÉS DES GRAVES

Le classement des crus de Graves date de 1959. Contrairement à celui de 1855, il n'établit aucune hiérarchie. Les châteaux (treize crus rouges et huit crus blancs) ne peuvent mentionner que "Cru Classé" sans aucune indication de catégorie. Pour mémoire, le classement de 1855 n'avait retenu que le seul Château Haut Brion en le rangeant parmi les Premiers Crus.

Vins blancs classés en 1959
Château Laville-Haut-Brion Talence
Château Bouscaut Cadaujac
Château Couhins
Château Couhins-Lurton
Château Carbonnieux Léognan
Château Malartic-Lagravière Léognan
Domaine de Chevalier Léognan
Château Olivier Léognan
Château La Tour-Martillac Martillac

Vins rouges classés en 1959
Château La Mission-Haut-Brion Talence
Château La Tour-Haut-Brion Talence
Château Haut-Brion (classé en 1855) Pessac
Château Pape-Clément Pessac
Château Bouscaut Cadaujac
Château Carbonnieux Léognan
Château de Fieuzal Léognan
Domaine de Chevalier Léognan
Château Haut-Bailly Léognan
Château Malartic-Lagravière Léognan
Château Olivier Léognan
Château La Tour-Martillac Martillac
Château Smith-Haut-Lafitte Martillac

LES APPELLATIONS

Actuellement, les Graves regroupent trois appellations principales réparties sur quarante-trois communes et 3 200 ha :

Graves, comprenant des vins rouges (78 000 hl) et des vins blancs secs (34 000 hl) ;

Graves supérieurs, concernant les vins demi-secs ou moelleux au sud du secteur ;

Pessac-Léognan. Cette nouvelle appellation, née le 9 septembre 1987, régit maintenant tout le nord de la zone. Elle s'applique à des vins rouges et des vins blancs secs (40 000 hl).

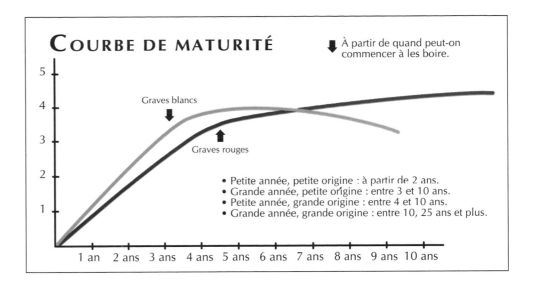

COURBE DE MATURITÉ

⬇ À partir de quand peut-on commencer à les boire.

Graves blancs

Graves rouges

- Petite année, petite origine : à partir de 2 ans.
- Grande année, petite origine : entre 3 et 10 ans.
- Petite année, grande origine : entre 4 et 10 ans.
- Grande année, grande origine : entre 10, 25 ans et plus.

1 an 2 ans 3 ans 4 ans 5 ans 6 ans 7 ans 8 ans 9 ans 10 ans

GRAVES ROUGES
Dégustation
Robe : rubis.
Bouquet : très ouvert, arômes de fruits mûrs évoluant vers un bouquet complexe de vanille et de bois.
Saveurs : charnu, nerveux, fin et franc, long en bouche.
Température de service : 17-18°C.
Alliances gastronomiques : volailles rôties, bœuf rôti, poularde à l'ivoire.
Roquefort, camembert, fourme d'Ambert.

GRAVES BLANCS
Dégustation
Robe : diaphane.
Bouquet : fin, arômes floraux et fruités.
Saveurs : sec, fin, fruité et frais, sec mais sans acidité aucune.
Température de service : 7-8°C.
Alliances gastronomiques : entrées fraîches.
Poissons meunière, poissons braisés, cocktail de fruits de mer, huîtres.

PESSAC-LÉOGNAN
Dégustation
Robe : foncée.
Bouquet : arômes floraux et fruités.
Saveurs : tannique, fin et puissant à la fois.
Température de service : 17-18°C.
Alliances gastronomiques : gigot d'agneau, lamproie à la bordelaise, civet de chevreuil, faisan vigneronne. Fourme d'Ambert, camembert.

Château La Mission-Haut-Brion, Graves. La Mission est située en face de Château Haut-Brion, en bordure de la route nationale Bordeaux-Arcachon. Les 17 ha du château furent classés parmi les onze meilleurs Graves en 1953 puis en 1959.

SAUTERNES, BARSAC ET CÉRONS

On a beaucoup parlé du goût retrouvé des Français pour les vins liquoreux de Sauternes et de Barsac, ces blancs multicépages issus de 2 000 ha enclavés dans le secteur sud des Graves et que l'on assimile traditionnellement à ces derniers. Aujourd'hui, fini le doute et l'équivoque, maintenant que l'usage du sucre, du soufre et des hauts rendements a disparu du Sauternais. Seul reste le plaisir de goûter à des vins vraiment exceptionnels qui joignent l'opulence au moelleux, la finesse à la puissance, des vins à la robe évoluant de l'or à l'ambre clair, qui développent avec l'âge un somptueux bouquet de fleurs, de fruits et de miel, où dominent le genêt et l'acacia, avec d'imperceptibles nuances de pain grillé et de vanille.

L'appellation Sauternes s'étend sur les communes de Sauternes, Fargues, Bommes, Preignac et Barsac. Cette dernière a droit également à sa propre appellation. Si tous ces vins peuvent atteindre une classe "insurpassable", sans parler de "l'extravagante perfection" du souverain Yquem, ils la doivent à quatre facteur décisifs :
– à leurs cépages de sémillon et de sauvignon, avec une très faible proportion de muscadelle ;
– au sol gravelo-sableux très proche de celui du Haut-Médoc : un relief en forme de croupes graveleuses de formation alluviale avec de l'argile et de la marne. À Yquem, d'ailleurs, une grande partie du vignoble est drainé ;
– au climat si particulier qui favorise les brumes matinales de l'automne, suivies de journées encore chaudes et ensoleillées ;
– à l'étonnante action d'un champignon microscopique, le *Botrytis cinerea*, qui provoque sur le raisin ce que l'on appelle "la pourriture noble". En faisant évaporer l'eau contenue dans le grain, il enrichit le raisin en sucre, en glycérine, en pectines, tout en réduisant le taux d'acidité.

LES VENDANGES TARDIVES

Cet excès de maturité, qui accroît le degré d'alcool jusqu'à 16°, voire 17°, et en même temps la concentration de sucre résiduel, de substances et d'arômes, ne peut s'opérer qu'en jonglant avec le hasard.

Si l'on attend trop, on risque des pluies désastreuses, ou pire, le gel. Les grains sont-ils suffisamment confits (rôtis, dit-on également), suffisamment ridés? Ont-ils cette couleur grisâtre qui décidera le vigneron à commencer les vendanges? Et quelles vendanges, puisqu'elles se font par tris successifs! Il faut passer et repasser jusqu'à cinq, six fois dans les rangs, car la pourriture noble ne touche jamais la grappe dans sa totalité.

Autre conséquence, chaque tri effectué donnera un vin différent. Arrivé au chai, on procède à quatre pressurages à la suite; les moûts obtenus sont mélangés dans d'immenses cuves puis versés dans des fûts où ils vont fermenter et vieillir. On comprend mieux le prix élevé qu'atteignent certaines bouteilles, d'autant plus que le rendement est limité à 25 hl/ha, soit l'équivalent de 3 000 bouteilles (et quatre millions pour l'ensemble de l'appellation).

Les vignobles situés sur la commune de Barsac bénéficient du choix des deux appellations Sauternes et Barsac. Ce secteur, qui s'étend au nord du Sauternais, à 40 km de Bordeaux, se caractérise par la platitude du relief avec un sous-sol moins pierreux. Est-ce pour cela que les vins produits ici sont plus fruités, un brin plus légers que les Sauternais, séparés de Barsac par un petit affluent de la Garonne, le Ciron?

Cérons, sur 800 ha, produit seulement 4 500 hl de vins blancs liquoreux. Seuls ceux produits au nord de Barsac ont droit à cette appellation.

Les vins rouges et blancs secs, quant à eux, se vendent sous l'appellation Graves et Graves Supérieurs.

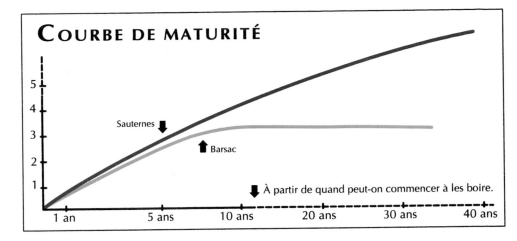

COURBE DE MATURITÉ

Sauternes

Barsac

À partir de quand peut-on commencer à les boire.

1 an   5 ans   10 ans   20 ans   30 ans   40 ans

SAUTERNES

Dégustation
Robe : d'or.
Bouquet : miel, tilleul, acacia.
Saveurs : onctueux, liquoreux, puissant, élégant et fin.
Température de service : *5-6°C.*
Alliances gastronomiques : *foie gras. Brochet au beurre blanc, sole ou turbot à l'amiral. Roquefort, stilton, Gâteau aux noix, gâteau de Pithiviers.*

BARSAC

Dégustation
Robe : or, brillante.
Bouquet : miel et tilleul évoluant vers des bouquets d'amande et de noisette grillée.
Saveurs : liquoreux, ample, gras et élégant à la fois.
Température de service : *6-8°C.*
Alliances gastronomiques : *apéritif. Melon rafraîchi, foie gras. Brochettes de coquilles St-Jacques à la crème, filets de sole à la crème. Fruits rafraîchis, tartes aux fruits.*

CÉRONS

Dégustation
Robe : dorée.
Bouquet : miel et fleurs.
Saveurs : doux et liquoreux, plus nerveux que le Sauternes.
Température de service : *6-8°C.*
Alliances gastronomiques : *gratin de langoustines, brochet sauce mousseline. Fruits rafraîchis.*

Château d'Yquem, un
vrai mythe de la
perfection.
Château d'Yquem,
forteresse médiévale bâtie
sur une colline, domine le
Sauternais de son
incroyable perfection.
On fait du vin à Yquem
depuis trois siècles, sur
un domaine de 100 ha
aux mains de la
famille des marquis de
Lur-Saluces (depuis
1885). Seul le meilleur
vin de ce cru exceptionnel
est vendu sous le nom de
Château d'Yquem,
soit 5 500 caisses dont
chaque bouteille peut
atteindre la somme de
600 à 800 francs
(rien d'excessif).
2 000 caisses, de qualité
moindre (mais quelle
qualité!), sont
commercialisées sous
la marque Château Y.

LE LIBOURNAIS

Ne cherchez pas, Libourne, seconde métropole du Bordelais, haut lieu du négoce des vins et sous-préfecture de la Gironde, n'est pas une appellation. Pourtant, le Libournais, paré à l'ouest de la butte de Fronsac et à l'est des coteaux du Saint-Émilionnais, rassemble quinze appellations parmi les plus réputées du monde : Fronsac, Canon-Fronsac, Lalande-de-Pomerol (Néac), Pomerol, Saint-Émilion et ses communes satellites. Chaque année, le Libournais fournit 600 000 hl de vins exclusivement rouges provenant d'un encépagement où domine le merlot, maître absolu de la rive droite de la Dordogne. Son insolence est sans limites ; non content d'apporter sa couleur, sa souplesse, son fruit et son alcool à bon nombre de vins, il va jusqu'à constituer 95 % d'un cru exceptionnel comme le sublime Château Pétrus. Quel est le rôle, alors, du cabernet franc, du cabernet sauvignon, si ce n'est de jouer les outsiders, aidés en cela par le cot (malbec) avec sa faible obole de pigments, de tanins et d'arômes ?

Ici, dans le Libournais, on est loin des grands domaines du Médoc. Le morcellement du vignoble en une multitude de minuscules propriétés (2 à 3 ha) est de mise. Pas de grands châteaux, mais de simples maisons qui n'en sont pas moins prestigieuses. Alors, laissez-vous aller par us et coutumes, par monts et par vaux. Vous êtes au pays des Jurades, celles qui, à Saint-Émilion, annoncent chaque année le ban des vendanges.

SAINT-ÉMILION

L'inventaire de cette petite cité, mondialement connue, est impressionnant. Aux confins de la Gironde et de la Dordogne, Saint-Émilion symbolise à elle seule quelque trois cents crus répartis sur 350 ha, un véritable record comparé aux soixante crus du Médoc sur une surface double. Les vignes sont aux portes de la ville. Elles occupent les coteaux escarpés qui s'étagent jusqu'à la plaine des Graves avant d'atteindre les sables de la Dordogne. D'un côté, le Saint-Émilionnais offre ses vins de coteaux et de l'autre ses vins de plaine, des vins qui se caractérisent par leur rondeur et leur franchise. S'ils se révèlent accessibles très tôt, ils exigent pour certains grands millésimes un long vieillissement qui permet au bouquet de s'exprimer dans toute sa complexité.

LA PLUS VIEILLE CITÉ VITICOLE

On dit de Saint-Émilion, village de 4 000 habitants, que c'est la plus vieille cité viticole de France. Lui fallait-il cela pour la rendre plus touristique, si l'on compte déjà ses remparts du XIIIe siècle, l'église collégiale et la surprenante église monolithe creusée dans 25 m de calcaire? Ajoutez-y le cloître des Cordeliers, le château du Roy et les impressionnantes catacombes utilisées comme caves.

Ausone, au IVe siècle, y avait sa villa. Il vivait au milieu des vignes qui, d'après la légende, arrivèrent dans les bagages des légions romaines. Si la ville s'est vouée très tôt au culte de l'un des tout premiers vins rouges du monde, elle célèbre aussi son saint patron, saint Émilion, qui s'y arrêta alors qu'il était en route vers Saint-Jacques-de-Compostelle.

UNE EXTRAORDINAIRE VARIÉTÉ DE TERRAINS

La qualité des vins est liée à l'extraordinaire variété des terrains. Pour un encépagement identique où dominent le merlot, le cabernet franc et, dans une moindre mesure, le cabernet sauvignon (les sols sont trop froids pour lui), la diversité des crus est due essentiellement à la topographie et à la nature des roches. Sur une surface très restreinte, on distingue une multitude de sols, des sols argilo-sableux plus ou moins calcaires, des sols superficiels où l'enracinement ne dépasse pas quelques dizaines de centimètres, des sols constitués de croupes gravelo-sableuses, des sols sableux sans gravier ni cailloux, des sols à texture très argileuse vers Pomerol. Ainsi, à Saint-Émilion, un écart de quelques mètres est-il suffisant pour faire un cru différent.

LES APPELLATIONS ET LES CLASSEMENTS

N'ayant pas été classée en 1855, l'appellation Saint-Émilion bénéficie d'un statut particulier. Il date du premier classement effectué en 1955, révisé en 1958 puis en 1967 et retouché en 1984 pour être en phase avec les directives européennes. D'après ces dernières, il n'y aurait que deux catégories d'appellation : Saint-Émilion et Saint-Émilion Grands Crus. En fait, il existe quatre grands groupes :

Premier groupe
Saint-Émilion
Cette zone d'appellation couvre les communes de Saint-Émilion, Saint-Laurent-des-Combes, Saint-Christophe-des-Bardes, Saint-Hippolyte, Saint-Étienne-de-Lisse, Saint-Pey-d'Armens, Saint-Sulpice-de-Faleyrens et Vignonet. S'y ajoutent les satellites de Saint-Émilion, trois communes au nord de Saint-Émilion et à l'ouest de Pomerol qui peuvent accoler à leur nom celui de Saint-Émilion :
Saint-Georges-Saint-Émilion
Montagne-Saint-Émilion
Puisseguin-Saint-Émilion ;
à noter que les vins de Parsac et Saint-Georges sont souvent regroupés sous l'appellation Montagne-Saint-Émilion
Sables-Saint-Émilion : un tout petit secteur enclavé entre Pomerol et la Dordogne et dont les vignes sont plantées à même le sable.

Deuxième groupe
Saint-Émilion Grands Crus
Ils sont environ deux cents. Il ne s'agit ici en aucun cas d'un terroir déterminé, mais d'une sélection de vins très stricte. Les viticulteurs doivent faire chaque année, en juin, la demande auprès d'une commission de dégustation. Les vins sont alors, soit agréés, soit ajournés ou, dans le pire des cas, rejetés. La mise en bouteilles ne peut s'effectuer qu'au château, après dix-huit mois au moins de vieillissement. Dans cette catégorie ne rentrent que les vins rouges d'appellation Saint-Émilion. Les satellites en sont exclus.

Troisième groupe
Saint-Émilion Grands Crus Classés
Le classement en Premiers Grands Crus Classés (11) et en Grands Crus Classés (64) s'ajoute alors comme distinction particulière. Cette appellation Grand Cru Classé ne peut être revendiquée que par des châteaux ayant fait l'objet d'un classement. Une seconde dégustation devient nécessaire avant la mise en bouteilles. Le classement est révisable tous les dix ans, l'ordre n'étant qu'alphabétique.

Quatrième groupe
Saint-Émilion Premiers Grands Crus Classés
Les conditions d'accession sont encore plus strictes. Onze Premiers Grands Crus ont été retenus en 1986, divisés en A et B.
A est un classement particulier qui concerne Château Ausone et Château Cheval-Blanc uniquement. Les neuf autres châteaux classés se retrouvent en B.

LES CRUS CLASSÉS DE SAINT-ÉMILION

Premiers Grands Crus
Château Ausone, Château Cheval-Blanc, Château Beauséjour (Duffau Lagarrosse), Château Beauséjour (Bécot), Château Bélair, Château Canon, Château Figeac, Château La Gaffelière, Château Magdelaine, Château Pavie, Château Trottevieille, Clos Fourtet.

Grands Crus
Château L'Angélus, Château Fonroque, Château L'Arrosée, Château Franc-Mayne, Château Grand-Barrail-Lamarzelle-Figeac, Château Balestard-La-Tonnelle, Château Grand Corbin, Château Bellevue, Château Grand-Corbin-Despagne, Château Bergat, Château Grand-Mayne, Château Cadet-Bon, Château Grand-Pontet, Château Cadet-Piola, Château Canon-La-Gaffelière, Château Guadet-Saint-Julien, Château Cap-de-Mourlin, Château Haut-Corbin, Château Haut-Sarpe, Clos des Jacobins, Château Chauvin, Château La Clotte, Château Laniote, Château La Clusière, Château Larcis-Ducasse, Château Corbin, Château Larmande, Château Corbin-Michotte, Château Laroze, Clos La Madeleine, Château Matras, Château Mauvezin, Château Couvent-des-Jacobins, Château Moulin du Cadet, Château Croque-Michotte, Château Curé-Bon-La Madeleine, Château Pavie-Decesse, Château Dassault, Château Pavie-Macquin, Château Pavillon-Cadet, Château Faurie-de-Souchard, Château Petit-Faurie-de-Soutard, Château Fonplégade, Château Le Prieuré, Château Ripeau, Château La Tour-Figeac, Château La Tour-du-Pin-Figeac (Giraud Belivier), Château La Tour-du-Pin-Figeac (Moueix), Clos Saint-Martin, Château Trimoulet, Château Sansonnet, Château Troplong-Mondot, Château La Serre, Château Villemaurine, Château Soutard, Château Yon-Figeac, Château Tertre-Daugay.

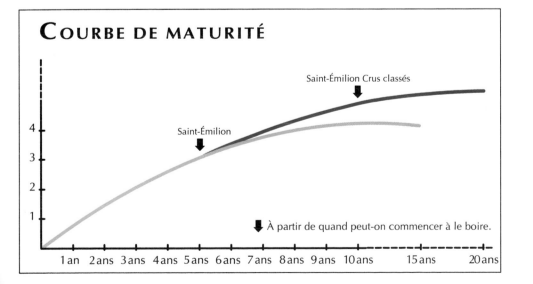

COURBE DE MATURITÉ

Saint-Émilion Crus classés

Saint-Émilion

À partir de quand peut-on commencer à le boire.

1 an 2 ans 3 ans 4 ans 5 ans 6 ans 7 ans 8 ans 9 ans 10 ans 15 ans 20 ans

Château Ausone,
Saint-Émilion.
Ausone est, à égalité avec
Cheval-Blanc, en tête des
Premiers Grands Crus
classés de Saint-Émilion.
Le domaine de 7 ha serait
bâti sur l'emplacement de
la villa qu'occupait le
poète gallo-romain
Ausone au IVᵉ siècle.

SAINT-ÉMILION, LE VIN DES CÔTES

Il provient des coteaux escarpés qui entourent en demi-cercle la ville. La vigne, qui prospère sur des sols argilo-calcaires ou argilo-siliceux, semble jouir d'une immunité contre le gel, démontrée lors du fameux hiver 56. Sur ces pentes, se trouvent les meilleurs crus de Saint-Émilion, Château Ausone entre autres, des vins en général chaleureux, puissants et d'une belle couleur grenat intense.

SAINT-ÉMILION, LE VIN DE GRAVES

Les vignobles de plaine descendent jusqu'à la Dordogne. Le sol est constitué de graves siliceuses, de plus en plus sablonneuses, au fur et à mesure que l'on se rapproche de la rivière. La présence de bancs d'alios truffés de "crasses de fer", que l'on rencontre également dans le Médoc, donne aux vins leur caractère si brillamment illustré par le Château Cheval-Blanc où le bouquet, la finesse et l'élégance tendent à les rapprocher du Pomerol.

SAINT-ÉMILION, LES SATELLITES

En 1924, on accordait à cinq communes, au nord et à l'est de Saint-Émilion, la possibilité de joindre leurs noms à celui de Saint-Émilion : Lussac, Puisseguin, Parsac, Saint-Georges et Montagne. Ces trois dernières fusionnèrent en une seule commune, Montagne, conservant cependant, si elles le désiraient, leur propre appellation.

Saint-Georges-Saint-Émilion (155 ha)
Montagne-Saint-Émilion
Parsac-Saint-Émilion (1 313 ha)
Lussac-Saint-Émilion (1 079 ha)
Puisseguin-Saint-Émilion (631 ha).

Peu de chose les différencient de leur illustre voisin, ni la nature des sols ni les cépages. Les deux premières communes sont réputées produire les meilleurs vins, des vins charnus et de bonne garde, très proches des Saint-Émilion.

SAINT-ÉMILION

Dégustation
Robe : grenat foncé.
Bouquet : parfum de feuilles mortes, de truffe.
Saveurs : généreux, corsé et chaleureux.
Température de service : *16-17°C.*
Alliances gastronomiques : *omelette aux cèpes.*
Bœuf et mouton rôtis, grand gibier à poil, lamproie à la bordelaise. Tous fromages fermentés.

LUSSAC-SAINT-ÉMILION

Dégustation
Robe : rubis.
Bouquet : fruité, nuancé de sous-bois.
Saveurs : souple et tannique à la fois.
Température de service : *15-17°C.*
Alliances gastronomiques : *terrine de canard.*
Lamproie à la bordelaise, viandes rouges grillées.

MONTAGNE-SAINT-ÉMILION

Dégustation
Robe : rubis brillante.
Bouquet : arômes de fruits rouges évoluant vers des bouquets de réglisse, de vanille et de truffe.
Saveurs : généreux et souple, tannique.
Température de service : *16-17°C.*
Alliances gastronomiques : *matelote au vin rouge, châteaubriand, gibier à poil.*

PUISSEGUIN-SAINT-ÉMILION

Dégustation
Robe : rubis.
Bouquet : fruité.
Saveurs : rond, charpenté et tannique.
Température de service : *16-18°C.*
Alliances gastronomiques : *navarin d'agneau, volailles rôties, petit gibier à poil.*

SAINT-GEORGES-SAINT-ÉMILION

Dégustation
Robe : rubis brillante.
Bouquet : fruits rouges évoluant vers la vanille, la réglisse et la truffe.
Saveurs : généreux, tannique et souple à la fois.
Température de service : *16-17°C.*
Alliances gastronomiques : *foie gras poêlé.*
Lamproie à la bordelaise, châteaubriand.

LE POMEROL

À la sortie de Libourne et au nord-ouest de Saint-Émilion, la très célèbre AOC Pomerol rassemble, sur un plateau argileux peu élevé, les 732 ha du vignoble dont la modestie ne tient qu'à la dimension ; une terre exceptionnelle que transcende Château Pétrus, l'un des tout premiers vins du Bordelais.

Les 12 ha du domaine, dirigés de main de maître par Christian Moueix, sont à l'image de ce vignoble détenu par quelque cent cinquante viticulteurs dont les exploitations ne dépassent guère les 2 ha. Ici, à Pomerol, il n'y a pas de curiosité touristique ; la vigne occupe presque toutes les terres disponibles, et les châteaux, si imposants dans le Médoc, ne sont là que de simples maisons entourées de jardins.

Hérité de l'époque gallo-romaine, le vignoble de Pomerol fut entièrement replanté au XIIe siècle par les templiers qui y fondèrent une commanderie. Après avoir été en partie détruit par la guerre de Cent Ans, l'Histoire eut tendance à le confondre avec son puissant voisin, qui alla jusqu'à supprimer l'identité même de Pomerol.

Il fallut alors attendre le XIXe siècle pour que sa réputation rejaillisse. Depuis, elle n'a cessé de grandir. Les Pomerol aujourd'hui ont vraiment le vent en poupe.

Le sol, qui apporte toute sa sève aux Pomerol, est très variable d'une vigne à l'autre. Il est silico-graveleux, argilo-graveleux, sablonneux. On y trouve des crasses de fer. Et les terrains de formation graveleuse déposés là au quaternaire par l'Isle, petit affluent de la Dordogne, donnent des vins souples très fins, au velouté remarquable.

L'encépagement, conforme à la région, est dominé par le merlot à hauteur de 60, voire 70 % et quelquefois plus (Pétrus). Est-ce l'alliance cépage et sol qui permet aux Pomerol d'atteindre la plénitude, de révéler leur merveilleux arôme de truffe après seulement cinq ans de vieillissement ?

N'est-il pas paradoxal de penser que, contrairement aux autres prestigieuses appellations, il n'existe pas de classement pour les Pomerol. Et il n'est toujours pas question d'en créer un. Aussi, une sorte de "classification coutumière" a-t-elle été établie, qui place sans conteste possible l'illustre Pétrus en tête, suivi d'une liste de vingt châteaux unanimement reconnus.

LALANDE DE POMEROL

À la limite nord de Pomerol, l'AOC Lalande de Pomerol englobe les communes de Lalande et de Néac à hauteur respective de 60 et 40 % des surfaces d'appellation, soit un vignoble de 880 ha de sols graveleux ou sablo-graveleux. Les meilleurs crus de Lalande, des vins généreux, veloutés, qui dégagent une suavité très particulière, soutiennent la comparaison avec leur grand voisin.

FRONSAC, CANON FRONSAC

Face à Libourne et dans les méandres de l'Isle et de la Dordogne, le Fronsadais offre ses paysages tourmentés, hérissés de tertres sur l'un desquels Charlemagne fit bâtir son château. Fronsac, petite cité médiévale, est connue depuis le XVIIIe siècle pour ses vignobles de grande réputation. Aujourd'hui, ses vins rouges jouissent de deux appellations :
- l'AOC Fronsac, remplaçant l'appellation "Côtes de Fronsac", tombée en désuétude, couvre sept communes avec des vins robustes, rustiques, très typés;
- l'aire d'appellation Canon Fronsac (ou Côtes de Canon Fronsac), située sur les hautes falaises qui dominent la Dordogne, les célèbres Côtes Canon, produit les meilleurs vins du secteur, des vins fruités, charnus, des vins de mieux en mieux vinifiés et qui allient à la qualité des prix qui restent encore très raisonnables.

POMEROL
Dégustation
Robe : rubis foncé.
Bouquet : parfum de violette, de truffe.
Saveurs : généreux, corsé et velouté, un engrenage de saveurs et d'arômes.
Température de service : *16-17°C.*
Alliances gastronomiques : *pâtes persillées. Volailles rôties, marcassin, chevreuil, brouillade de truffes. Brie, camembert.*

LALANDE DE POMEROL
Dégustation
Robe : rubis intense.
Bouquet : violette, vanille et bois.
Saveurs : généreux et tannique.
Température de service : *16-17°C.*
Alliances gastronomiques : *terrine de gibier. Entrecôte marchand de vin, dinde rôtie.*

FRONSAC
Dégustation
Robe : foncée, parfois topaze.
Bouquet : vigoureux, arômes floraux et fruités évoluant vers des notes vanillées et épicées.
Saveurs : corsé et puissant, un peu épicé.
Température de service : *17-18°C.*
Alliances gastronomiques : *mouton et bœuf rôtis. Camembert, pont-l'évêque, livarot.*

CANON FRONSAC
Dégustation
Robe : rubis foncé.
Bouquet : arômes de bois et de fruits, nuancés de vanille.
Saveurs : charnu et charpenté, bonne présence de tanins permettant le vieillissement.
Température de service : *17-18°C.*
Alliances gastronomiques : *filet d'agneau en croûte, poulet sauté aux olives, civet de lièvre. Camembert, pont-l'évêque, livarot.*

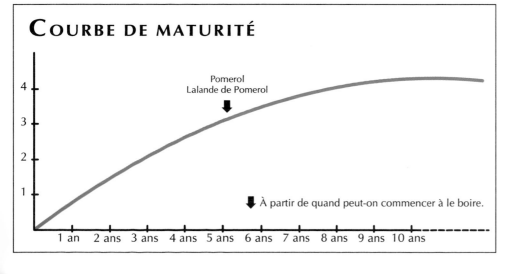

COURBE DE MATURITÉ

Pomerol
Lalande de Pomerol

À partir de quand peut-on commencer à le boire.

1 an 2 ans 3 ans 4 ans 5 ans 6 ans 7 ans 8 ans 9 ans 10 ans

L'ENTRE-DEUX-MERS

L'Entre-Deux-Mers, entre Garonne et Dordogne, est si large, dit-on, à cet endroit que l'on se croirait entre deux mers.

En réalité, ce vaste triangle, qui va du bec d'Ambès à la limite du Lot-et-Garonne, est non seulement la plus importante région viticole du Bordelais, avec 23 000 ha de vignes, mais est aussi un immense jardin formé d'une succession de vallons, de ruisseaux et de coteaux. Haut lieu de la tradition girondine, il offre aux visiteurs, en plus de ses châteaux et de ses moulins fortifiés, des Bordeaux de qualité à des prix encore très sages. Fini le temps des vins doux trop souvent falsifiés. L'Entre-Deux-Mers est le pays des vins blancs secs, fruités et légers, qui, vinifiés selon la tradition, accompagnent à merveille un plateau de fruits de mer. Pourtant, la réalité est tout autre. L'Entre-Deux-Mers consacre davantage d'espace aux vignes rouges. Ainsi, certains châteaux ont-ils définitivement abandonné les vignes blanches pour planter cabernet franc, cabernet sauvignon, merlot et malbec. Ils fournissent maintenant la majeure partie des Bordeaux et des Bordeaux supérieurs qui se commercialisent beaucoup mieux que les blancs secs.

L'appellation Entre-Deux-Mers ne peut s'appliquer qu'aux vins blancs secs issus de la zone d'appellation. Ils proviennent pour la plupart d'importantes coopératives dont la production est de vingt millions de bouteilles par an.

ENTRE DORDOGNE ET GARONNE

Dans cet immense espace, huit petits secteurs se singularisent par des appellations propres. Presque au centre du triangle, neuf communes du Haut-Bénauge revendiquent trois appellations pour leurs vins blancs secs :

    Entre-Deux-Mers
    Bordeaux Haut-Bénauge
    Entre-Deux-Mers Haut-Bénauge

En fait, ici, le Haut-Bénauge, secteur qui longe les Premières Côtes de Bordeaux, n'est qu'une précision géographique. Il possède un vignoble de 344 ha dont 5 ha en Bordeaux et 294 ha en Entre-Deux-Mers.

CÔTES DE BORDEAUX-SAINT-MACAIRE

Face à Langon et prolongeant au sud-est les Premières Côtes de Bordeaux, ce secteur d'appellation couvre 2 300 ha dont 1 500 de vignes blanches. Mais seuls 30 ha de coteaux graveleux et argileux, proches de la petite cité médiévale de Saint-Macaire, ont droit à l'appellation. Ils donnent des vins moelleux qui ressembleraient fort aux liquoreux de Sainte-Croix-du-Mont s'il ne leur manquait une pointe de corps et un brin de bouquet.

CADILLAC

Ce nom est à jamais associé au chevalier de Lamothe de Cadillac, fondateur de Detroit. Le château, bâti par les ducs d'Épernon, et qui ne déparerait pas sur les bords de la Loire, est le siège d'une des plus importantes confréries viticoles du Bordelais : la connétablie de Guyenne. Depuis 1973, le canton de Cadillac et six communes avoisinantes possèdent leur propre appellation. Auparavant rattaché aux Premières Côtes de Bordeaux, le vignoble de 2 600 ha fournit des blancs liquoreux riches et fruités qui tendent à se rapprocher de leurs illustres voisins (Barsac, Sauternes).

LOUPIAC, SAINTE-CROIX-DU-MONT

À elles deux, ces appellations produisent le tiers des récoltes des blancs liquoreux pour le quart de la surface. Ces chiffres s'expliquent par le rendement à l'hectare qui ne peut dépasser 25 hl/ha sur la rive droite de la Garonne, alors qu'ici il atteint 40 hl/ha. Enclavée dans les Premières Côtes de Bordeaux, l'appellation Sainte-Croix-du-Mont, sur des coteaux escarpés qui dominent la Garonne, surprend par la qualité de ses blancs liquoreux, des vins limpides et dorés, moins gras que les Loupiac.

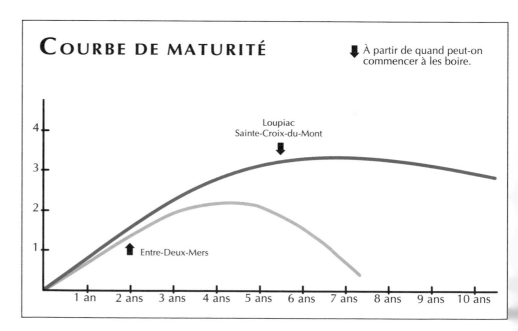

COURBE DE MATURITÉ

⬇ À partir de quand peut-on commencer à les boire.

Loupiac
Sainte-Croix-du-Mont

Entre-Deux-Mers

1 an 2 ans 3 ans 4 ans 5 ans 6 ans 7 ans 8 ans 9 ans 10 ans

SAINTE-FOY-BORDEAUX

À l'extrême nord-est de la Gironde et sur la rive gauche de la Dordogne, les 4 600 ha de l'appellation Sainte-Foy-Bordeaux se répartissent sur dix-neuf communes. Ils produisent des rouges soumis à examen pour avoir droit à l'appellation (4 200 hl par an) et des blancs moelleux ou demi-liquoreux (2 700 hl) en nette régression. Ici comme ailleurs, on arrache les variétés blanches pour planter des cépages rouges.

GRAVES DE VAYRES

Ce tout petit secteur accroché à un méandre de la Dordogne, entre Libourne et Bordeaux, a vu la reconnaissance de son appellation dès 1931 sur les communes de Vayres et d'Arveyres. Le nom même de l'appellation permet d'imaginer la nature du sol constitué de graves sur 480 ha, soit 9 200 hl d'un vin rouge qui pourrait rappeler le Pomerol et 12 000 hl de vin blanc sec.

ENTRE-DEUX-MERS
Dégustation
Robe : claire.
Bouquet : fin et léger, arômes floraux.
Saveurs : très sec, fruité et fin.
Température de service *: 7-8°C.*
Alliances gastronomiques *: tous les fruits de mer, crustacés, poissons frits, truite meunière.*

CADILLAC
Dégustation
Robe : dorée.
Bouquet : arôme floraux.
Saveurs : fruité, souple et nerveux à la fois.
Température de service *: 6-8°C.*
Alliances gastronomiques *: melon rafraîchi. Poissons en sauce, volailles pochées sauce suprême. Roquefort. Tartes aux fruits.*

CÔTES DE BORDEAUX-SAINT-MACAIRE
Dégustation
Robe : claire.
Bouquet : original.
Saveurs : fin, assez corsé, généralement liquoreux, ferme de goût.
Température de service *: 6-7°C.*
Alliances gastronomiques *: poissons, lotte à l'américaine, saumon sauce hollandaise. Omelette norvégienne.*

GRAVES DE VAYRES
Dégustation
Robe : claire.
Bouquet : fin, arômes floraux.
Saveurs : moelleux, souple et fin.
Température de service *: 9-10°C.*
Alliances gastronomiques *: poissons et crustacés, soles à la crème, viandes blanches.*

LOUPIAC
Dégustation
Robe : légèrement dorée.
Bouquet : fleurs et miel.
Saveurs : moelleux ou demi-liquoreux, souple et fin.
Température de service *: 6-8°C.*
Alliances gastronomiques *: foie gras. Volailles pochées, poissons en sauce. Roquefort. Tartes.*

SAINTE-CROIX-DU-MONT
Dégustation
Robe : jaune paille.
Bouquet : fleurs et miel.
Saveurs : moelleux à liquoreux, onctueux.
Température de service *: 6-8°C.*
Alliances gastronomiques *: melon rafraîchi. Poissons pochés, poularde à la crème aux cèpes, quenelles de brochet à la lyonnaise. Tartes.*

LE GROUPE DES CÔTES

Imaginer que l'on puisse regrouper géographiquement les Premières Côtes de Bordeaux aux vignobles si différents des Côtes-de-Blaye, des Côtes de Bourg ou des Côtes de Castillon est pour le moins surprenant. Et pourtant, un groupe des Côtes s'est constitué suivant une logique commerciale pour assurer la défense et la promotion de ses vins. Les voici donc regroupés ici également.

D'abord, les Côtes de Bordeaux qui représentent le plus important secteur puisqu'il regroupe 2 800 ha environ sur la rive droite de la Garonne, face à la région des Graves et des Sauternes. Le vignoble s'étire sur une cinquantaine de kilomètres et guère plus de trois de large, occupant les coteaux très escarpés de cette rive. Très naturellement, les vignes à vin rouge se retrouvent en aval, au plus près de Bordeaux (35 000 hl), et les vignes blanches en amont, jusqu'à englober les trois AOC de Cadillac, Loupiac, et Sainte-Croix-du-Mont (70 000 hl). Vous trouvez ensuite les Côtes de Blaye au nord-ouest de la Gironde, qui les sépare du Médoc. C'est un vignoble de 2 700 ha planté de vignes rouges et blanches réparties sous trois appellations : Blaye, Côtes de Blaye, Premières Côtes de Blaye, classées par ordre croissant de qualité. Au sud de Blaye, dont la citadelle, à 10 km de celle de Bourg, défend l'entrée de l'estuaire, s'étend le vignoble très vallonné du Bourgeais. Il faut ensuite remonter le cours de la Dordogne, traverser les illustres vignobles de Fronsac, Pomerol et Saint-Émilion pour atteindre les Côtes de Castillon, et, un peu plus au nord encore, nos dernières côtes, les Côtes de Francs, deux vignobles secondaires qui nous offrent quelques agréables surprises.

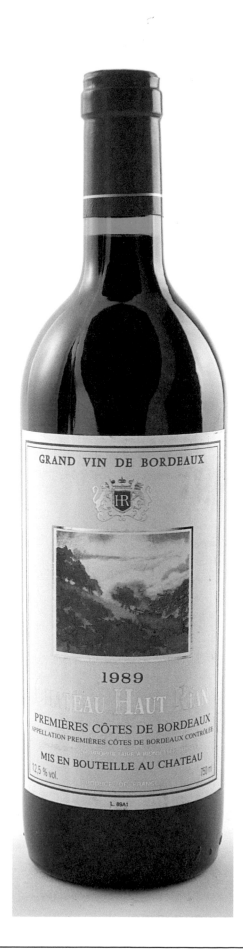

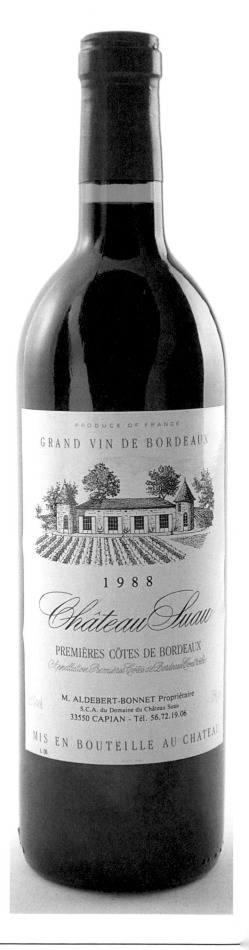

LES PREMIÈRES CÔTES DE BORDEAUX

Occupant tout le sud-est du secteur, elles font partie intégrante de l'Entre-Deux-Mers. Pourtant, depuis 1973, elles jouissent de leur propre appellation pour les vins rouges et les vins blancs liquoreux. Regardez sur la carte : après avoir évité l'agglomération bordelaise par le nord, les Premières Côtes de Bordeaux s'étirent indéfiniment le long de la Garonne. Les vignobles, installés sur des coteaux calcaires qui surplombent le fleuve, s'étendent sur trente-six communes, jusqu'à Saint-Maixant.

La partie septentrionale produit des vins rouges chaleureux, colorés, qui s'affinent avec l'âge et dont la réputation est très ancienne (Quinsac, Camblanes, Cénac, Latresne). Les 2 000 ha du vignoble sont plantés de cabernet sauvignon, cabernet franc, merlot, malbec, petit verdot et carménère. La partie méridionale, qui englobe les appellations de Cadillac, Loupiac et Sainte-Croix-du-Mont, offre, sur 720 ha, une gamme de vins doux, demi-secs et blancs, issus de cépages traditionnels : sauvignon, sémillon et muscadelle.

Mais ne quittons pas la rive droite de la Garonne sans nous arrêter, ne serait-ce qu'un instant, à Verdelais, sur la terrasse de Malagars pour y admirer ce paysage de vignobles si cher à François Mauriac.

LES CÔTES DE BLAYE, BLAYE, PREMIÈRES CÔTES DE BLAYE

Un estuaire sépare le Blayais du Médoc. Peut-être se souvient-on encore, dans le port-citadelle de Blaye, de l'époque où les esturgeons remontaient la Gironde ? Aujourd'hui, les vins qui viennent des collines adoucies du Blayais sont vendus sous trois appellations : Blaye et Côtes de Blaye pour les plus courants; par contre, pour avoir droit à l'appellation Premières Côtes de Blaye, les normes sont plus sévères. Les cépages doivent être à 90 % nobles. Un minimum de 10,5° est requis. Les rouges (85 % de l'encépagement) sont des vins fruités et souples, plus légers que les Bourg. Quant aux blancs, ils peuvent être secs et doux (en réalité, demi-doux).

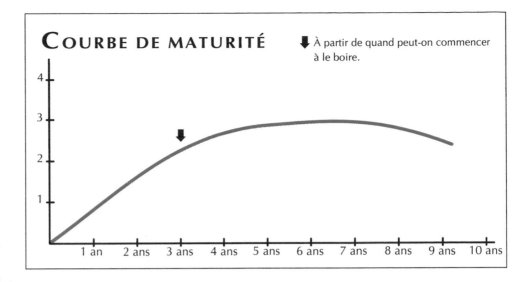

COURBE DE MATURITÉ

⬇ À partir de quand peut-on commencer à le boire.

PREMIÈRES CÔTES DE BORDEAUX
Dégustation
Robe : rouge, plutôt foncée.
Bouquet : affirmé.
Saveurs : chaleureux, généreux, ferme et nerveux en primeur, l'âge les assouplit et leur donne du moelleux.
Température de service : 17-18°C.
Alliances gastronomiques : ragoûts, (ragoût d'agneau à l'andalouse). Chèvre frais, coulommiers.

PREMIÈRES CÔTES DE BORDEAUX BLANC
Dégustation
Robe : dorée.
Bouquet : délicat.
Saveurs : secs ou liquoreux, toujours bien charpentés.
Température de service : 9-10°C (sec), 5-6°C (liquoreux).
Alliances gastronomiques : mousse de foies de volaille. Poissons et crustacés (secs), saumon braisé au vin blanc, poissons pochés. Desserts (liquoreux).

CÔTES DE BLAYE
Dégustation
Robe : jaune pâle.
Bouquet : fruits et fleurs.
Saveurs : délicat, sec et nerveux.
Température de service : 8°C.
Alliances gastronomiques : Coquillages et crustacés, poissons grillés et meunière.

BLAYE

Dégustation
Robe : rubis.
Bouquet : arômes de fruits rouges.
Saveurs : souple et peu corsé.
Température de service : 16°C.
Alliances gastronomiques : *jambon persillé, pâté*
de campagne. Viandes rouges grillées.

PREMIÈRES CÔTES DE BLAYE

Dégustation
Robe : rubis.
Bouquet : fruits rouges nuancés de sous-bois.
Saveurs : généreux et souple.
Température de service : 16°C.
Alliances gastronomiques : *charcuterie.*
Entrecôte, volailles grillées.

CÔTES DE BOURG

Dégustation
Robe : profonde.
Bouquet : ouvert, fruits rouges.
Saveurs : riche, fruité, souple et agréable.
Température de service : 16-18°C.
Alliances gastronomiques : *charcuterie.*
Entrecôte à la bordelaise, rognons de veau grillés.

BOURG

Dégustation
Robe : profonde.
Bouquet : fruits rouges (cassis).
Saveurs : charpenté et tannique.
Température de service : 16-18°C.
Alliances gastronomiques : *gigot d'agneau,*
veau Marengo.

CÔTES DE CASTILLON

Dégustation
Robe : rubis intense.
Bouquet : fruits mûrs.
Saveurs : corsé, charnu et tannique.
Température de service : 16-17°C.
Alliances gastronomiques : *terrine de canard.*
Noisette d'agneau, pintade rôtie.

CÔTES DE FRANCs

Dégustation
Robe : rubis intense.
Bouquet : fruits rouges.
Saveurs : corsé et charnu.
Température de service : 16-17°C.
Alliances gastronomiques : *terrine de lapin.*
Rognons de veau grillés sauce béarnaise,
volailles rôties.

LES CÔTES DE BOURG, BOURG OU BOURGEAIS

Peu de chose différencie les vins blancs ou rouges provenant des collines de Bourg de ceux du Blayais, leur voisin immédiat. La vieille cité fortifiée de Bourg, ancienne résidence des archevêques de Bordeaux, se dresse à la confluence de la Dordogne et de la Garonne. Son vignoble, tout en courbes et en collines, donne des vins blancs secs, demi-secs ou moelleux. Les Bourg rouges, plus intéressants, sont des vins équilibrés, corsés, robustes, et qui ont des qualités pour bien vieillir.

LES CÔTES DE CASTILLON

Les Côtes de Castillon, qui virent en 1453 la défaite du vieux général Talbot à la tête de l'armée anglaise, scellant ainsi le rattachement de la Guyenne au royaume de France, sont maintenant une vaste et paisible appellation de 2 880 ha de vignobles. Face à l'Entre-Deux-Mers et à côté de Saint-Émilion, l'appellation Côtes de Castillon s'étend sur les communes de Castillon-la-Bataille, Saint-Magne-de-Castillon, Bièves-Castillon, produisant 115 000 hl par an. Les vins rouges sont appréciés en primeur, mais leur côté corsé et généreux convient également au vieillissement. C'est une des régions du Bordelais qui permet encore, en sélectionnant bien les crus, de faire de bonnes affaires.

BORDEAUX-CÔTES DE FRANCS

Plus au nord, l'appellation Bordeaux-Côtes de Francs fut créée par décret en 1967 pour un petit vignoble de 204 ha dont la production de vin rouge ne dépasse pas les 11 000 hl. À noter les 5 ha à peine consacrés aux liquoreux, très surprenants dans cette région. La loi impose un minimum de 11,5° avec au moins 27 g de sucre résiduel par litre.

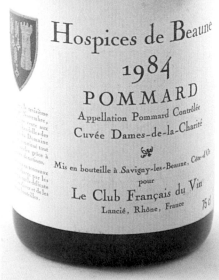

LA BOURGOGNE

C'est à 180 km de Paris que s'ouvrent les portes de la Bourgogne vineuse, à Chablis, par un coup d'éclat, une exception qui annonce déjà la perfection des Côtes de Nuits et des Côtes de Beaune. Plus au sud, le Chalonnais prend le relais, puis le Mâconnais et enfin, en marge de la capitale rhodanienne, le Beaujolais.

Quatre départements font la Bourgogne vinicole : l'Yonne, le plus septentrional, la Côte-d'Or, au cœur du vignoble bourguignon, la Saône-et-Loire, sur les pans de la roche de Solutré, et dans le Rhône, les collines du Beaujolais. En tout, ce superbe vignoble de 38 000 ha d'AOC produit deux millions hl de vins par an. Il ressemble, vu de près, à une véritable mosaïque.

"Le morcellement, c'est la Bourgogne", dit-on. Jugez donc, les 50 ha et 97 a du Clos de Vougeot ne possèdent pas moins de soixante-quinze propriétaires différents, un schéma courant en Bourgogne. Et, de ces vignobles-puzzles faits d'une multitude de parcelles, aux noms évocateurs de "clos" et de "climats", est né un modèle de hiérarchie pour classer des vins magnifiques, parmi les meilleurs du monde.

La variété des vins bourguignons est considérable et pourtant ils émanent de trois cépages, tous nés de cette terre de Bourgogne où l'on cultive la vigne depuis plus de 2 000 ans : le pinot noir, le chardonnay et le gamay. Mais quelles différences entre un Beaujolais (gamay) fruité et léger, un Volnay ou un Pommard à la délicatesse et à la finesse inégalées (pinot noir), un Chablis d'une sécheresse de silex, un Corton-Charlemagne noiseté, un Musigny à la richesse mielleuse, un Meursault onctueux ou un Montrachet légèrement fruité (tous chardonnay)!

Un conseiller du parlement de Dijon, invité à trancher l'épineuse question de savoir quel pouvait être le meilleur vin de Bourgogne, rétorqua : "C'est un procès dont j'ai tant de plaisir à visiter les pièces, que j'ajourne toujours à huitaine la prononciation de l'arrêt!"

LES MOINES CISTERCIENS PROPAGATEURS DE LA VIGNE

Depuis quand les Bourguignons cultivent-ils la vigne? On pense que les Romains la trouvèrent en occupant la Gaule. Sous leur impulsion, le vignoble bourguignon se développa, atteignant même une fameuse réputation. L'analyse des matériaux gallo-romains trouvés à Nuits-Saint-Georges le confirme, ainsi que le texte d'un discours datant de 312, adressé par les habitants d'Autun à l'empereur Constantin.

Les Burgondes, qui envahirent le secteur, non seulement donnèrent leur nom à la région, mais, dès le VIe siècle, commencèrent à replanter les vignes qu'ils avaient détruites.

La véritable reconstitution du vignoble bourguignon fut l'œuvre des monastères. En 867, Charles le Chauve légua aux moines de Saint-Martin-de-Tours ses vignes de Chablis. Mais un ordre allait marquer la terre de Bourgogne d'une manière indéfectible, celui des cisterciens, fondé par Robert de Molesme à Cîteaux près de Nuits-Saint-Georges. Il fut réformé par Bernard de Clairvaux qui, en 1112, rompant avec le monastère bénédictin de Cluny, prôna le travail et la pauvreté.

Il entreprit avec ses moines la culture des terres à l'abandon, plantant partout de nouvelles vignes. On lui doit le Clos de Vougeot, mais également la propagation de la viticulture bourguignonne à travers l'Europe médiévale (en Allemagne notamment).

C'est sous le règne de Philippe le Hardi, lorsque les États de Bourgogne devinrent une puissance indépendante, que le vignoble prit son véritable essor commercial. Le duc pratiqua une politique protectionniste, allant jusqu'à bannir de son duché "le Guamez déloyal" qui donnait des vins "de très grande et horrible âpreté". Désormais, le pinot pouvait régner en maître.

À la fin du Moyen Age, les vins de Beaune acquièrent définitivement leurs lettres de noblesse auprès des rois de France. Si Philippe Auguste les appréciait plus que tout, Louis XI qui, à la mort de Charles le Téméraire, rattacha le duché au royaume de France, leur préférait le Volnay.

A la Révolution française, tous les grands vignobles qui appartenaient au clergé (la majorité) furent sécularisés, servant de gage aux assignats. Le code Napoléon, qui s'appliqua par la suite aux successions, eut pour conséquence le morcellement des domaines.

Le XIXe siècle fut marqué par les premières ventes de vin aux Hospices de Beaune, devenus aujourd'hui une véritable institution. À la même époque, trois fléaux s'abattirent sur le vignoble bourguignon : les deux premiers furent naturels, puisqu'il s'agissait des chenilles de la pyrale (sorte de papillon dont la chenille s'attaque à la vigne) et du phylloxéra; le troisième était la fraude. Pour l'enrayer et surtout sauvegarder le prestige international des vins de Bourgogne, le Comité d'agriculture de Beaune établit un plan de classement de vignoble qui inspira le fameux INAO créé en 1937 (à l'origine des Appellations d'origine contrôlées).

UNE TERRE POUR LA VIGNE

La géologie est un facteur essentiel dans la qualité du vignoble bourguignon. Elle explique à la fois l'exposition des vignes sur les versants est et sud-est des coteaux, pour bénéficier d'un ensoleillement maximal, et également la nature des sols à base de granit (Beaujolais), d'argile, de calcaire avec des dépôts caillouteux ou argilo-sableux.

Du Beaujolais à la Côte de Nuits et sur 200 km, le vignoble s'étire d'une façon presque continue, occupant la façade orientale du Massif central et les plateaux qui le bordent. Quoi de mieux pour la vigne que les pentes douces et ensoleillées de la montagne dijonnaise qui

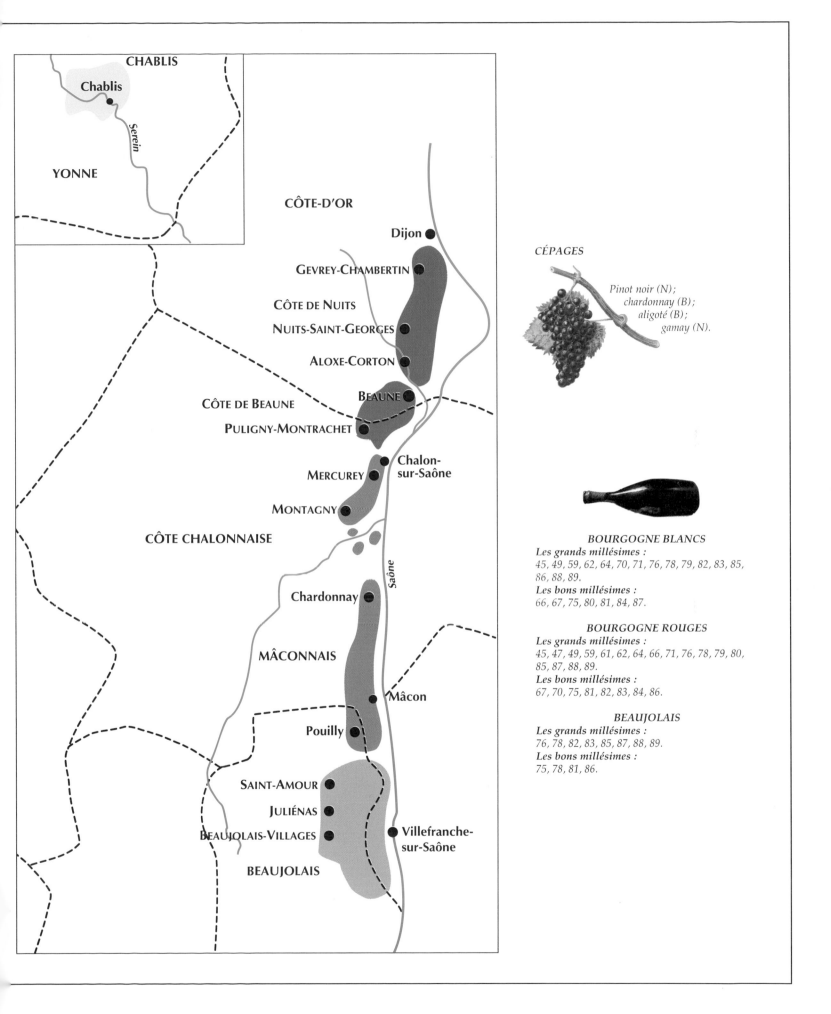

CHABLIS

Chablis

Serein

YONNE

CÔTE-D'OR

Dijon

GEVREY-CHAMBERTIN

CÔTE DE NUITS

NUITS-SAINT-GEORGES

ALOXE-CORTON

CÔTE DE BEAUNE

BEAUNE

PULIGNY-MONTRACHET

Chalon-sur-Saône

MERCUREY

MONTAGNY

CÔTE CHALONNAISE

Saône

Chardonnay

MÂCONNAIS

Mâcon

Pouilly

SAINT-AMOUR

JULIÉNAS

BEAUJOLAIS-VILLAGES

Villefranche-sur-Saône

BEAUJOLAIS

CÉPAGES

Pinot noir (N);
chardonnay (B);
aligoté (B);
gamay (N).

BOURGOGNE BLANCS
Les grands millésimes :
45, 49, 59, 62, 64, 70, 71, 76, 78, 79, 82, 83, 85,
86, 88, 89.
Les bons millésimes :
66, 67, 75, 80, 81, 84, 87.

BOURGOGNE ROUGES
Les grands millésimes :
45, 47, 49, 59, 61, 62, 64, 66, 71, 76, 78, 79, 80,
85, 87, 88, 89.
Les bons millésimes :
67, 70, 75, 81, 82, 83, 84, 86.

BEAUJOLAIS
Les grands millésimes :
76, 78, 82, 83, 85, 87, 88, 89.
Les bons millésimes :
75, 78, 81, 86.

descendent en gradins vers les plaines de la Saône, fournissant à la région ses meilleurs terroirs!

Le vignoble septentrional de Basse-Bourgogne (Chablis) est, quant à lui, incliné nord-ouest vers le Bassin parisien. Les coteaux sont dus à la superposition de deux formations géologiques : les marnes et calcaires de l'âge kimmeridgien et les calcaires jurassiques creusés par l'Yonne et ses affluents sur les versants desquels ont été plantées les vignes.

LE CLIMAT DES "CLIMATS"

En Bourgogne, il est rare qu'il y ait deux bonnes années d'affilée. Depuis 1945, cinq années furent exceptionnelles pour les rouges (45, 49, 61, 78, 85) et trois furent classées grandes (47, 59, 88). La région jouit de 2 000 heures d'insolation par an, dont 1 200 à 1 800 heures entre avril et septembre, ce qui est peu.

Le régime pluviométrique est encore plus aléatoire. On compte en moyenne cent soixante jours de pluie par an (entre 450 et 750 mm de précipitations) avec des pointes en mai et en juin, ce qui permet un bon développement végétatif de la vigne, avec cependant des risques de coulure au moment de la floraison. Février-mars et l'automne sont des saisons plutôt sèches (c'est excellent pour la maturité du raisin, empêchant de ce fait la pourriture). On voit souvent un automne sec sauver les vendanges à la sortie d'un mauvais été). Quant à juillet et août, c'est la grande incertitude qui décide du sort de la récolte.

LE PINOT NOIR EN BOURGOGNE : PLUS DE SEPT CEPS SUR DIX

Inutile de le redire, le pinot noir est le plus noble des cépages. On le surnomme noirien. Il a trouvé ici sa terre de prédilection : coteaux de calcaire bien drainés et climat tempéré font merveille, au point qu'en Bourgogne, plus de sept ceps sur dix sont des pinot noirs. Les Bourguignons le taillent long (taille "Guyot"). Ses

La Bourgogne possède la plus grande densité de pieds de vigne à l'hectare (environ 13 000) et, pour une production dix fois moindre, deux fois plus d'appellations que le Bordelais (une centaine environ).

Bourgogne

Il s'agit de l'appellation générale qui couvre, sous certaines conditions, tous les vins provenant de la région délimitée de Bourgogne. Les vins rouges sont obligatoirement produits à partir de pinot noir (dans l'Yonne, à partir du césar et du tressot) et les vins blancs à partir de chardonnay et de pinot blanc (rouge : 10° et blanc : 10,5° au minimum).

Bourgogne aligoté

Ces vins blancs proviennent de l'aligoté avec une tolérance de 12 % de chardonnay (9,5° au minimum).

Bourgogne Passetoutgrains

Vins rouges ou rosés qui résultent d'un cuvage commun de pinot noir (au moins 1/3) et de gamay noir à jus blanc (7,5° au minimum).

Bourgogne ordinaire et Bourgogne grand ordinaire

Vins rouges, rosés ou blancs. Ils sont issus du pinot, du gamay et, dans l'Yonne, du tressot et du césar pour les rouges. Quant aux blancs, le chardonnay est bien entendu le meilleur. Viennent ensuite le pinot blanc, l'aligoté, le melon de Bourgogne et, dans l'Yonne, le sacy (rouge 9°, blanc 9,5° au minimum); le rendement à l'hectare ne peut dépasser 50 hl/ha.

Bourgogne mousseux

En gros, on peut dire qu'il s'agit de la version "mousseux" de n'importe quels vins blancs, rosés ou rouges décrits précédemment.

Crémants de Bourgogne

Le 17 octobre 1975, on donnait aux Crémants de Bourgogne le même statut qu'à ceux d'Alsace, de Loire, de Bordeaux et de Limoux. Au départ, crémant désignait des champagnes faiblement pétillants obtenus par un dosage de la pression inférieur à la normale. Le Crémant de Bourgogne sec - quatre millions de bouteilles par an - est l'un de ceux qui, grâce au chardonnay, se rapprochent le plus du champagne. D'ailleurs, les blancs de blanc sont 100 % chardonnay. On utilise également le pinot noir, l'aligoté, le melon et le sacy. Signalons la qualité exceptionnelle des rosés faits à partir du pinot noir et du gamay (inférieur à 20 %). Les crémants titrent 8,5°. Ils sont obtenus par seconde fermentation en bouteille.

---

rendements sont faibles (25 à 30 hl/ha), mais quelle qualité! Il donne sans compter et sans partage des vins considérés comme les meilleurs vins rouges du monde (on l'utilise depuis toujours comme cépage unique). Le gamay, par contre, ne produit rien de bon en Bourgogne, si ce n'est "les grands ordinaires" ou, associé au pinot, les Passetoutgrains. En revanche, sur le sol granitique du Beaujolais, il fournit des vins à la robe violacée, des vins gouleyants et si agréablement fruités et légers qu'ils sont sûrement les vins les plus populaires de France.

Pour la Bourgogne, le chardonnay est un don du ciel (6 000 ha). Il a tout pour lui, il se cultive bien, il est résistant, il se vinifie bien, il vieillit bien. On l'appelle beaunois dans le Chablis et, sur des sols calcaires, crayeux ou marneux, il offre à la Bourgogne la longue litanie de ses grands vins blancs. Il se taille à long bois, et son rendement très contrôlé s'échelonne entre 30 et 50 hl/ha. L'aligoté, plus acide et moins corpulent que le chardonnay, est partout en recul (1 000 ha). On le retrouve surtout dans les Côtes chalonnaises, le Mâconnais et dans l'Yonne. Il donne des vins blancs légers et fruités qui se consomment tôt.

CLIMATS ET CLOS

Climat, dans le langage courant en Bourgogne, désigne une parcelle, un lieu-dit ou même un ensemble de lieux-dits. Parmi les quelque soixante appellations que comporte la Côte-d'Or, chacune d'entre elles peut se prévaloir d'une quarantaine de climats : "Le nom que l'usage collectif ou privé a donné à un morceau de terrain", précise l'*Atlas des grands vignobles de Bourgogne.*

Clos est plus facile à définir puisque, comme son nom l'indique, il s'agit d'une parcelle de vigne entourée d'un mur de pierres sèches avec deux entrées, l'une pour les voitures à cheval et l'autre pour le vigneron. Parmi les plus célèbres, sont à citer : Clos de Vougeot, Clos de Tart, Clos Saint-Denis, Clos de la Roche, tous sur la commune de Morey-Saint-Denis.

Comme on le sait, les appellations servent à localiser un terroir d'origine pour déterminer la qualité d'un vin. On a donc :

1 - une appellation générale ou régionale, ou générique, qui concerne tous les vins produits en Bourgogne, suivie :

2 - d'une appellation régionale. Celle-ci s'applique à un terroir plus restreint, à une sous-région, par exemple Côte de Nuits, Beaujolais, Mâcon, etc. puis :

3 - une appellation communale pour les vins produits sur le territoire de la commune comme les Chablis, Meursault, Gevrey-Chambertin, Pommard. La localisation peut s'affiner encore plus avec :

4 - l'appellation du cru, c'est-à-dire la désignation de la parcelle appelée en Bourgogne "climat ou clos".

Les trente et un Grands Crus classés sont identifiés uniquement par le nom de leur cru : Chambertin, Montrachet, Corton, Clos de Vougeot, etc. Les Premiers Crus portent en plus le nom de leur commune, par exemple Chambolle-Musigny-les-Amoureuses. Donc, plus l'appellation est précise, meilleur sera le vin : un Romanée-Conti, pour prendre le meilleur, est plus grand qu'un Vosne-Romanée (la commune), plus grand lui-même qu'un Côte de Nuits, supérieur à un Bourgogne (appellation générique).

VINIFICATION ET VIEILLISSEMENT

Dix jours de cuvaison sont nécessaires aux Bourgogne, alors qu'il en faut le double pour un Bordeaux. Les vins n'ont donc pas la teneur en tanin (apportée par la peau et les pépins de raisin) de ces derniers et peuvent se consommer plus tôt, entre deux et cinq ans. Le pinot noir donne, d'autre part, des vins beaucoup plus légers et moins corsés que ceux provenant du cabernet sauvignon. Un Bourgogne est donc sans conteste plus léger qu'un Bordeaux. Autre habitude qui peut surprendre, le recours systématique à la chap-

talisation. Il est dû aux aléas climatiques et remonte au XVIIIe siècle, à l'époque où, pour renforcer les vins, on sucrait les moûts. De nos jours, la chaptalisation qui, en Bourgogne, est un mal nécessaire, se fait sous un contrôle très strict de l'administration. Une fois la vinification achevée, les vins vieillissent de dix-huit à vingt-quatre mois, ce qui les rend plus nets, plus frais et plus fruités. On utilise d'immenses cuves, mais les meilleurs nécessitent une futaille plus réduite : la pièce de 228 l (la queue, équivalant à deux pièces, ne se rencontre pratiquement plus). Par contre, la demi-pièce ou feuillette (114 l) et le quartaut (57 l) sont encore très utilisés.

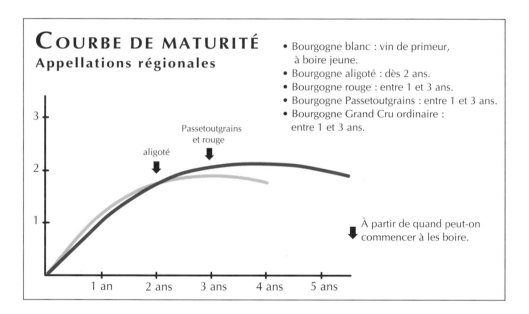

COURBE DE MATURITÉ
Appellations régionales

- Bourgogne blanc : vin de primeur, à boire jeune.
- Bourgogne aligoté : dès 2 ans.
- Bourgogne rouge : entre 1 et 3 ans.
- Bourgogne Passetoutgrains : entre 1 et 3 ans.
- Bourgogne Grand Cru ordinaire : entre 1 et 3 ans.

À partir de quand peut-on commencer à les boire.

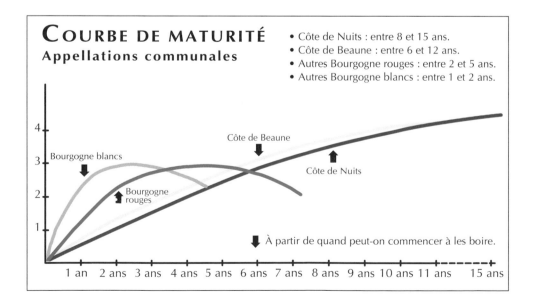

COURBE DE MATURITÉ
Appellations communales

- Côte de Nuits : entre 8 et 15 ans.
- Côte de Beaune : entre 6 et 12 ans.
- Autres Bourgogne rouges : entre 2 et 5 ans.
- Autres Bourgogne blancs : entre 1 et 2 ans.

À partir de quand peut-on commencer à les boire.

L'YONNE

Le vignoble de l'Yonne est le plus septentrional des prestigieux vignobles de la Bourgogne, qui commencent aux portes de Lyon.

Il y a un peu plus de cent ans, l'Yonne était un des départements français les plus viticoles, allant jusqu'à fournir les deux tiers de tous les Bourgogne. Il approvisionnait la région parisienne, et ses vins étaient acheminés par voie d'eau sur les trains de bois qui descendaient du Morvan. Vincelles et Vincelottes, communes situées au bord de l'Yonne, évoquent encore ce commerce actif du vin dans la région.

Le vignoble couvrait alors environ 40 000 ha et occupait principalement les coteaux dominant les vallées des rivières : l'Yonne, la Cure, le Serein, l'Armançon et le Tholon.

L'invasion phylloxérique a porté un coup terrible à tout le vignoble, et les replantations sur porte-greffes résistant aux attaques du parasite n'ont été vraiment réalisées que dans les terroirs les plus favorables à la production de vins de qualité, terroirs qui constituent le vignoble actuel.

L'encépagement de l'Yonne, qui ne comportait pas moins d'une trentaine de variétés, se réduisit à une dizaine, pour ne conserver actuellement que les cépages les plus fins et les plus dignes de défendre le renom de la Bourgogne.

Aujourd'hui, deux zones principales se consacrent à la culture de la vigne :
– le Chablis, où l'on rencontre les superficies les plus étendues;
– la région sud d'Auxerre ou vignoble auxerrois (Irancy, Saint-Bris-le-Vineux, Chitry, etc.).

D'autres secteurs, de superficies plus réduites, produisent également des vins dignes d'intérêt : la Côte Saint-Jacques à Joigny, le Tonnerrois avec la commune d'Épineuil en particulier, ainsi que quelques terroirs autour de Vézelay.

COURBE DE MATURITÉ

Petit Chablis : vin de primeur à boire jeune.
Chablis Premier Cru : entre 4 et 8 ans.
Chablis Grand Cru : entre 5 et 10 ans.

Chablis
Grand Cru

Chablis
Premier Cru

Chablis

4

3

2

1

↓ À partir de quand peut-on commencer à les boire.

1 an 2 ans 3 ans 4 ans 5 ans 6 ans 7 ans 8 ans 9 ans 10 ans

CHABLIS

"Porte d'or de la Bourgogne", Chablis, à 180 km de Paris, offre à la Bourgogne l'un de ses plus beaux fleurons : un vin blanc à la robe or vert pâle, vif, léger, limpide, à la sécheresse de silex. Sa réputation a fait le tour du monde, au point qu'il arrive de rencontrer, par mégarde, d'illégitimes Chablis américains, australiens ou même argentins.

Toutes appellations confondues, le vignoble couvre 3.300 ha sur un secteur de 16 km de long et 10 km de large, entre Auxerre et Tonnerre, englobant une vingtaine de communes.

La renommée de ce vignoble remonte à la Gaule, mais son véritable essor date du XIIe siècle. Il est dû aux moines cisterciens de l'abbaye de Pontigny, à 15 km de Chablis, qui répandirent la culture du chardonnay, surnommé beaunois par son origine. Très curieusement, le phylloxéra ne toucha la région que très tard, en 1893, à la suite d'un été très chaud. Ce fut une chance pour ce vignoble qui put être reconstitué très rapidement par greffage des variétés locales sur des souches et des hybrides américains. Il ne retrouva sa véritable réputation qu'en 1936, grâce aux lois sur les appellations contrôlées.

UN SEUL CÉPAGE AUTORISÉ : LE CHARDONNAY

Les vignobles les plus réputés sont situés entre la vallée du Serein et le plateau, sur des pentes bien exposées, parfois très accentuées (15 à 20 % de déclinaison) : un travail pénible pour le vigneron qui doit sans cesse remonter les terres arables accumulées au bas des pentes. Le sol caillouteux est constitué d'une épaisse couche de calcaire et de marne dit du "kimmeridgien" (jurassique supérieur), des calcaires marneux et des marnes argileuses, sortes de glaise, qui transparaissent partout dans les vignobles. Le plateau, à 200 m de hauteur, formé de calcaire dur (du porlandien), supporte des sols plus légers que l'on appelle "petite terre". C'est le domaine des "petits Chablis".

Le climat de cette zone très septentrionale est très incertain : hivers froids, gelées tardives fréquentes en mai. On se souvient encore du terrible printemps 1957 qui détruisit la quasi-totalité de la vendange. Pour éviter de telles catastrophes, l'utilisation de chaufferettes à fuel se généralise.

Dans le Chablis, un seul cépage est autorisé : le chardonnay. Il est taillé bas et court pour que le sol blanc et crayeux reflète la chaleur du soleil sur les grappes et active ainsi la maturation.

Les vendanges commencent début octobre ; elles durent quinze jours. Sans
attendre, le raisin est pressé pour être
ensuite stocké dans d'immenses cuves en
inox. Très souvent, si le raisin ne peut
fournir la quantité d'alcool nécessaire, il
faut chaptaliser, c'est-à-dire ajouter du
sucre aux moûts avant fermentation. Cette pratique, autorisée par la loi, est la seule susceptible, les mauvaises années, de
préserver la grande qualité des Chablis.

Le premier soutirage a lieu en février et,
de dix à vingt mois après les vendanges,
le Chablis est mis en bouteilles. Élevé en
fût, il se montre plus riche et plus corsé.
Dans tous les cas, c'est un vin à la robe or-
vert, d'une limpidité et d'une fraîcheur
exquises. De la sécheresse, une certaine
nervosité en bouche, un mordant typique,
tels sont les grands Chablis à la réputation
universelle.

CHABLIS GRANDS CRUS

Ce vignoble hors pair de 97 ha occupe le
meilleur terroir, une colline entièrement
plantée visible de la grand-place de Chablis. Sept crus exceptionnels se partagent
l'appellation Chablis Grands Crus, identi-
fiables par le nom de leur "climat" :
– Blanchots
– Bougros
– les Clos
– Grenouilles
– les Preuses
– Valmur
– Vaudésir.

On peut y ajouter la Moutonne, chevau-
chant les Preuses et Vaudésir, exclu du
classement pour une sombre histoire
datant de la Révolution française. Tous les
sept sont regroupés à mi-hauteur sur un
coteau exposé sud-ouest. Qu'est-ce qui les
rend plus admirables, plus secs, plus
racés que les autres ?

Le sol, peut-être, l'ensoleillement sûrement! Leur rendement est fixé par la loi à
35 hl/ha. Ils doivent titrer un minimum
de 11°.

CÉPAGES

*Chardonnay (B) ;
sauvignon (B) ;
pinot noir (N).*

CHABLIS GRANDS CRUS
Dégustation
Robe : or pâle.
Bouquet : complexe et fin.
Saveurs : sec et souple à la fois.
Température de service : 10-12°C.
Alliances gastronomiques : *filets de sole en
paupiette, paupiettes aux herbes et à la crème,
homard à l'américaine.*

CHABLIS PREMIERS CRUS
Dégustation
Robe : dorée, teintée de reflets verts.
Bouquet : miel et acacia, pierre à fusil.
Saveurs : sec, ample et rond à la fois.
Température de service : 12°C.
Alliances gastronomiques : *quenelles de brochet
au Chablis, gratin de langoustines.*

CHABLIS
Dégustation
Robe : jaune-vert.
Bouquet : odeur minérale, foin frais.
Saveurs : fin, sec, léger et nerveux.
Température de service : 8-9°C.
Alliances gastronomiques : *plateau de fruits de
mer, saumon, truites. Chèvre sec, vézelay.*

PETIT CHABLIS
Dégustation
Robe : pâle, légèrement verdâtre.
Bouquet : agréable et discret.
Saveurs : sec, léger et rafraîchissant.
Température de service : 10°C.
Alliances gastronomiques : *coquillages, friture
de petits poissons, sole meunière. Chèvre.*

1988

PRODUCE OF FRANCE

Chablis Premier Cru
LES VAILLONS
APPELLATION CHABLIS PREMIER CRU CONTROLÉE

MIS EN BOUTEILLES PAR   alc. 12,5%by vol
Bernard DEFAIX
Propriétaire-Viticulteur à MILLY - CHABLIS (France)

CHABLIS PREMIERS CRUS

Les 692 ha du vignoble se répartissent dans un rayon de 4 km de part et d'autre du Serein. On dénombre vingt-neuf Premiers Crus dont onze principaux qui englobent à leur tour dix-huit lieux-dits, dont les plus réputés sont la Montée de Tonnerre, Fourchaume et Mont-de-Milieu.

Distinguer les Grands Crus des Premiers Crus est une affaire d'expert : un petit rien, décelable seulement par un dégustateur avisé. Le rendement est limité à 40 hl/ha, et un titrage minimal de 10,5° est requis. Chacun s'accorde à dire qu'ils atteignent leur apogée vers la cinquième année, acquérant le goût de pierre à fusil que l'on retrouve dans les grands Sancerre.

CHABLIS

Tous les Chablis qui ne sont ni grands ni premiers crus ont droit à l'appellation générale Chablis. Ce sont des vins de coteaux bien exposés, répartis sur la commune de Chablis et sur toutes les autres dans la surface d'appellation de 1 200 ha. Le rendement ne peut excéder 40 hl/ha pour des vins qui doivent titrer un minimum de 9,5°.

Du sol, ils tirent leur fraîcheur et leur légèreté ; mais attention aux années froides ou trop humides qui leur donnent alors une trop grande acidité. Ils se boivent jeunes mais peuvent vieillir avec bonheur jusqu'à dix ans, gagnant un bouquet plus complexe et plus persistant.

PETITS CHABLIS

Ces vins (en tout 304 ha) proviennent des coteaux et des plateaux situés plutôt sur la périphérie de l'appellation. Leur faible teneur en sucre, leur acidité marquée jusqu'à la verdeur et la faible richesse aromatique en font des vins destinés à être bus dans l'année. Ils sont pour la plupart vendus en vrac. Mis en bouteilles, ils se conservent mieux sans réellement se bonifier.

BOURGOGNE IRANCY

Irancy, patrie de Soufflot, architecte du Panthéon à Paris, permet encore d'entr'-apercevoir ce qu'était l'Yonne vineuse il y a plus d'un siècle. Ce gros village, encaissé dans une cuvette, aux pentes bien exposées, a vu la reconnaissance officielle de ses vins par l'adjonction en 1977 de Bourgogne à son nom.

D'une superbe couleur pourpre, les vins rouges d'Irancy (ils existent également en rosé), lors de bonnes années, sont corsés et d'une grande finesse. Ils acquièrent en vieillissant un bouquet très caractéristique. S'ils proviennent en majorité du pinot noir, il n'en reste pas moins que le césar (ou romain), très vieux cépage local qui remonte à l'époque gallo-romaine, réserve encore quelques belles surprises. C'est lui qui apporte aux vins d'Irancy ce goût si particulier que l'on ne trouve nulle part ailleurs. Il fournit au pinot noir le tanin qui lui manque, permettant un bon vieillissement. Le vignoble qui couvre les communes de Vincelottes et de Cravant (la fameuse côte de Palotte) s'étend sur 120 ha pour une production de 2 000 hl.

A noter également, le village de Saint-Bris-le-Vineux, qui donne à la Bourgogne son unique VDQS : le Sauvignon de Saint-Bris dont le vignoble, qui atteint les 70 ha, touche Irancy et deux communes avoisinantes.

VÉZELAY

On assiste là à une véritable renaissance. Année après année, ce petit vignoble étend ses vignes en même temps que sa réputation sur la célèbre colline de Vézelay, à l'ombre (quoique bien exposé) de la basilique romane Sainte-Marie-Madeleine où, en 1146, saint Bernard prêcha la deuxième croisade. Juste retour de l'Histoire, puisqu'à cet endroit, les ducs de Bourgogne possédaient déjà un clos.

LA CÔTE-D'OR

La Côte-d'Or est le cœur de la Bourgogne. Elle produit, sur une inextricable mosaïque de vignobles, des vins magnifiques, parmi les plus grands du monde!

De Dijon à Santenay, imaginez une ligne presque continue de 65 km de coteaux. La largeur n'excède pas 4 km. Les coteaux culminent à 400, 500 m; ils sont merveilleusement exposés est, sud-est, à l'abri des vents dominants, bénéficiant ainsi d'un ensoleillement maximal.

Tous les grands crus se retrouvent entre 250 et 300 m d'altitude, sur des versants de coteaux de 2 à 3 % de déclinaison, allant jusqu'à 20 % pour la colline de Corton.

La formation jurassique (les meilleurs vignobles prospèrent sur du jurassique moyen) apporte un sous-sol constitué de calcaire oolithique (calcaire formé de grains ressemblant à des œufs de poisson) et marneux, terrain de prédilection des grands vins blancs (Montrachet entre autres). On trouve également des sols argilo-calcaires riches en fer ou argilo-siliceux, plus propices aux Bourgogne rouges de la Côte de Nuits.

Deux cépages se partagent en maître absolu la Côte-d'Or, le pinot noir pour les rouges et le chardonnay pour les blancs. Il faut y ajouter l'aligoté que l'on rencontre surtout dans les Hautes-Côtes. La production dépasse rarement les 400 000 hl, dont 85 000 hl de vins blancs.

En excluant la Côte dijonnaise autrefois florissante, absorbée aujourd'hui par la banlieue dijonnaise qui n'a laissé que les vignobles de Marsannay (le fameux rosé de Marsannay) et de Conchay, entrée en matière d'ailleurs fort agréable, la Côte-d'Or se partage en deux :
– la Côte de Nuits, qui s'étire sur une vingtaine de kilomètres, de Fixin à Corgoloin, compte trente-huit appellations;
– la Côte de Beaune, qui prend le relais plus au sud, s'étend sur 30 km jusqu'à Sampigny-les-Maranges. Elle est à la tête de soixante-quatre appellations réparties sur vingt communes.

LES TROIS CATÉGORIES DE VINS EN CÔTE-D'OR

- ceux qui portent le nom de leur commune,
- ceux qui en plus ajoutent le nom de leur cru,
- ceux qui (les plus prestigieux) se contentent de mentionner le nom de leur vignoble (ou climat).

Les premiers sont produits à partir de n'importe quel raisin provenant de la commune.

Les seconds proviennent uniquement du vignoble indiqué sur l'étiquette.

Les derniers, les plus grands, les trente et un Grands Crus de Bourgogne, sont issus exclusivement des trente et un grands climats.

Il est donc impératif de bien savoir distinguer entre le nom du cru et celui de la commune, entre par exemple les Bonnes Mares, nom du cru qui provient de la commune de Morey-Saint-Denis ou le Chambertin sur la commune de Gevrey-Chambertin.

APPELLATIONS COMMUNALES ET GRANDS CRUS DE LA CÔTE DE NUITS

AOC communale Grands Crus Rouges

Fixin
Gevrey-Chambertin Chambertin
Chambertin-Clos de Bèze
Charmes-Chambertin
Chapelle-Chambertin
Griotte-Chambertin
Latricière-Chambertin
Mazis-Chambertin
Ruchottes-Chambertin
Morey-Saint-Denis Bonnes Mares (une partie)
Clos Saint-Denis
Clos de la Roche
Clos de Tart
Clos des Lambrays
Chambolle-Musigny Musigny
Bonnes Mares
Vougeot Clos de Vougeot
Flagey-Échézeaux
Vosne-Romanée Romanée-Conti
Romanée
Romanée-Saint-Vivant
La Tache
Richebourg
Nuits-Saint-Georges

COURBE DE MATURITÉ
Grands Crus

- Grands Crus de la Côte de Nuits : entre 7 et 25 ans.
- Grands Crus de la Côte de Beaune : entre 5 et 20 ans.

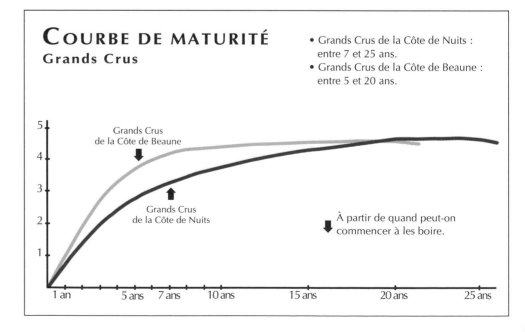

Grands Crus de la Côte de Beaune

Grands Crus de la Côte de Nuits

À partir de quand peut-on commencer à les boire.

LA CÔTE DE NUITS

Pinot noir (N);
chardonnay (B).

Cadastrés au mètre près, les 1 300 ha du vignoble de la Côte de Nuits s'étirent sur 20 km, de Fixin aux portes de Dijon jusqu'à Corgoloin, à l'entrée de la Côte de Beaune. Les Nuits de cette prestigieuse Côte viendraient-ils de *Nucetum*, lieu planté de noyers ou bien, plus proche de la réalité, de *Nucleus*, utilisé par Pline l'Ancien pour désigner le noyau ou le pépin du raisin ? Des raisins qui sont d'ailleurs, à une écrasante majorité, rouges ; la Côte de Nuits est par excellence le domaine du pinot noir avec deux autres variantes tolérées : le pinot liebault et le pinot beurot ; la culture en est délicate ; mais il donne ici des vins de renommée universelle, des vins plus corsés, plus pleins que ceux de Beaune. Si leur robe et leur bouquet sont éblouissants, il ne faudrait surtout pas oublier les quelques grands vins blancs de la Côte de Nuits : Chambolle-Musigny, Vougeot, Morey-Saint-Denis, Nuits-Saint-Georges.

Les coteaux sont exposés sud-est, une chance pour la vigne qui, dès le lever du jour, voit son humidité absorbée par les premiers rayons du soleil. Le vignoble, constitué d'une multitude de parcelles, donne des crus aussi diversifiés que peuvent l'être ses sols où dominent des terrains marno-calcaires composés d'argile schisteux avec des éléments de fer et de craie.

La Côte de Nuits compte sept communes : Fixin, Gevrey-Chambertin, Morey-Saint-Denis, Chambolle-Musigny, Vougeot, Vosne-Romanée, Nuits-Saint-Georges. Les vins sont classés en trois catégories en fonction de leur origine : Grands Crus, Premiers Crus et vins communaux.

FIXIN

Le vignoble de 150 ha du premier village de la Côte de Nuits mérite une attention toute particulière. Il possède neuf premiers crus dont les climats Hervelets, Arvelets, Clos du Chapitre, Clos Napoléon. Mais le plus réputé est sans aucun doute le Clos de la Perrière, qui rivalise avec ses prestigieux voisins de Gevrey-Chambertin.

GEVREY-CHAMBERTIN

Vous entrez dans la plus importante aire d'appellation de la Côte de Nuits avec un vignoble de 430 ha. Comme beaucoup d'autres communes de la Côte-d'Or, Gevrey ajouta à son nom celui de son meilleur cru, le très célèbre Chambertin. La légende veut que l'abbaye de Bèze, ayant reçu en don la terre de Gevrey, la planta de vignes avec un tel bonheur que le propriétaire du champ voisin, un dénommé Bertin, fit de même avec le succès que l'on sait. L'appellation ne compte pas moins de neuf Grands Crus, dont toute l'aristocratie des Chambertins. Deux crus exceptionnels en forment la tête couronnée : Chambertin (17,7 ha) et Chambertin-Clos de Bèze (15,15 ha), suivis de sept autres Chambertin et d'une vingtaine de Premiers Crus. Tout a été dit sur ces vins qualifiés de "divins" : vigueur, fermeté, finesse, délicatesse, générosité. Une telle magnificence les rend incomparables. Les climats s'échelonnent à mi-hauteur des coteaux entre Gevrey-Chambertin et Morey-Saint-Denis. La commune fournit également des vins de moindre qualité qui ont droit à l'appellation Gevrey-Chambertin.

FLAGEY-ÉCHEZEAUX

Voici une commune au sud du Clos de Vougeot sans appellation communale. Deux vignobles ont droit à l'appellation Grand Cru : Échezeaux (30 ha) et, meilleur encore, Grands-Échezeaux (9 ha). Si, certaines années, ils n'obtiennent pas les qualités requises, ils sont déclassés en Premiers Crus de Vosne-Romanée.

FIXIN

Dégustation
Robe : sombre.
Bouquet : puissant.
Saveurs : corsé et fruité, un peu rêche dans ses débuts, acquiert ensuite du moelleux.
Température de service : 16°C.
Alliances gastronomiques : mouton, (haricot de mouton), gibier faisandé. Tous fromages fermentés.

GEVREY-CHAMBERTIN

Dégustation
Robe : rouge sombre.
Bouquet : rappelle un peu la réglisse.
Saveurs : mélange admirable de force et de faiblesse.
Température de service : 15-16°C.
Alliances gastronomiques : gibier à poil, caneton au Chambertin. Époisses, aisy cendré.

CHAMBERTIN

Dégustation
Robe : rubis foncé.
Bouquet : cassis et vanille, notes de cuir et d'épices.
Saveurs : puissant, charpenté, tannique et long en bouche.
Température de service : 16°C.
Alliances gastronomiques : côte de bœuf forestière, coq au Chambertin, canard aux cerises, cuissot de sanglier. Époisses.

CHAMBERTIN-CLOS DE BÈZE

Dégustation
Robe : rubis foncé.
Bouquet : fruits mûrs et notes animales et d'épices.
Saveurs : puissant et parfois plus charpenté que le Chambertin.
Température de service : 16°C.
Alliances gastronomiques : tournedos Rossini, filet de chevreuil sauce poivrade. St-Florentin.

CHAPELLE-CHAMBERTIN

Dégustation
Robe : rouge sombre.
Bouquet : notes de fruits rouges et de réglisse.
Saveurs : force et finesse.
Température de service : 16°C.
Alliances gastronomiques : poularde, caneton au Chambertin. Tous les fromages fermentés.

CHARMES-CHAMBERTIN

Dégustation
Robe : soutenue.
Bouquet : fruits rouges aux notes complexes.
Saveurs : charnu, corsé et tannique.
Température de service : 16°C.
Alliances gastronomiques : coq au vin, tournedos Rossini, côtelette de chevreuil au Genièvre.

GRIOTTE-CHAMBERTIN

Dégustation
Robe : rubis.
Bouquet : noyau de cerise, puis bouquets plus complexes.
Saveurs : charnu, corsé et tannique.
Température de service : 16°C.
Alliances gastronomiques : civet de lièvre à la royale, pintade farcie aux champignons, coq au vin.

LATRICIÈRES-CHAMBERTIN

Dégustation
Robe : soutenue.
Bouquet : arômes de fruits rouges évoluant vers des notes complexes.
Saveurs : plein, charnu et corsé.
Température de service : 16°C.
Alliances gastronomiques : gigue de chevreuil, lièvre à la crème.

MAZIS-CHAMBERTIN

Dégustation
Robe : rubis foncé.
Bouquet : complexe, épices et vieux cuir.
Saveurs : puissant, charpenté et tannique.
Température de service : 16°C.
Alliances gastronomiques : tournedos Rossini, coq au Chambertin, filet de chevreuil sauce poivrade.

RUCHOTTES-CHAMBERTIN

Dégustation
Robe : rubis.
Bouquet : complexe, épices et vieux cuir.
Saveurs : charnu, corsé et tannique.
Température de service : 16°C.
Alliances gastronomiques : civet de lièvre à la royale, caille farcie, coq au vin.

ÉCHEZEAUX

Dégustation
Robe : rouge soutenu.
Bouquet : fruits mûrs, puis notes épicées avec une touche animale.
Saveurs : charpenté, puissant, velouté et long en bouche.
Température de service : 16°C.
Alliances gastronomiques : aiguillette de canard au foie gras, faisan farci aux noix, râble de lièvre au Genièvre.

GRANDS-ÉCHEZEAUX

Dégustation
Robe : rubis.
Bouquet : violette, légèrement épicé.
Saveurs : riches et puissants.
Température de service : 15-16°C.
Alliances gastronomiques : côte de bœuf à la moelle, entrecôte forestière, salmis de colvert.

VOSNE-ROMANÉE

Là encore, la commune de Vosne s'est annexé le nom de Romanée, son illustrissime grand cru. Sur de minuscules vignobles, tout ce que la Bourgogne compte de plus célèbre, de plus cher, de plus distingué semble s'être donné rendez-vous. Romanée-Conti, Richebourg, Romanée, La Tâche, Romanée-Saint-Vivant, cinq grands crus universellement connus. A eux tous, ils atteignent 26 ha pour une production qui ne dépasse guère les 700 hl. La demande est si forte, les prix si élevés, et pourtant, qui n'a pas rêvé de goûter à des vins devenus de véritables mythes, des vins à la perfection féminine, des vins si souples et si fins qu'on les qualifie de "pur velours"!

Il y a donc La Romanée, avec moins d'un hectare et 25 hl par an, La Romanée-Conti, le plus grand de tous : 1,8 ha pour une production de 50 hl, vin de tous les éloges. Son nom est lié au prince de Conti, qui l'acheta fort cher (déjà!) en 1760 sous le nez de la marquise de Pompadour qui le convoitait. Lorsqu'en 1988, le groupe japonais Takashimaya suggéra de prendre une participation financière dans la société qui l'exploitait, on assista à une véritable tempête de protestations dans les climats bourguignons. Romanée-Conti est entouré au nord par les 8 ha du vignoble de Richebourg et au sud par La Tâche, tous ayant le même propriétaire.

Douze Premiers Crus de qualité un peu inférieure viennent compléter ces cinq très grands vignobles au point de border leurs limites : la Grande-Rue, les Malconsorts, ou encore les Beaux-Monts, sans oublier les Grands-Échezeaux et les Échezeaux qui, tout en étant sur la commune de Flagey, ont droit à l'appellation Vosne-Romanée.

NUITS-SAINT-GEORGES

Nuits-Saint-Georges, grosse bourgade de 5 000 habitants, qui a donné son nom à la Côte, s'est adjoint la commune voisine de Prémeaux pour former une appellation de 375 ha. Les vignobles, dit-on, remonteraient à l'an mille. Ils connurent leur heure de gloire lorsque Fagon, le médecin de Louis XIV, recommanda les vins de Nuits au roi en guise de remède, prescription vite suivie par toute la cour.

L'appellation est Nuits ou Nuits-Saint-Georges, suivie de Premier Cru ou du nom du climat. Si les vins n'ont pas l'extrême perfection de leurs grands voisins du nord, on ne dénombre pourtant pas moins d'une quarantaine de premiers crus réputés pour donner des vins ronds, fermes, puissants, et dont la richesse en tanin en fait d'excellents vins de garde. Une classification ancienne leur reconnaissait neuf têtes de cuvée : Saint-Georges, Aux Boudots, les Cailles, Aux Cras, Aux Murgers, Les Porrets, Les Pruliers, Aux Thorey, Les Vaucrains.

MOREY-SAINT-DENIS

Quelle injustice, ce vignoble de 100 ha qui produit 3 000 hl n'a pas la réputation qu'il mérite! Entre la virile majesté des Gevrey-Chambertin au nord et la délicatesse des Chambolle-Musigny au sud, il semble hésiter à affirmer haut et fort sa propre personnalité.

Les Morey-Saint-Denis ont pourtant de quoi surprendre, avec quatre Grands Crus et un cinquième, les Bonnes Mares, qu'ils partagent avec Chambolle-Musigny : le Clos de la Roche; le Clos Saint-Denis, le plus léger des vins de la Côte de Nuits; le Clos de Tart, appelé ainsi depuis 1141, 7 ha entièrement clos et exploités en monopole; le Clos des Lambrays, dont l'appellation Grand Cru date de 1982, un vin que l'on surnomme "Vin des Dames" car, jusqu'à la Révolution, il appartenait aux sœurs bernardines de l'abbaye Notre-Dame... Des vins superbes, racés, très robustes, avec cependant beaucoup de délicatesse et un subtil bouquet. Et, s'il le fallait, dix-huit Premiers Crus viennent confirmer l'excellence des Morey-Saint-Denis.

VOSNE-ROMANÉE

Dégustation
Robe : rubis.
Bouquet : soupçon d'épices.
Saveurs : corsé, moelleux et très distingué.
Température de service : 15-16°C.
Alliances gastronomiques : *poulet de Bresse, mouton en sauce, gigot de pré-salé rôti. Saint-florentin, époisses, brie.*

NUITS-SAINT-GEORGES

Dégustation
Robe : pourpre.
Bouquet : fin.
Saveurs : puissant, corsé, charnu et généreux.
Température de service : 15-16°C.
Alliances gastronomiques : *viandes rouges rôties, cèpes à la périgourdine. Brie de Melun, fromages fermentés.*

MOREY-SAINT-DENIS

Dégustation
Robe : foncée.
Bouquet : très riche de fraise ou de violette.
Saveurs : beaucoup de classe et d'étoffe, de la profondeur.
Température de service : 16°C.
Alliances gastronomiques : *rôtis, viandes fortes, jambon d'York rôti. Maroilles, époisses, brie, camembert.*

CHAMBOLLE-MUSIGNY

Aux deux extrémités, Bonnes Mares au nord, Musigny au sud, illustrent ce que la Bourgogne peut produire de meilleur : des vins tout en dentelle et en soie, des vins qui se désignent par le seul nom de leur climat. D'ailleurs, Chambolle reçut l'autorisation en 1878 d'adjoindre à son nom celui de son plus prestigieux climat, Musigny, un vignoble de 10 ha, mitoyen du Clos de Vougeot et séparé en trois parcelles : les Musigny, les Petits Musigny, la Combe d'Orveau. On dit en Bourgogne que cette terre ne vaudrait rien s'il n'y avait les vignes et, ici, l'hectare planté se négocie autour de 600 000 francs. Les 200 autres hectares de l'appellation comptent une vingtaine de Premiers Crus dont Les Amoureuses et Les Charmes, une invite plutôt séduisante à les goûter!

VOUGEOT

Le Clos de Vougeot, propriété, depuis le XII⁰ siècle jusqu'à la Révolution, de l'abbaye de Cîteaux, est sans aucun doute le vignoble le plus réputé de la Côte de Nuits. En 1860, un essai de classification géographique aboutit à la conclusion que le clos était indivisible. Aujourd'hui, les cinquante propriétaires se partagent 50 ha du plus célèbre clos de Bourgogne, réputé pour ses vins corsés aux parfums de violette et de truffe, et qui s'obstine à donner des vins plus fins et plus délicats dans la partie élevée du vignoble, alors qu'ils sont nettement plus lourds en bas de la pente.

CÔTE DE NUITS-VILLAGES

On les appelait autrefois "les vins fins de la Côte de Nuits". Ils sont aujourd'hui regroupés sous l'appellation Côte de Nuits Village qui couvre 350 ha, sorte de lot de consolation auquel ont droit cinq communes aux extrêmes limites de la Côte de Nuits. Sans doute étaient-elles trop petites pour constituer une appellation propre ? Au nord, elle englobe Fixin qui, par ailleurs, possède sa propre appellation, et Borchon. A l'extrême sud, elle

regroupe les agglomérations de Prissey, de Comblanchien, célèbre aussi pour ses marbres, en réalité de la pierre calcaire, et Corgoloin.

La production est de 5 000 hl de vins rouges fruités, intermédiaires entre les vins à appellation générale Bourgogne et ceux des grandes communes qui les bordent. Le rendement est limité à 35 hl/ha. Les vins produits sont souvent excellents, à des prix encore modérés.

CHAMBOLLE-MUSIGNY
Dégustation
Robe : rouge sombre.
Bouquet : framboise et cassis.
Saveurs : suave, délicat et charnu.
Température de service : *15-16°C.*
Alliances gastronomiques : *canard aux girolles, lapin moutardé en papillottes. Saint-florentin, époisses.*

MUSIGNY
Dégustation
Robe : rouge intense.
Bouquet : petits fruits très mûrs, notes de vanille.
Saveurs : riche, délicat et long en bouche.
Température de service : *15-16°C.*
Alliances gastronomiques : *tournedos béarnaise, filet d'agneau en croûte. Courté, emmental.*

VOUGEOT
Dégustation
Robe : vermeille.
Bouquet : violette et menthe sauvage.
Saveurs : corsé, mais souple et très tendue.
Température de service : *15-16°C.*
Alliances gastronomiques : *viandes rouges saignantes, ragoût de mouton, sanglier en civet. Époisses, citreaux.*

CLOS DE VOUGEOT
Dégustation
Robe : profonde.
Bouquet : fruits mûrs et réglisse.
Saveurs : charnu, corsé et long en bouche.
Température de service : *16°C.*
Alliances gastronomiques : *filet de bœuf en croûte, canard aux navets, gigue de chevreuil grand veneur. Époisses.*

CÔTES DE NUITS-VILLAGES
Dégustation
Robe : rubis foncé.
Bouquet : affirmé.
Saveurs : corsé, charpenté mais fin.
Température de service : *15-16°C.*
Alliances gastronomiques : *navarin de mouton, viandes de bœuf grillées. Camembert, neufchâtel.*

Le Clos de Vougeot, l'un
des plus grands crus
de Bourgogne (Côte de
Nuits), 50,59 ha de
vignes à l'intérieur des
murs du clos et 12 ha à
l'extérieur. Le château est
la propriété de la
Confrérie des Chevaliers
du Tastevin.

CÔTE DE BEAUNE

Une fois passé Ladoix, s'ouvre la partie méridonale de la Côte-d'Or qui s'achève 25 km plus au sud à Santenay, au pied de la montagne des Trois Croix. Le vignoble qui occupe le flanc des coteaux couvre 3 000 ha, soit près du double de celui de la Côte de Nuits, répartis sur dix-neuf communes dont la plus prestigieuse est Beaune, capitale des vins de Bourgogne.

Très curieusement, la Côte de Beaune est surtout connue pour ses blancs secs, des blancs qui se partagent le bonheur d'offrir les meilleurs vins blancs du monde. Ils proviennent de ce que l'on appelle la Côte de Meursault ou la Côte de Blanc. Et pourtant, 80 % de la production, estimée à 150 000 hl, sont des rouges, des vins plus discrets, un peu moins puissants, des vins plus féminins que ceux de la Côte de Nuits. Cette différence s'explique par la nature des terrains. En schématisant, il suffit de regarder la couleur du sol pour déterminer la qualité et la couleur des vins. Au bas des coteaux s'étend un plateau presque horizontal, constitué de marnes, de sables et de cailloutis avec une accumulation d'oolithes riches en fer : c'est le domaine des appellations générales. Jusqu'à mi-pente, les niveaux calcaires sont recouverts en partie d'éboulis argilo-cailouteux ; le sol ferrugineux prend alors une teinte brune; on est ici en pleins vignobles rouges.

Ensuite, au fur et à mesure que l'on monte, la marne blanche apparaît plus nettement, une terre qui convient admirablement aux blancs. Enfin, au sommet, la marne a laissé la place à des calcaires plus résistants convenant aux appellations communales.

Comme partout en Bourgogne, deux grands cépages se partagent la Côte de Beaune : le pinot noir (y compris le pinot liebault et le pinot beurot) pour les rouges et le chardonnay pour les blancs.

La liste des communes qui suit énumère tout ce que la Bourgogne a de plus aristocratique : Aloxe-Corton, Pernand-Vergelesses, Savigny-lès-Beaune, Beaune, Pommard, Volnay, Meursault, Blagny, Chassagne-Montrachet, Puligny-Montrachet, Santenay. Quelques communes n'ont pas la même réputation, mais produisent des vins remarquables : Ladoix, Chorey-lès-Beaune, Monthélie, Saint-Romain, Auxey-Duresses, Saint-Aubin, Dezize-lès-Maranges, Sampigny-les-Maranges, Cheilly-lès-Maranges.

GRANDS CRUS DE LA CÔTE DE BEAUNE ET APPELLATIONS

- Ladoix-Serrigny, appellation : Ladoix;
- Aloxe-Corton, appellations : Corton et Corton-Charlemagne;
- Chorey-lès-Beaune, appellation : Chorey;
- Savigny-lès-Beaune, appellations : Savigny-lès-Beaune et Savigny-Côte de Beaune;
- Beaune, appellation : Beaune;
- Pernand-Vergelesses, appellation : Pernand-Vergelesses;
- Pommard, appellation : Pommard;
- Volnay, appellation : Volnay;
- Monthélie, appellation : Monthélie;
- Auxey-Duresses, appellation : Auxey-Duresses;
- Saint-Romain, appellation : Saint-Romain ;
- Saint-Aubin, appellation : Saint-Aubin ;
- Meursault, appellations : Meursault et Blagny;
- Puligny-Montrachet, appellations : Chevalier-Montrachet, Bâtard-Montrachet, Bienvenues-Bâtard-Montrachet, Montrachet, Puligny-Montrachet, Côte-de-Beaune;
- Chassagne-Montrachet, appellations : Montrachet, Bâtard-Montrachet, Criots-Bâtard-Montrachet, Chassagne-Montrachet, Côte-de-Beaune;
- Santenay, appellations : Santenay et Santenay Côte-de-Beaune;
- Cheilly-lès-Maranges, appellation : Cheilly-lès-Maranges;
- Sampigny-lès-Maranges, appellation : Sampigny-lès-Maranges;
- Dezize-lès-Maranges, appellation : Dezize-lès-Maranges.

De cette longue liste mondialement connue, n'apparaissent que six vignobles, six grands crus qui, par le seul nom de leur climat sur l'étiquette, offrent la garantie de vins sublimes. Beaucoup sont classés premiers crus ; ils ajoutent alors à leur climat le nom de la commune, par exemple Les Vergelesses à Savigny-lès-Beaune. Quant aux autres, ils se regroupent en appellation communale avec ou sans l'indication de Côte de Beaune sur l'étiquette.

CÉPAGES

Pinot noir (N) ; chardonnay (B).

LES "TROIS GLORIEUSES"

Chaque année, la saison vinicole de la Côte de Beaune est marquée par les "Trois Glorieuses" :

- la première glorieuse se déroule le troisième samedi du mois de novembre au château du Clos de Vougeot et réunit le plus grand chapitre annuel de la Confrérie des Chevaliers du Tastevin (on pronone Tâte-vin) ;

- le dimanche qui suit, ont lieu à l'Hôtel-Dieu de Beaune les très célèbres ventes aux enchères des Hospices de Beaune dont va dépendre le prix des dernières vendanges. C'est la deuxième glorieuse ;

- le lundi, on assiste à la "paulée" de Meursault, la troisième glorieuse, qui autrefois réunissait autour d'une même table, à la fin des vendanges, patrons et ouvriers agricoles. Aujourd'hui, cette troisième glorieuse est un grand repas partagé par l'ensemble des vignerons. Une condition : chacun apporte son vin. A cette occasion, on y récompense de 100 bouteilles de Meursault l'auteur d'un livre qui glorifie le travail de la terre.

Et s'il fallait ajouter une quatrième glorieuse, sans doute faudrait-il attendre la Saint-Vincent (le 22 janvier), le saint patron des vignerons. C'est le repas du cochon, une fête tournante organisée par la Confrérie des Chevaliers du Tastevin qui se déroule chaque année dans une commune différente. Elle donne lieu, le samedi le plus proche de la Saint-Vincent, à une messe suivie d'une procession durant laquelle la statue du saint est portée par les Chevaliers en grand costume.

De ces fêtes, on en repart, dit-on, "frais, gaillard, le teint fleuri et de l'allégresse plein le cœur".

LADOIX-SERRIGNY

La Côte de Beaune commence ici, par trois communes, Serrigny, Ladoix et Buisson à la sortie de la Côte de Nuits, là où s'amorce la montagne de Corton. D'ailleurs, les meilleures parcelles bénéficient de l'appellation Aloxe-Corton : Rognet-Corton, Vergennes-Corton, Clos de Corton, de somptueux vins blancs plantés sur des sols marneux. Il en est de même pour les quatre premiers crus de l'appellation : la Maréchaude, la Tope-au-vert, la Courtière, les Petites et Grandes Lollières, qui, au choix, préfèrent l'appellation Aloxe-Corton. Les vins plus ordinaires sont vendus sous l'appellation de Côte de Beaune ou Côte de Beaune-Villages.

ALOXE-CORTON ET PERNAND-VERGELESSES

C'est au pied de la fameuse montagne de Corton que se rencontrent les très grands vignobles de la Côte de Beaune. A l'ouest, vous avez le village de Pernand-Vergelesses, à l'est, celui de Ladoix-Serrigny et au sud, Aloxe-Corton ; les meilleurs crus occupent le flanc de la montagne en bordure du bois qui la coiffe. A l'est donc, les plus grands crus de Corton (les Bressandes, le Clos du Roi, les Renardes, et à l'ouest, entre Aloxe-Corton et Pernand-Vergelesses, le Corton-Charlemagne et le Charlemagne (appellation rarement utilisée), deux vins blancs incomparables !

Ici, le chardonnay fait merveille sur cette terre blanchâtre et marneuse à mi-pente de la montagne : "Vin blanc de grande allure, riche en alcool, virulent, doré, plein de sève, au parfum de cannelle, au goût de pierre à fusil", devait dire d'eux un grand chancelier de la Confrérie des Chevaliers du Tastevin.

D'Aloxe, on dit que le sommet de la montagne est meilleur pour les vins blancs et que le milieu et le bas conviennent mieux aux rouges. Les Corton sont de ceux-là. Ils se classent parmi les meilleurs : de couleur grenat, toujours sombres, ils se révè-

LADOIX
Dégustation
Robe : rubis.
Bouquet : fruits et bois.
Saveurs : fondu et souple, bien structuré.
Température de service : 15-16°C.
Alliances gastronomiques : *contre-filet rôti, brochette d'agneau, pintadeau aux morilles.*

PERNAND-VERGELESSES
Dégustation
Robe : rubis.
Bouquet : fruits, notes de bois et d'épices.
Saveurs : souple, fin et de bonne garde.
Température de service : 15-16°C.
Alliances gastronomiques : *entrecôte grillée, coq au vin, fondue bouguignonne.*

ALOXE-CORTON
Dégustation
Robe : rubis sombre.
Bouquet : ample, qui évoque un peu le kirsch.
Saveurs : ferme, puissant et équilibré, arrière-goût de pêche mûre et de cassis.
Température de service : 15-16°C.
Alliances gastronomiques : *viandes rouges rôties, pintade aux marrons. Pont-l'évêque, époisses. Pithiviers.*

CORTON
Dégustation
Robe : rubis.
Bouquet : chêne, noyau de cerise, notes de sous-bois et de cuir.
Saveurs : fin, charpenté et tannique.
Température de service : 15-16°C.
Alliances gastronomiques : *tournedos aux morilles, faisan vigneronne, côtelette de chevreuil. Époisses.*

CORTON-CHARLEMAGNE
Dégustation
Robe : or, brillante.
Bouquet : complexe et intense, notes d'amande grillée, résine.
Saveurs : sec, puissant, racé et long en bouche.
Température de service : 12°C.
Alliances gastronomiques : *foie gras, avocat au crabe et au homard. Écrevisses à la nage, truite au vin blanc.*

lent être des vins puissants, charnus, avec des arômes de fruits rouges très mûrs ou cuits. En général, l'Aloxe-Corton, plein de feu et de force, est le vin rouge le plus musclé, le plus carré de la Côte de Beaune. Le Pernand-Vergelesses lui ressemble en un peu moins corsé avec une saveur de framboise et de cerise.

Aloxe-Corton est l'un des villages viticoles les plus anciens de Bourgogne. Le futur empereur Charlemagne y possédait des vignes qu'il légua à la collégiale de Saulieu en 775. Aujourd'hui, l'appellation communale couvre 240 ha et déborde largement sur les communes voisines de Pernand-Vergelesses et Ladoix-Serrigny. En production annuelle, les quantités se répartissent de la façon suivante :

– Aloxe-Corton : 4 000 hl
– Pernand-Vergelesses : 2 500 hl
– Corton : 2 500 hl
– Corton-Charlemagne : 1 000 hl

SAVIGNY-LÈS-BEAUNE

S'il fallait croire l'aphorisme gravé sur un linteau de porte, les vins de Savigny sont "nourrissants, théologiques et morbifuges", des qualités qui s'ajoutent sûrement à la légèreté, à la finesse et au fruité d'aujourd'hui.

Le vignoble, qui couvre 380 ha entre Pernand-Vergelesses et Beaune, donne vingt premiers crus dont les plus connus sont : Vergelesses, Marconnets, Dominode, Jarrons, Lavières, Serpentières, Peuillets, Aux Guettes. Récoltés près d'Aloxe-Corton, ils ont la réputation d'être plus corsés, plus riches que ceux produits près de Beaune. Les autres vins sont vendus sous appellation communale ou bien encore sous celle plus générale de la Côte de Beaune-Villages.

CHOREY-LÈS-BEAUNE

Aucun des vignobles de Chorey n'est classé. La vigne, reléguée dans la plaine, a un sol trop riche pour produire de grands

vins. On y fait surtout des rouges vendus sous appellation communale ou étiquetés Côte de Beaune-Villages.

BEAUNE

Nous arrivons dans la capitale historique des vins de Bourgogne, siège des principales maisons de négoce et connue dans le monde entier pour ses célèbres ventes annuelles des vins des Hospices, une vente de charité qui est devenue un véritable événement mondial.

Si depuis des lustres, l'ancien Hôtel-Dieu n'accueille plus de malades, les Hospices de Beaune possèdent encore une cinquantaine d'hectares éparpillés parmi les meilleurs crus de Bourgogne, selon les dons et les legs effectués au fil des siècles. Ces vins sont vendus aux enchères chaque année lors des fameuses "ventes des Hospices", le troisième dimanche de novembre. Des acheteurs, venus du monde entier, font à la fois œuvre de charité et de bonnes affaires en se portant acquéreurs des quelque 600 pièces (tonneaux de 228 l) vendues entre 18 000 et 22 000 francs (un excellent baromètre par ailleurs du marché du vin).

Si Beaune est l'une des villes les plus touristiques de France, reconnaissable entre autres par ses toits vernissés et son musée du vin installé dans l'ancien hôtel des ducs de Bourgogne (voir la cuverie du XIVe siècle), c'est aussi une importante aire d'appellation de la Côte. Les 500 ha du vignoble comptent une trentaine de Premiers Crus regroupés dans le nord de la zone près de Savigny, des vins rouges de belle race, parmi lesquels il convient de citer : les Grèves, les Marconnets, le Clos du Roi, le Clos des Fèves ou encore les Cent-Vignes et les Bressards, des vins puissants et bien charpentés au nord, plus souples et plus délicats vers Pommard.

SAVIGNY-LÈS-BEAUNE
Dégustation
Robe : rubis clair.
Bouquet : dégagé.
Saveurs : fruité, frais et vif.
Température de service : 14-15°C.
Alliances gastronomiques : poulet grillé à l'estragon, veau orloff, salmis de colvert.

CHOREY-LÈS-BEAUNE
Dégustation
Robe : rubis.
Bouquet : fruits rouges aux notes de fruits secs et de pain d'épice.
Saveurs : corsé et charpenté malgré des tanins souples.
Température de service : 14-16°C.
Alliances gastronomiques : faisan rôti, ragoût de mouton. Brie de Melun.

BEAUNE
Dégustation
Robe : rubis clair.
Bouquet : fin.
Saveurs : chaud, distingué et velouté, un vin soyeux.
Température de service : 15-16°C.
Alliances gastronomiques : pâtés en gelée. Caille rôtie, ragoût de mouton. Reblochon, Saint-hubert.

POMMARD

Que n'a-t-on pas dit de Pommard! Si le Pommard est connu à l'étranger, c'est que le nom sonne bien et qu'il est facile à prononcer. Sa popularité était telle, et notamment en Angleterre, qu'il se vendait, d'après un chroniqueur de l'époque, en une semaine et dans le monde plus de Pommard que la commune ne pouvait en produire pendant dix ans. (Il est vrai que Pommard était devenu pour ainsi dire le terme générique de Bourgogne.)

Aujourd'hui, le marché s'est considérablement assaini. La réputation des Pommard n'est plus à faire. Ils possèdent une exceptionnelle puissance, prenant avec l'âge un goût de truffe devenu légendaire. Ses vins sont colorés, bien charpentés, très bouquetés, des qualités qui font qu'ils se conservent bien et qu'en plus ils voyagent sans risques. Ils ont ce que l'on appelle de la mâche.

Les 340 ha du vignoble se découvrent au sud de Beaune en empruntant la petite route qui serpente vers Autan.

Les meilleurs climats classés Premiers Crus (vingt-six en tout) sont plutôt regroupés à l'ouest de la Nationale 74 : les Épenots et Rugiens, des vins souples et arrondis avec un superbe bouquet. Il y a lieu de citer également les Argilliens et les Chaponniers, un peu plus tendres et au caractère moins affirmé.

VOLNAY

Au sud de Pommard, la commune de Volnay, nichée au creux d'un coteau, nous plonge dès son approche dans une mer de vignes. Depuis toujours, ce vin tout en finesse, léger et parfumé, séduit. Au Moyen Age, il avait cette teinte "œil de perdrix" et sa popularité était immense, tant à la cour des ducs de Bourgogne qu'à celle des rois de France. Louis XI en raffolait. Est-ce la raison qui le poussa à battre Charles le Téméraire et d'annexer le duché au royaume de France?

Ici, on aime à proclamer qu'"entre Pommard et Meursault, c'est toujours Volnay le plus haut". Face au Corton tout-puissant, le Volnay joue les cordes de la séduction, de l'élégance, de la féminité. Il représente ce que la Côte de Beaune a de plus fin et de plus délicat, et pourtant son vignoble de 220 ha ne recèle aucun grand cru. Seuls quatorze crus sont classés Premiers Crus, parmi lesquels les plus connus sont : les Caillerets, les Champans, Bousse-d'Or, les Brouillards. Le Volnay se doit d'être bu jeune et un peu frais. L'appellation Volnay ne concerne que les vins rouges ; les blancs sont vendus sous le nom de l'appellation voisine : Meursault.

MONTHÉLIE

Ce vignoble de 130 ha, qui prolonge celui de Volnay, mérite que l'on s'y arrête, non seulement pour la visite du village, étagé à flanc de coteau avec ses ruelles en pente et ses pressoirs plus que centenaires, mais aussi pour l'exceptionnelle qualité de ses vins et l'excellent rapport qualité-prix qu'ils procurent.

Les meilleures parcelles sont celles contiguës aux Premiers Crus de Volnay : les Champs-Fulliot, le Cas-Rougeot, La Taupine, le Clos Gauthey, des vins qui ressemblent comme des frères à leur grand voisin.

Monthélie produit des vins rouges et quelques blancs qui sont vendus sous l'appellation communale ou comme Monthelie-Côte de Beaune-Villages.

AUXEY-DURESSES

Avant les lois sur les appellations, on les vendait comme Volnay ou Pommard. Aujourd'hui, le vignoble de 170 ha, planté un peu à l'écart du village sur des coteaux orientés plein sud, offre des vins qui ont de quoi surprendre. Les deux tiers de la production sont des vins rouges qui évoquent les Volnay ; le tiers restant, des blancs, annonce déjà les Meursault. Le rapport qualité-prix est remarquable.

POMMARD

Dégustation
Robe : rubis foncé.
Bouquet : puissant.
Saveurs : robuste, beaucoup de corps et de chaleur, prend en vieillissant un goût de truffe, beaucoup de mâche.
Température de service : 15-16°C.
Alliances gastronomiques : *viandes rouges rôties, civet de lièvre, sanglier. Époisses, fromages fermentés.*

VOLNAY

Dégustation
Robe : rubis clair.
Bouquet : violette.
Saveurs : souple, léger et distingué.
Température de service : 15-16°C.
Alliances gastronomiques : *escalope de veau à l'estragon, petit gibier à plume. Chabichon, coulommiers, mont d'or.*

MONTHÉLIE

Dégustation
Robe : rubis.
Bouquet : petits fruits sur fond de vanille.
Saveurs : fruité, souple et rond, relativement corsé.
Température de service : 15-16°C.
Alliances gastronomiques : *ris de veau en cocotte, caille aux raisins sur canapé.*

AUXEY-DURESSES

Dégustation
Robe : rouge soutenu.
Bouquet : floral et fruité.
Saveurs : structuré.
Température de service : 14-16°C.
Alliances gastronomiques : *terrine de lièvre. Bœuf mode aux carottes, entrecôte, poulet aux morilles.*

SAINT-ROMAIN

Que peut-on dire du Saint-Romain, vin blanc sans prétention, fruité et gouleyant? Il provient des 100 ha de vignobles au-delà de Meursault et d'Auxey-Duresses. Aucun Premier Cru ne lui a été attribué. Les vins sont vendus sous l'appellation Saint-Romain ou Côte de Beaune-Villages.

Le village de Saint-Romain mérite que l'on s'y arrête, ainsi qu'à l'un des sites les plus pittoresques de la Côte, une vallée parallèle dont la bordure ouest forme un impressionnant précipice, le fameux cirque en fer à cheval de Saint-Romain.

MEURSAULT

Meursault ouvre la porte des très grands vignobles blancs de Bourgogne. Le vignoble de 420 ha, véritable royaume du chardonnay, porte le nom de ses prestigieuses communes : Meursault, Puligny-Montrachet et Blagny. C'est un endroit presque à part de la Côte de Beaune, que l'on surnomme officieusement Côte de Meursault ou Côte de Blanc.

Il donne ce que beaucoup considèrent comme un miracle : des vins blancs à la fois secs et moelleux, à la superbe couleur or pâle, brillants et limpides, corsés, à l'arôme intense, développant un bouquet somptueux et dont la suavité légendaire a fait le tour du monde. A l'exception des très grands, ce sont des vins qui arrivent tôt à leur apogée. Ils ont tendance ensuite à se madériser vite.

Meursault compte quatorze vignobles classés Premiers Crus : les Perrières représentent la meilleure parcelle avec le Clos des Perrières, les Charmes, les Genevrières, la Goutte-d'Or, le Porusot.

Les blancs, dans lesquels certains décèlent un goût d'abricot et d'autres de noisette, ne doivent pas pour autant éclipser l'excellente qualité des vins rouges (800 hl par an).

Enfin, ne murmure-t-on pas que Meursault, à l'ombre de sa flèche de pierre (l'une des plus belles de Bourgogne), est la commune, par tête d'habitant, la plus riche de France!

PULIGNY-MONTRACHET ET CHASSAGNE-MONTRACHET

Aucun doute n'est permis, ces deux communes produisent le plus célèbre, le plus prestigieux, le plus admirable des vins blancs de Bourgogne, donc le plus sublime vin blanc du monde, je veux dire l'incomparable Montrachet (on ne prononce jamais le t). Que n'a-t-on pas dit de Montrachet, petit vignoble d'à peine 8 ha, sauvé *in extremis* d'un projet d'autoroute en 1962 : un vin à la fois puissant et velouté, délicat et tendre, d'un équilibre parfait, raffiné et viril, "à boire à genoux, chapeau bas", dit-on encore.

Les 300 hl de production annuelle s'arrachent d'une année sur l'autre. Boire un authentique Montrachet est un événement rare et l'un des plus beaux souvenirs d'un connaisseur.

Le vignoble, situé à mi-côte d'une colline en pente douce, se partage entre Puligny et Chassagne sur un sol formé d'éboulis calcaires, graveleux et cailouteux, où domine la marne blanche. Ce qui n'est pas couvert par la vigne, que l'on taille court ici, l'est par de l'herbe rase d'où émerge de temps à autre le sous-sol calcaire. D'ailleurs, mont Rachet, comme on l'appelait autrefois, signifie mont Chauve.

Tout autour gravitent d'autres vignobles tout aussi célèbres : Chevalier-Montrachet, Bâtard-Montrachet, les Caillerets, Ex-Demoiselles, des vins qui, avant d'atteindre leur plénitude, se font attendre : dix ans pour le grand Montrachet, cinq ans pour le Bâtard et trois ans pour le Chevalier.

Entre Meursault au nord et Chassagne au sud, Puligny est le cœur blanc de la Côte-

SAINT-ROMAIN
Dégustation
Robe : claire et limpide.
Bouquet : petits fruits rouges.
Saveurs : fruité, souple et peu tannique.
Température de service : 15-16°C.
Alliances gastronomiques : terrine de canard. Côte de veau poêlée, volailles sautées en sauce.

MEURSAULT
Dégustation
Robe : or pâle, brillant.
Bouquet : arôme de grappe mûre.
Saveurs : sec, suave et moelleux à la fois, petit goût de noisette.
Température de service : 8 à 10°C.
Alliances gastronomiques : poissons, crustacés, brochet à la crème, feuilleté d'escargots, gigot de lotte au poivre vert. Mont d'or, boursault, chèvres secs.

CHASSAGNE-MONTRACHET
Dégustation
Robe : or aux reflets verts.
Bouquet : notes florales et d'amande.
Saveurs : généreux, riche et complexe, bonne longueur en bouche.
Température de service : 12°C.
Alliances gastronomiques : fruits de mer au gratin, poissons en sauce, sole en timbale, poularde à la crème et aux pleurotes.

BÂTARD-MONTRACHET
Dégustation
Robe : dorée aux reflets verts.
Bouquet : intense et délicat aux notes d'amande.
Saveurs : charpenté, puissant et équilibré.
Température de service : 12°C.
Alliances gastronomiques : écrevisses, omble-chevalier, turbot aux fruits de mer.

MONTRACHET
Dégustation
Robe : dorée aux reflets verts.
Bouquet : intense et délicat rappelant l'amande.
Saveurs : charpenté, puissant et équilibré.
Température de service : 12°C.
Alliances gastronomiques : foie gras, crustacés. Filets de saint-pierre en feuilleté.

PULIGNY-MONTRACHET
Dégustation
Robe : lumineuse.
Bouquet : floral et subtil.
Saveurs : puissant et léger à la fois, rappelant l'amande, sec mais caressant.
Température de service : 12-13°C.
Alliances gastronomiques : foie gras, crustacés, écrevisses, turbot à l'amiral, omble-chevalier. Chavignol, saint-paulin.

d'Or. Elle ne produit pour ainsi dire que des vins blancs, alors que Chassagne se consacre davantage aux rouges.

Ces deux communes se partagent, outre Montrachet (voir plus haut) :
- Bâtard-Montrachet (12 ha), autre Grand Cru, situé au pied de Montrachet, qui donne un vin peut-être moins rond et moins subtil, mais non moins riche et puissant, avec un bouquet où se décèle l'arôme de pain grillé,
Par contre, Puligny se réserve en totalité :
– Chevalier-Montrachet (7 ha), aussi exceptionnel que son grand voisin, en moins corsé et moins intense;
– Bienvenues-Bâtard-Montrachet (3 ha). S'il est aussi élégant que les deux premiers, il est sûrement plus léger;
enfin, Chassagne possède en propre :
– Criots-Bâtard-Montrachet (1,5 ha), exposé plein sud, un vin fruité et très puissant, à la richesse fleurie et très long en bouche. Admirable!

Sans doute est-il permis de dire que si les Puligny sont plus délicats, plus fins, plus féminins, les Chassagne, eux, sont nettement plus virils et plus robustes.

A côté des Grands Crus, Chassagne et Puligny possèdent bon nombre de Premiers Crus tout aussi exceptionnels.

Les vins rouges de Chassagne, plus discrets (meilleurs que ceux de Puligny), rappellent par bien des qualités les vins de la Côte de Nuits. S'ils ont tendance à être durs dans leur jeunesse, ils prennent de la rondeur en vieillissant et atteignent leur apogée dès cinq ans.

L'appellation communale Chassagne-Montrachet couvre 350 ha et 332 ha en Côte de Beaune. L'appellation Puligny-Montrachet s'étend sur 235 ha, sur lesquels il faut ajouter également les 140 ha de l'appellation Côte de Beaune.

SAINT-AUBIN

Situé sur des coteaux derrière Puligny-Montrachet et Chassagne-Montrachet, Saint-Aubin, avec de tels acolytes, ne peut que décevoir. La raison en est simple : les vignes sont plantées trop haut. Et pourtant, la commune, sur un vignoble de 236 ha, classe 156 ha en six Premiers Crus.

L'un des hameaux de Saint-Aubin n'est autre que Gamay, qui donna son nom au célèbre cépage du Beaujolais avant d'entreprendre la carrière nationale et internationale que l'on sait.

La production de vins, non classés Premiers Crus, se répartit entre quelques blancs et une majorité de vins rouges simples, légers, vendus sous l'appellation Côte de Beaune-Villages.

SANTENAY

Connu pour ses 400 ha de vignobles qui produisent d'agréables vins rouges sans grande ampleur mais d'une plaisante rusticité, Santenay-les-Bains l'est aussi par ses sources. Ses eaux riches en lithium, sodiques, chlorurées et qui émettent de l'hélium (unique en Europe), sont recommandées pour lutter contre les excès alimentaires (la goutte entre autres), et Dieu sait si la Bourgogne les favorise !

Un dicton veut qu'"à Santenay, la Côte-d'Or meurt d'une belle mort". Elle meurt en un superbe sursaut, offrant les bonnes années quelques vins comparables aux Chassagne, voire au Volnay.

Plusieurs Premiers Crus possèdent en tout cas beaucoup de séduction, tels les Gravières, la Comme ou encore la Maladière, Beauregard, Clos Rousseau.

CHEILLY, DEZIZE ET SAMPIGNY-LES-MARANGES

La Côte-d'Or se perd à l'extrême sud de son secteur dans ces trois villages qui offrent en guise d'adieu un dernier premier cru, le vignoble de Maranges (à citer également, les Plantes de Maranges et la Boutière).

Les vins rouges que l'on y produit sont des vins bien structurés, colorés et souvent extraordinairement fruités. Ils se vendent sous l'étiquette Côte de Beaune-Villages, des vins que l'on apprécie autant pour leurs qualités que pour leurs prix qui restent modestes.

CÔTE DE BEAUNE-VILLAGES

À ne pas confondre avec l'appellation Côte de Nuits-Villages. Ici, il n'y a pas d'aire de production particulière. C'est en quelque sorte une appellation de substitution pour les vins rouges provenant d'assemblages des appellations communales de la Côte de Beaune (à l'exception d'Aloxe-Corton, Pommard, Volnay et Beaune).

HAUTES-CÔTES DE BEAUNE, HAUTES-CÔTES DE NUITS

Situé à l'ouest et parallèle à la Côte de Beaune et à la Côte de Nuits, ce secteur délimité de Bourgogne s'étend sur plusieurs communes de la Côte-d'Or et de la Saône-et-Loire. La région des Hautes-Côtes est en pleine renaissance. Elle couvre les vallées les plus proches et les plus évasées (vallées de Meuzin, de l'Avant-Dheune) et également les plateaux les mieux exposés, à une altitude moyenne de 400 m. De ce fait, les conditions climatiques sont plus précaires avec risque de gel accru au printemps et difficile maturation à l'automne. Hautes-Côtes de Nuits ou Hautes-Côtes de Beaune peuvent être placées après l'appellation "Bourgogne", "Bourgogne clairet" ou "Bourgogne rosé".

SAINT-AUBIN
Dégustation
Robe : rouge vif.
Bouquet : fruits rouges.
Saveurs : structuré mais tanins souples.
Température de service : 15-16°C.
Alliances gastronomiques : terrine de lapin.
Tournedos béarnaise, navarin d'agneau, coq au vin.

SANTENAY
Dégustation
Robe : rubis clair.
Bouquet : dégagé.
Saveurs : de cerises blanches, frais en bouche.
Température de service : 14-15°C.
Alliances gastronomiques : petit gibier, viandes blanches et volailles, viandes rouges grillées.

DEZIZE-LES-MARANGES
Dégustation
Robe : rubis clair.
Bouquet : fin de fruits rouges.
Saveurs : fruité, souple, équilibré.
Température de service : 14-16°C.
Alliances gastronomiques : dinde aux marrons, coq au vin, pintade aux lentilles.

SAMPIGNY-LES-MARANGES
Dégustation
Robe : pourpre.
Bouquet : petits fruits rouges.
Saveurs : fruité, agréable et souple.
Température de service : 14-16°C.
Alliances gastronomiques : terrine de lièvre.
Bœuf mode aux carottes, fondue bourguignonne, paupiette de veau.

CÔTE DE BEAUNE VILLAGES
Dégustation
Robe : légèrement pourpre.
Bouquet : petits fruits rouges.
Saveurs : fruité, agréable et souple.
Température de service : 14-16°C
Alliances gastronomiques : bœuf mode aux carottes, tounedos, poulet aux morilles.

HAUTES-CÔTES DE BEAUNE
HAUTES-CÔTES DE NUITS
Dégustation
Robe : rubis.
Bouquet : fruits et notes épicées et animales, cuir.
Saveurs : corsé et long en bouche.
Température de service : 15-16°C.
Alliances gastronomiques : viandes rouges rôties, casserole de ris de veau au Madère, salmis de canard sauvage.

*Village de Meursault,
Côte de Beaune.
Si le chardonnay avait
une capitale, ce serait
Meursault. Avec
Puligny-Montrachet et
Blagny sont réunis dans
un mouchoir de poche les
plus grands vins blancs
secs du monde.
Meursault, avec 7 00 ha,
est la commune qui
possède le plus grand
vignoble de la Côte-d'Or.*

LA CÔTE CHALONNAISE

Le vignoble de la Côte chalonnaise est trop étroitement lié à la Côte de Beaune pour ne pas lui ressembler : même sol, mêmes cépages, mêmes traditions. Les vins, pourtant fort semblables, n'ont pas la qualité et l'élégance des grands Bourgogne. En fait, la Côte chalonnaise (ce n'est pas une appellation) est une région de transition faite de collines qui s'étendent à l'ouest de la vallée de la Saône depuis Chagny, au nord, jusqu'à la localité de Saint-Gengoux-le-National, au sud. On l'appelle également région de Mercurey, par opposition à Chalon-sur-Saône qui lui donne son nom officiel.

Très curieusement, Chalon, important port fluvial et patrie de Nicéphore Niepce, père de la photographie, ne possède pas d'appellation propre. À la sortie de la ville, il suffit de parcourir une dizaine de kilomètres pour rencontrer les grands vignobles qui s'étagent à flanc de coteaux sur les communes de Givry, Mercurey, Montagny et Rully. Quatre appellations communales constituent donc la Côte chalonnaise ; les autres vignobles bénéficient de l'appellation Bourgogne.

La structure géologique est fondée sur des calcaires du jurassique, à l'instar des Côtes de Beaune, avec un sol plus fertile. Ainsi voit-on les vins blancs de Montagny et de Rully bénéficier de sols à texture argilo-calcaire exposés à l'est, au sud et au sud-est, à une altitude moyenne de 300 m, alors que l'encépagement rouge à Rully, Mercurey et Givry se situe davantage sur des sols bruns calcaires ou calciques, à texture moins argileuse.

Comme partout en Bourgogne, le pinot noir domine, avec 67 % de l'encépagement ; le chardonnay, pour les vins blancs, occupe 10 % du vignoble. L'aligoté représente encore 13,5 % des vignes, donnant entre autres le célèbre aligoté de Bouzeron, sans oublier les 9,5 % de gamay qui entrent pour les deux tiers dans les Bourgogne Passetoutgrains.

MONTAGNY

C'est par Montagny que va commencer notre périple dans les vignobles de la Côte chalonnaise, célèbre également pour ses églises romanes et ses vieilles demeures.

Du Montagny, vin préféré des moines de Cluny, on a l'habitude de dire qu'"il tient la bouche fraîche et la tête libre". Montagny le bien nommé puisque, du haut du village et par temps clair, on peut apercevoir la chaîne des Alpes.

Aujourd'hui, le vignoble de 300 ha ne produit que des vins blancs sur les communes de Montagny, Buxy, Saint-Vallerin et Jully-lès-Buxy, des vins agréables et distingués qui se boivent jeunes. Une trentaine de parcelles sont classées Premiers Crus.

GIVRY

Cette petite cité du XVIIIᵉ siècle, à 6 km au sud de Mercurey, est surtout connue pour son vin rouge assez corsé, que l'on dit avoir été le vin préféré d'Henri IV. S'il s'apparente au Mercurey par le bouquet et par la finesse, il est toutefois plus léger et plus commun. C'est un vin vigoureux et tannique, apte à un bon vieillissement. N'ayant pas la notoriété de ce dernier, les prix sont beaucoup plus abordables.

Meilleures parcelles : Clos Saint-Pierre, Clos Saint-Paul, Cellier-aux-Moines et Clos Salomon.

MERCUREY

Est-il le dernier grand Bourgogne en marge de la Côte de Beaune ? Tout ici nous la rappelle, le sol, l'encépagement et le vin lui-même, qui a acquis une indéfectible célébrité.

À une dizaine de kilomètres au nord-ouest de Chalon, le vignoble de Mercurey s'étend sur les communes de Mercurey, Saint-Martin-sous-Montaigu et Bourgneuf-Val-d'Or.

Quelques vignobles ont droit à l'appellation Premier Cru : Clos du Roi, Les Voyens, Clos Marcilly, Clos des Fourneaux, Clos des Montaigus. Comme partout en Bourgogne, la loi les autorise à faire figurer leur nom à la suite de l'appellation communale.

95 % de la production, estimée à 20 000 hl, sont des vins rouges dont les plus fameux ont du corps, du bouquet, de la mâche et la distinction des meilleurs vins de la Côte de Beaune.

RULLY

À l'extrême nord de la Côte chalonnaise, la commune de Rully jouxte la Côte de Beaune au point qu'avant la création des appellations, le Rully se vendait comme Beaune ou Côte de Beaune. En mal d'identité, on le trouvait même sous l'étiquette Mercurey. Si le secteur produit également des vins rouges très proches de ceux de la Côte de Beaune, c'est surtout grâce à ses blancs secs et fruités, au bouquet puissant, qu'il doit sa réputation. Issus du chardonnay et de l'aligoté, ils possèdent l'acidité suffisante pour "bien prendre la mousse", donnant ainsi d'excellents Crémants.

La production se partage équitablement entre blancs et rouges (75 000 hl). Un certain nombre de vignobles ont été promus Premier Cru avec obligation pour eux de fournir, selon la loi, des vins titrant un demi-degré de plus que la norme communale : Vauvry, Les Pierres, La Bressande, Mont-Palais, La Renarde, La Fosse, Préau...

BOUZERON (BOURGOGNE ALIGOTÉ BOUZERON)

En quittant Rully et en empruntant à l'ouest la petite route qui monte sur les hauteurs, on tombe sur Bouzeron, connu pour ses vignobles voués à l'aligoté. Le Bourgogne Aligoté Bouzeron est un vin qui séduit de plus en plus d'amateurs par sa fraîcheur et sa vivacité. C'est l'une des grandes réussites de l'aligoté en Bourgogne. À boire jeune.

CÉPAGES

Pinot noir (N);
chardonnay (B);
aligoté (B).

MONTAGNY

Dégustation
Robe : dorée.
Bouquet : subtil et nuancé.
Saveurs : plein, corsé, amandes grillées.
Température de service : 10-12°C.
Alliances gastronomiques : jambon chaud, filet
de merlan frit, praires farcies.

GIVRY

Dégustation
Robe : rubis.
Bouquet : rappelle le cassis.
Saveurs : chaleureux tout en restant léger.
Température de service : 15-16°C.
Alliances gastronomiques : viandes blanches en
sauce, viandes rouges grillées, paupiette de veau
grand-mère. Brie de Meaux, chèvre du Berry.

MERCUREY

Dégustation
Robe : rubis clair.
Bouquet : floral.
Saveurs : fruité et souple, se "fait" assez vite.
Température de service : 14°C.
Alliances gastronomiques : baron d'agneau à
l'ancienne, agneau Villeroy, salmis de pintade.

RULLY

Dégustation
Robe : dorée.
Bouquet : plaisant.
Saveurs : frais, léger, fruité, charpenté, charnu.
Température de service : 8-9°C.
Alliances gastronomiques : poulet à la crème et
aux morilles, poissons, viandes blanches en sauce.
Cantal.

LE MÂCONNAIS

Nous sommes à l'endroit précis des très grands Pouilly, également l'un des plus célèbres sites préhistoriques de France. C'est là que fut découvert un charnier d'ossements d'animaux de près d'un hectare. La technique préhistorique de chasse était simple : il suffisait aux rabatteurs de pousser les chevaux sauvages jusqu'au bord de l'à-pic, puis, par des feux et des cris, de les obliger à sauter dans le vide. Au pied du promontoire, sorte de vague comme pétrifiée dans le ciel, on les dépeçait.

Aujourd'hui, la roche de Solutré, troublée peut-être par quelques marches présidentielles, retrouve vite la sérénité de ses vignes. Alors, pourquoi ne pas s'y arrêter sur le coup de onze heures pour se rincer la bouche d'un somptueux Pouilly-Fuissé à la couleur d'or pâle, légèrement teintée de vert !

Cette superbe région du Mâconnais, bordée à l'est par la Saône particulièrement majestueuse entre Tournus et Mâcon, est la patrie du poète Lamartine. Les vignes se sentent à l'aise dans ce paysage de collines adoucies où l'art roman a laissé ses plus belles églises.

Le vignoble du Mâconnais commence après Tournus pour se terminer à 10 km au sud de Mâcon, dans une inextricable confusion de vignobles. Ainsi, La Chapelle-de-Guinchay, commune du Mâconnais et limitrophe des prestigieux Juliénas, Saint-Amour et Chenas, vend ses vins rouges comme Beaujolais et ses vins blancs comme Mâconnais.

Du point de vue géologique, la région est formée de hauts plateaux, les monts du Mâconnais, qui culminent à 760 m. Ils s'achèvent à l'est par une bordure calcaire dominant la Saône, là où se trouvent les principaux vignobles.

Le sol, brun calcaire et calcique, donne, à partir du chardonnay, l'essentiel des grands vins blancs du Mâconnais. Ils profitent des pentes bien situées et très ensoleillées des collines de Pouilly, Solutré et Vergisson. Les vignobles en contrebas et moins bien exposés, sur des sols limoneux à Chailles (calcaire jurassique truffé de silex), fournissent la grande cohorte des vins plus ordinaires, tandis que la nature des terrains argileux et sableux convient mieux au gamay (25 %) et au pinot noir (7,5 %). Dans le Mâconnais, les deux tiers de la production sont des blancs (l'encépagement est dominé par le chardonnay, à hauteur de 67 %).

Quatre appellations, exclusivement des blancs, justifient à elles seules toute la gloire du Mâconnais : en premier, les trois Pouilly aux noms prestigieux de Pouilly-Fuissé, Pouilly-Loché, Pouilly-Vinzelles (séparés par décision judiciaire depuis 1922), et le dernier-né des appellations du Mâconnais, l'appellation Saint-Véran.

La plupart des vins du Mâconnais sont vendus sous l'appellation Mâcon-Villages, suivie de l'appellation Mâcon supérieur avec possibilité de mentionner sur l'étiquette la commune d'origine. Tout en bas de l'échelle, on trouve les Mâcon ou Pinot-Chardonnay-Mâcon, des vins frais et légers qui se boivent jeunes.

MÂCON, MÂCON SUPÉRIEUR

Ce sont des vins rouges, rosés ou blancs. Les blancs, tous secs, proviennent du chardonnay et du pinot blanc avec 10° au minimum d'alcool pour le Mâcon et 11° pour le Mâcon supérieur. Sans avoir la classe des Pouilly-Fuissé, ils en ont pourtant certaines qualités, avec cependant moins de corps et de finesse. (Ils peuvent être aussi vendus sous l'appellation Bourgogne.) Les Mâcon rouges et rosés sont issus du gamay et des pinot avec une tolérance de 15 % de vignes blanches : gamay blanc (melon), aligoté et pinot-chardonnay. Ils titrent respectivement 9 et 10°.

MÂCON-VILLAGES

Cette appellation est réservée uniquement au vin blanc; elle couvre quarante-trois communes pour une production de 125 000 hl titrant au minimum 11°.

POUILLY-FUISSÉ

Le Pouilly-Fuissé est, par excellence, le grand vin blanc du Mâconnais, léger, sec, à la rondeur charnue et à la robe or vert aux nuances émeraude. Suffisamment vigoureux pour être élevé en fût de chêne, il y acquiert le moelleux et un arôme inégalé d'amande grillée. Il peut aussi être bu jeune; dans ce cas, six mois de bouteille lui sont nécessaires pour atteindre sa plénitude. Le Pouilly-Fuissé provient de cinq communes : Solutré, Pouilly, Fuissé, Chaintré et Vergisson, soit 750 ha de vignobles pour une production de 40 000 hl (12° sont requis lorsque l'étiquette mentionne le nom du vignoble).

POUILLY-LOCHÉ ET POUILLY-VINZELLES

Peut-être n'ont-ils pas le racé du précédent; leur manquerait-il de la vigueur et du corps? Ils en ont pourtant le fruité et la robe.

Les deux communes de Loché et de Vinzelles couvrent à elles deux 67 ha pour une production de 4 000 hl où le rôle des coopératives est prépondérant puisqu'elles assurent 92 % de la production.

SAINT-VÉRAN

Le vignoble de Saint-Véran, dont font partie huit communes, ceinture les Pouilly à la limite sud du Mâconnais. L'appellation fut créée en 1971 sur une superficie de 350 ha pour une production de 25 000 hl. On peut penser que les hausses répétées de ses illustres voisins firent le succès de l'appellation Saint-Véran, vin léger, fruité, élégant, produit dans les mêmes conditions que le Pouilly, sans pourtant en avoir le bouquet. À boire jeune et frais.

MÂCON
Dégustation
Robe : or vert.
Bouquet : fondu et nuancé.
Saveurs : sec sans être dur, nerveux et vigoureux.
Température de service : 7-8°C.
Alliances gastronomiques : fruits de mer, poissons en sauce, barbue au beurre fondu, viandes blanches. Chèvre, comté.

MÂCON-VILLAGES
Dégustation
Robe : or pâle liquide.
Bouquet : fleurs et fruits secs.
Saveurs : souple et sec à la fois.
Température de service : 10°C.
Alliances gastronomiques : cuisses de grenouille au vin blanc, turbot grillé sauce béarnaise, noix de veau braisée.

POUILLY-FUISSÉ
Dégustation
Robe : dorée aux reflets verts.
Bouquet : fleurs blanches et miel, évoluant vers noisette, amande grillée.
Saveurs : fin, sec, équilibré et long en bouche.
Température de service : 12°C.
Alliances gastronomiques : langoustines au curry, huîtres, filets de sole au Vermouth, saumon sauce mousseline.

POUILLY-LOCHÉ
Dégustation
Robe : or pâle.
Bouquet : prononcé mais distingué.
Saveurs : souple, sec et fruité.
Température de service : 10-12°C.
Alliances gastronomiques : homard grillé, quenelles de brochet.

POUILLY-VINZELLES
Dégustation
Robe : or pâle.
Bouquet : fleurs et fruits secs.
Saveurs : rond, fruité et souple.
Température de service : 10-12°C.
Alliances gastronomiques : pétoncles au gratin, truite pochée au vin blanc.

SAINT-VÉRAN
Dégustation
Robe : or vert.
Bouquet : fondu et nuancé.
Saveurs : rond, personnalisé et souple.
Température de service : 10-12°C.
Alliances gastronomiques : truite farcie, sole à l'orange.

LE BEAUJOLAIS

Délimité au nord par le relief du Mâconnais et au sud par les contreforts des monts du Lyonnais, le Beaujolais, dernière grande région de Bourgogne, étale ses 22 000 ha de vignes dressées face au levant. La largeur du vignoble ne dépasse guère les 15 km. Il s'étend par contre sur 90 km, du sud de Mâcon à la banlieue lyonnaise. D'ailleurs, ne dit-on pas que Lyon est arrosé par le Rhône, la Saône et… le Beaujolais. Cet ancien "vin de cocher" , devenu l'un des vins les plus populaires du monde, y coule encore à flots. On le sert en pichet ou, comme on dit, en pots (46 cl) sagement alignés sur le comptoir des cafés et des restaurants.

Pays de collines et d'éperons rocheux, pays aux cent villages bâtis autour de ses églises romanes, le Beaujolais est une extraordinaire mosaïque de terroirs, où la vigne s'étage jusqu'à 450 m d'altitude selon la meilleure exposition. Protégé des vents d'ouest par les collines du Beaujolais, le climat y est beaucoup plus doux qu'en Côte-d'Or, donnant à la production des taux presque méditerranéens (1,2 million d'hl, soit 60 % de toute la production bourguignonne).

Deux secteurs se distinguent, séparés par le Nizerand, petit cours d'eau qui se jette dans la Saône au-dessus de Villefranche : le "Haut Beaujolais", au nord, possède un sol granitique et schisteux avec, dans certains secteurs, une forte teneur en manganèse. Il correspond à l'aire d'appellation des villages et des crus. Ecoutez, leur liste sonne à l'oreille comme autant de promesses de vins superbes, allant du plus fin, du plus charmeur, aux plus corsés et généreux. Ils sont dix : Brouilly, Chénas, Chiroubles, Côte de Brouilly, Fleurie, Juliénas, Morgon, Moulin-à-Vent, Saint-Amour et, petit dernier et non des moindres, Regnié ; au sud, dans le "Bas Beaujolais", un sol argileux, calcaire et crayeux a remplacé le granit. C'est le secteur des simples Beaujolais, des vins plus légers, souvent appelés "vins des pierres dorées", qui alimentent allègrement le "primeur".

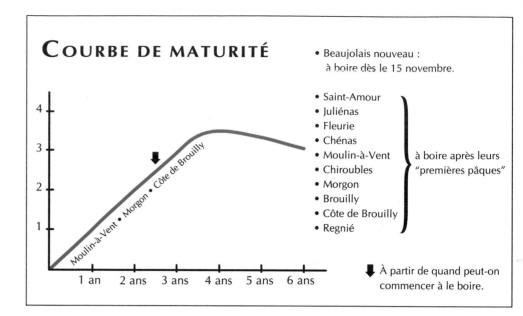

COURBE DE MATURITÉ

- Beaujolais nouveau :
  à boire dès le 15 novembre.

- Saint-Amour
- Juliénas
- Fleurie
- Chénas
- Moulin-à-Vent
- Chiroubles   } à boire après leurs
- Morgon   "premières pâques"
- Brouilly
- Côte de Brouilly
- Regnié

Moulin-à-Vent • Morgon • Côte de Brouilly

⬇ À partir de quand peut-on
commencer à le boire.

BEAUJOLAIS ET GAMAY, UN MARIAGE D'AMOUR!

Le Beaujolais n'offre son sol qu'à un seul cépage, le gamay noir à jus blanc (sans doute faudrait-il mentionner la place très réduite du pinot blanc, du chardonnay et de l'aligoté?).

Ne cherchez pas, nulle part ailleurs il ne donne des vins aussi parfaits et aussi variés. À 50 km de là, en Côte-d'Or, il n'est que quelconque. Ici, sur un sol granitique, il fait merveille; il fournit cette kyrielle de Beaujolais, des vins fruités, qui pourront être ronds et charnus ici, fermes et corsés là, tendres et élégants à un autre endroit, avec toujours ce côté frondeur, ce côté canaille qui leur est propre.

La première référence à un vin du Beaujolais remonte à l'année 1031, dans le Cartulaire de Saint-Vincent, sous le nom de *Bellijocum*. Au XIVe siècle, alors que la Bourgogne s'acharne contre le vilain gamay et que Philippe le Hardi ordonne en 1395, par édit, son arrachage, seul le Beaujolais lui reste fidèle. Il faut ensuite attendre le XVIIIe siècle et l'ouverture du canal de Briare pour que, par voie fluviale, il entre dans Paris et entreprenne la carrière que l'on sait.

Une hiérarchie à quatre niveaux distingue les différentes appellations du Beaujolais :

BEAUJOLAIS ET BEAUJOLAIS SUPÉRIEUR

Les chiffres sont impressionnants : cinquante millions de bouteilles par an, 650 000 hl, soit plus de la moitié de la production totale du Beaujolais sur un vignoble de 9 500 ha.

Une grande partie est commercialisée en primeur. Merveilleux Beaujolais, gouleyant à souhait et aux senteurs de fruits rouges. C'est le type même de vin de carafe qui fit la réputation des "bouchons" lyonnais et que l'on trouve maintenant dans tous les bistrots et restaurants de France.

Non chaptalisé, il est léger (7° pour les Beaujolais et 10° pour les Beaujolais supérieurs), diurétique et désaltérant. Il provient de la région des "Pierres Dorées" et de cinq grands cantons : Villefranche, Anse, le Bois-d'Oingt, l'Arbresle et Tarare, en tout cinquante-huit communes, la plupart situées dans le Bas Beaujolais. Le rendement autorisé est de 55 hl/ha et la taille se fait selon la méthode "Guyot".

BEAUJOLAIS-VILLAGES

Beaujeu, la capitale historique du Beaujolais, et trente-neuf communes, sur une superficie de 6 300 ha, constituent le fief des Beaujolais-Villages, soit 25 % du vignoble. La production atteint 350 000 hl dont 30 % sont destinés au "primeur". Les Beaujolais-Villages font en quelque sorte la transition entre les Beaujolais "primeurs", consommés dès le mois de novembre, et les crus dont ils possèdent souvent les qualités essentielles. Deux ou trois ans de cave leur sont nécessaires pour un plein épanouissement. Enfin, dans un souci de simplification, le terme générique "Villages" est maintenant communément utilisé, remplaçant le nom de la commune.

VIN QUI RIT, VIN QUI PLEURE

Irremplaçable Beaujolais, vin de l'amitié, vin avec lequel on trinque entre amis, vin des petits matins de novembre qui se boit au zinc des bistrots, vin qui accompagne cochonnaille et fromage... c'est le vin qui rit et qui rappelle le rire des vendangeurs. Et puis, il y a le vin qui pleure, celui qui se rappelle douloureusement au souvenir lors de lendemains qui déchantent.

Sachez donc le choisir avec précaution !

LES CRUS DU BEAUJOLAIS

Une hiérarchie à quatre niveaux distingue les Beaujolais, soit, dans un ordre de qualité croissant :

Beaujolais,

Beaujolais supérieur,

Beaujolais-Villages,

Les crus :
Brouilly
Chénas
Chiroubles
Côte de Brouilly
Fleurie
Juliénas
Morgon
Moulin-à-Vent
Regnié
Saint-Amour.

LE BEAUJOLAIS NOUVEAU EST ARRIVÉ... IL Y A TRENTE ANS !

Tout a commencé au début des années soixante, par un coup de génie, par l'une des plus belles opérations de marketing de l'histoire viticole. Elle exploitait tout simplement les qualités du gamay, dont l'une est de se vinifier rapidement. On mit donc au point une méthode de vinification particulière : la vinification beaujolaise, selon le principe de la "macération carbonique". Cette méthode permet non seulement de conserver tout son fruit au gamay, mais de produire des vins qui se consomment de préférence dans leur "prime jeunesse" : le très célèbre "Beaujolais primeur" était né, consommable dès le 15 novembre et vendu jusqu'au 31 janvier (à ne pas confondre avec le "Beaujolais nouveau" qui se commercialise au cours de l'année qui suit les vendanges et dont les ventes cessent le 31 août).

En quelques années, le Beaujolais "primeur", par son côté frais, gouleyant, aux senteurs de fruits rouges, allait séduire tous les pays de l'Europe, d'Amérique et d'Asie, au point de vendre l'équivalent de 400 000 hl par an, soit le tiers de la production totale du vignoble.

Ainsi, dès novembre de chaque année, à peine le Beaujolais est-il vinifié que les négociants l'embouteillent au plus vite. La nuit du déblocage, la grande course commence : camions, voitures, taxis, hélicoptères partent des caves du Beaujolais dans un joyeux concert de Klaxons pour servir au matin du troisième jeudi de novembre le fameux "primeur". Et, aux premières heures du jour, des dizaines d'avions-cargos décollent des aéroports parisiens à destination du Japon, du Canada, des États-Unis.

Pour les Anglais, la fameuse "Beaujolais Race" débute à minuit sonnant. Il s'agit, pour un citoyen de Sa Gracieuse Majesté, d'être le premier à présenter, dans un endroit précis de la banlieue de Londres, la toute première bouteille de l'année.

CÉPAGES

Un unique cépage donne naissance aux Beaujolais, le gamay noir à jus blanc.

BEAUJOLAIS
Dégustation
Robe : violine.
Bouquet : petits fruits rouges.
Saveurs : léger, fruité et gouleyant.
Température de service : 12-14°C.
Alliances gastronomiques : terrine, cochonnaille. Poule au pot.

BEAUJOLAIS-VILLAGES
Dégustation
Robe : rubis.
Bouquet : fruité.
Saveurs : frais, souple et peu tannique.
Température de service : 12-14°C.
Alliances gastronomiques : escargots de Bourgogne, rosette de Lyon, tourtière.

BROUILLY
Dégustation
Robe : rubis intense.
Bouquet : cassis et framboise.
Saveurs : fruité, corsé et charpenté.
Température de service : 12-14°C.
Alliances gastronomiques : pintade farcie, coquelet, entrecôte maître d'hôtel, chapon.

CHÉNAS
Dégustation
Robe : foncée aux reflets grenat.
Bouquet : rose et bois.
Saveurs : souple et vigoureux, riche en tanin.
Température de service : 14°C.
Alliances gastronomiques : pot-au-feu, dinde farcie. Fromage blanc.

CHIROUBLES
Dégustation
Robe : rouge vif.
Bouquet : violette.
Saveurs : tendre et charmeur.
Température de service : 12-14°C.
Alliances gastronomiques : brochet à la crème, pavé du Charolais, saucisson.

BROUILLY, CÔTE DE BROUILLY

Inutile de chercher, il n'y a pas de village en Beaujolais qui porte le nom de Brouilly. Vous trouverez par contre l'une des plus belles collines viticoles du monde, à l'instar de celles de Corton et de la roche de Solutré : le mont de Brouilly, où fut érigée au siècle dernier l'église Notre-Dame-du-Raisin, construite dans l'espoir d'exorciser l'oïdium qui, à l'époque, ravageait les vignes.

Le vignoble, avec 1 200 ha, est le plus étendu et le plus méridional des crus du Beaujolais. Il couvre six communes : Quincié, Saint-Léger, Audenas et Cercié, produisant indifféremment Brouilly et Côte de Brouilly, alors que les communes de Charentay et Saint-Étienne-la-Varenne ne font que du Brouilly. La meilleure partie, située au centre, a droit à l'appellation Côte de Brouilly, un vignoble de 305 ha qui s'épanouit sur les versants pentus et bien exposés du mont de Brouilly.

Planté par les Romains, le vignoble est considéré comme le plus ancien du Beaujolais. Sa production actuelle est de 17 000 hl. Indéniablement, la nature volcanique du terrain et le granit bleu, riche en magnésium, plaisent aux vins, leur donnant cette curieuse note de poivre décelable notamment dans les Côtes de Brouilly.

Un Brouilly souple, ferme et fruité se conserve environ deux ans en cave. Un Côte de Brouilly, par son caractère plein et corsé, doit y séjourner trois à quatre ans, voire dix ans pour les millésimes.

CHÉNAS

C'est le plus "rare" des crus du Beaujolais. Il a le privilège de jouxter le célèbre Moulin-à-Vent, seigneur des Beaujolais. Ce petit vignoble de 250 ha semble tiraillé de toutes parts, entre Juliénas et Moulin-à-Vent, entre deux départements et deux communes : La Chapelle de Guinchay, en Saône-et-Loire, et Chénas, dans le Rhône.

Doit-on croire la légende qui veut qu'un homme venu de Ligurie (tous les noms de communes se terminant en "as" proviendraient d'anciennes colonies ligures) ait apporté jusque-là quelques pieds de vigne? Pour les planter, il dut abattre des chênes dont, avec le bois, il fit une cuve où il y versa sa récolte. L'ayant un jour entendue murmurer, il la goûta. L'effet fut immédiat. Il chanta alors avec un tel bonheur toutes les notes de la gamme, que l'on baptisa le cépage gamay. Dans cette histoire, un seul fait paraît vraisemblable : l'édit royal qui, en 1316, ordonna l'arrachage des chênes sur la montagne de Rémont pour y planter de la vigne.

Comme le Juliénas, le Chénas est un vin très corsé qui peut dévoiler une étonnante vigueur. S'il peut, à la rigueur, se boire jeune, il a pourtant besoin de quelques années de garde.

CHIROUBLES

C'est le plus haut perché des crus du Beaujolais. Ses 340 ha de vignobles aux sols granitiques et schisteux, d'où émergent des traces de porphyre, se situent entre 350 et 400 m d'altitude. Voici enfin un véritable Beaujolais tel qu'on peut l'imaginer : robe éclatante, fin et très fruité, aux arômes de bonbon anglais où se mêlent la violette et les senteurs de fruits rouges avec prédominance de framboise. Sa légèreté, sa tendresse, son élégance sont des plaisirs qu'il faut cueillir jeunes.

Ne quittez pas Chiroubles sans un coup d'œil à la statue de Victor Puillat, sur la place du village, savant ampélographe qui sauva le vignoble du phylloxéra en plantant la première vigne greffée du Beaujolais.

FLEURIE

Quel bouquet! On y décèle l'iris, la violette, la rose fanée à côté du fruité apporté par la pêche, le cassis et les fruits rouges où domine la framboise. D'une superbe robe carminée, on le considère comme le

CÔTE DE BROUILLY

Dégustation
Robe : pourpre foncé.
Bouquet : raisin frais.
Saveurs : riche, charnu et fruité.
Température de service : 12-14°C.
Alliances gastronomiques : *coq aux champignons, pintade aux cèpes, fondue.*

FLEURIE

Dégustation
Robe : rubis foncé.
Bouquet : violette, rose et iris.
Saveurs : souple, fin et séduisant.
Température de service : 12-14°C.
Alliances gastronomiques : *andouillette de Fleurie, rôti de veau.*

JULIÉNAS

Dégustation
Robe : rubis foncé.
Bouquet : pivoine et fruits rouges.
Saveurs : ferme, robuste, nerveux et charnu.
Température de service : 12-14°C.
Alliances gastronomiques : *terrine de foies de volailles, gras-double, quenelles.*

MORGON

Dégustation
Robe : soutenue, aux reflets violacés.
Bouquet : groseille et kirsch.
Saveurs : généreux et robuste.
Température de service : 12-14°C.
Alliances gastronomiques : *poularde, coq au vin.*

MOULIN-À-VENT

Dégustation
Robe : grenat foncé.
Bouquet : rose, épicé et vanille.
Saveurs : racé, généreux et classique.
Température de service : 12-14°C.
Alliances gastronomiques : *entrecôte marchand de vin, gigot d'agneau.*

SAINT-AMOUR

Dégustation
Robe : rubis.
Bouquet : délicat, arômes d'abricot et de pêche.
Saveurs : puissant et racé.
Température de service : 12-14°C.
Alliances gastronomiques : *canard à l'orange, poularde à la crème.*

REGNIÉ

Dégustation
Robe : violine.
Bouquet : fruits rouges.
Saveurs : souple, corsé et aromatique.
Température de service : 12-14°C.
Alliances gastronomiques : *perdreau au chou.*

plus féminin des crus du Beaujolais. Doit-il ses qualités à la madone de Fleurie qui, du haut de sa colline, veille sur les 800 ha du vignoble? Léger et tendre dès sa première année, il gagne en vieillissant un très doux velouté. Mais qui peut résister si longtemps! Les Suisses en raffolent.

JULIÉNAS

C'est le plus célèbre, le plus médiatique des crus du Beaujolais. Cette célébrité, il la doit à lui-même pour son côté nerveux, qui s'apprécie aussi bien jeune qu'après quelques années de bouteille, mais aussi aux journalistes du *Canard enchaîné* qui l'ont porté aux nues. Le Juliénas, corsé, fruité, aux arômes si précis de fruits rouges, à la superbe robe violacée, possède en plus beaucoup de "mâche". Un vin superbe, qui explique mieux l'engouement qu'il suscite.

Le vignoble de 570 ha, sur un terrain partagé entre le schiste, le granit et l'argile, fournit 30 000 hl de vin à l'extrême nord du département, en bordure du Mâconnais, entre la commune de Juliénas et celles d'Émeringues, de Jullié et de Pruzilly.

MORGON

Un Morgon se doit de "morgonner" lorsque ses arômes de fruits mûrs à noyau, cerise, pêche, abricot, prune, se déploient délicatement dans le palais. Est-ce à la nature de son sol qu'il doit d'être le plus dur et le plus corsé des Beaujolais? Un sol schisteux, granitique, gorgé d'oxyde de fer, qui rend la terre ocre mais donne au Morgon cette propension à bien vieillir.

On a tout lieu de croire que la voie romaine qui traversait la région était bordée de vignes. Aujourd'hui, ce superbe vignoble de 1 100 ha se partage en six climats (les Charmes, Corcelette, Douby, Côtes de Py, les Micouds, le Grand-Cras) qui produisent 60 000 hl d'un vin qui n'est mis en bouteilles que sept à neuf mois après les vendanges pour y rester au minimum un an (un Morgon se garde aisément quatre à six ans).

MOULIN-À-VENT

C'est le "seigneur" des Beaujolais et celui qui se rapproche le plus des grands Bourgogne. Il tire son nom plutôt anachronique d'un antique moulin à vent planté là, sur une colline, dans un océan de vignes. La longue liste de ses qualités ne saurait faire oublier l'originalité de son sous-sol riche en manganèse (on y a exploité longtemps des mines) sur les communes de Romanèche-Thorin en Saône-et-Loire et Chénas dans le Rhône. Le Moulin-à-Vent est par excellence un vin de garde, bien charpenté, qui a besoin de six à sept ans de cave avant de révéler complètement sa robe rubis foncé et ses arômes d'iris, de roses fanées, d'épices et de fruits mûrs. Il évoque alors un Bourgogne de bonne race, s'affirmant le plus corpulent et le plus savoureux de tous les crus du Beaujolais.

SAINT-AMOUR

Un cru au nom aussi charmeur ne pouvait offrir qu'un vin vif, fin et léger et quelque peu frivole. Devrait-on ajouter corps tendre et harmonieux, pour compléter le portrait du cru le plus septentrional du Beaujolais?

Son vignoble de 280 ha est à l'extrême pointe du Beaujolais, entièrement situé sur le département de Saône-et-Loire. D'ailleurs, ses blancs sont vendus comme Mâcon blanc ou Beaujolais blanc.

Le sol est d'une nature argilo-siliceuse (granit et ardoise) qui semble parfaitement convenir à la vigne. Celle-ci est orientée est et sud-est, occupant les hauteurs de la montagne de Bessay, près de Juliénas, et la colline de l'Église.

La question se pose alors de savoir quel type de vin on veut faire : une vinification moins longue donne des vins plus tendres et plus fruités, d'une grande fraîcheur aromatique, des vins qu'il convient de boire sans attendre; une vinification traditionnelle produira des vins de plus longue garde, à la robe rubis, aux arômes de kirsch, d'épices et de réséda, des vins étonnamment charpentés, les plus fermement corsés des dix crus.

REGNIÉ

C'est le dernier cru des Beaujolais. Le décret qui fit entrer les 650 ha de son vignoble dans le club très fermé des neuf grands fut signé en 1988. La zone d'appellation Regnié s'étend sur deux communes symbolisées par les deux clochers de l'église de Regnié-Durette.

Longtemps au purgatoire des Beaujolais-Villages, Regnié ne le méritait pas; ce cru précoce, né à flanc de coteau dans une sorte de microclimat, avait pourtant de quoi séduire : robe cerise aux reflets violets avec des arômes de groseille, de mûre et de framboise. Vin, ma foi, très agréable, qui possède en plus la qualité d'être pulpeux. Voilà bien des raisons pour le connaître!

COTEAUX DU LYONNAIS

L'appellation Coteaux du Lyonnais prolonge le Beaujolais dont elle tire quelques ressemblances, tout en étant proche des Côte Rôtie qu'elle côtoie au sud. Entre la Bourgogne et la vallée du Rhône, les 240 ha des Coteaux du Lyonnais sont en fait une très agréable alternative. Ce terroir de décomposition d'arêtes granitiques bénéficie d'un ensoleillement exceptionnel qui permet au gamay noir à jus blanc de s'épanouir au mieux.

Le vignoble, originaire des Romains, connut son apogée au XVIIIe siècle, où il occupait alors une surface estimée à plus de 13 000 ha. Mais l'invasion phylloxérique et l'extension de la banlieue lyonnaise repoussèrent les vignes sur les flancs pierreux des coteaux du Lyonnais.

Aujourd'hui, la production avoisine les 15 000 hl, fournissant des vins rouges souples et fruités et des vins blancs à base de chardonnay et d'aligoté.

LES CÔTES DU RHÔNE

Les 200 km des Côtes du Rhône, entre Vienne et Avignon, éclipse-raient-ils l'amont du grand fleuve et sa longue descente des glaciers alpins vers les terres chaudes de Provence? En Suisse, encore tout tumultueux, le Rhône étonne par ses Fendants, ceux des terres valai-sannes, des vins souples et secs, des vins fruités avec peu d'arômes mais rendus plus vifs par leur léger "moustillement". Il traverse ensui-te les 72 km du Léman pour resurgir côté France avec les Bugey (voir les vins de Savoie), des blancs légers, désaltérants, d'une fraîcheur éton-nante; ici, les rouges annoncent déjà le Beaujolais.

Mais le Rhône n'accorde son nom qu'une fois passé Lyon, lorsque, ren-forcé par la Saône, il s'est en quelque sorte adjoint la Bourgogne. Là, ses vignobles atteignent leur plénitude; nous sommes dans les Côtes du Rhône, dans le fameux sillon rhodanien entre le Massif central et les Préalpes. Jamais les vins du Rhône n'ont été si riches, si pleins, si géné-reux. Face à Vienne, sur les rives granitiques escarpées et frappées par le soleil, ils exultent. Ils donnent la Côte Rôtie, la plus prestigieuse appellation, aux allures d'amphithéâtre, où la scène serait le fleuve et les gradins une succession d'étroites terrasses occupées par la vigne. Et puisqu'ici rien n'est trop exceptionnel, cette première étape s'achève par deux vins blancs superbes nés d'un unique cépage (le viognier), le Condrieu, et, plus rare encore, Château Grillet. Restons sur la même rive pour atteindre ensuite Saint-Joseph, Cornas et, face à Valence, Saint-Péray.

En traversant le fleuve, nous entrons dans la Drôme par Crozes-Hermitage, le plus vaste vignoble de la partie septentrionale des Côtes du Rhône, jouxtant les imposants coteaux d'Hermitage aux vins charnus et vigoureux. Jusqu'à Valence, la vigne jouit d'un climat tempéré sous influence continentale. Elle prospère sur des terrains assez homogènes dominés par le granit et le schiste où chaque cru provient d'un cépage unique, le syrah pour les vins rouges, le marsanne et le roussanne pour les blancs.

Au sud de Montélimar, le vignoble bascule côté Méditerranée, faisant passer les Côtes du Rhône dans leur partie méridionale. Le relief s'est adouci. Le sol, beaucoup plus varié, est à base de substrats calcaires et de sable où abondent alluvions graveleuses et cailloux. Ici, le monocépage n'est plus de mise; la qualité exige plusieurs cépages, jusqu'à treize pour un Châteauneuf-du-Pape. À la base, le grenache donne du tanin, du corps, de l'alcool et des arômes. Le syrah procure son parfum et son aptitude à bien vieillir, et le cinsault apporte sa délicatesse et sa légèreté. Nous sommes au cœur des appellations génériques, Côtes du Rhône et Côtes du Rhône-Villages. Vingt-quatre appellations régionales sont encore à découvrir, certaines très connues comme Châteauneuf-du-Pape, Tavel, Lirac, Gigondas.

D'autres sont moins illustres, comme Cairanne, Chusclan, Laudun, Vacqueyras, sans oublier plus au nord les Coteaux du Tricastin, les Côtes du Ventoux et, à l'est, la toute nouvelle AOC Côtes du Lubéron, ainsi qu'en Ardèche le seul VDQS inclus dans les Côtes du Rhône, les Côtes du Vivarais.

Notre périple s'achève à l'entrée du delta, après avoir traversé plus de cent villages viticoles et six départements – le Rhône, la Loire, l'Ardèche, le Gard, la Drôme et le Vaucluse – d'une région devenue en vins d'appellation le deuxième secteur viticole de France.

VINGT-CINQ SIÈCLES D'HISTOIRE

La vigne prospérait déjà dans la vallée du Rhône au début du quaternaire. La découverte de pépins sur des sites préhistoriques en apporte la preuve. Pourtant, le destin viticole de cette région exceptionnelle se dessinait à des milliers de kilomètres de là, en Perse, près de Chiraz, dans cette partie du Moyen-Orient, berceau de la viticulture mondiale, qui donna naissance au syrah. Les Grecs de Phocée (Asie Mineure), qui appréciaient ce plant, l'implantèrent à Marseille, d'où il gagna toute la vallée du Rhône. La découverte d'amphores grecques à Tain-l'Hermitage accrédite d'ailleurs cette thèse. De Pline

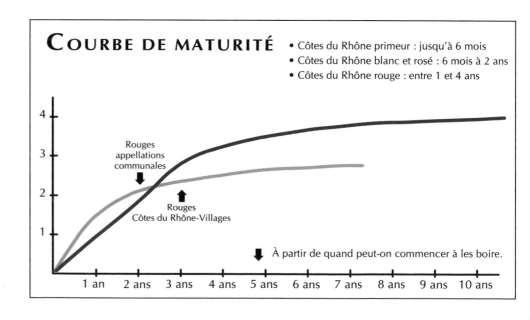

COURBE DE MATURITÉ
- Côtes du Rhône primeur : jusqu'à 6 mois
- Côtes du Rhône blanc et rosé : 6 mois à 2 ans
- Côtes du Rhône rouge : entre 1 et 4 ans

Rouges appellations communales

Rouges Côtes du Rhône-Villages

À partir de quand peut-on commencer à les boire.

1 an 2 ans 3 ans 4 ans 5 ans 6 ans 7 ans 8 ans 9 ans 10 ans

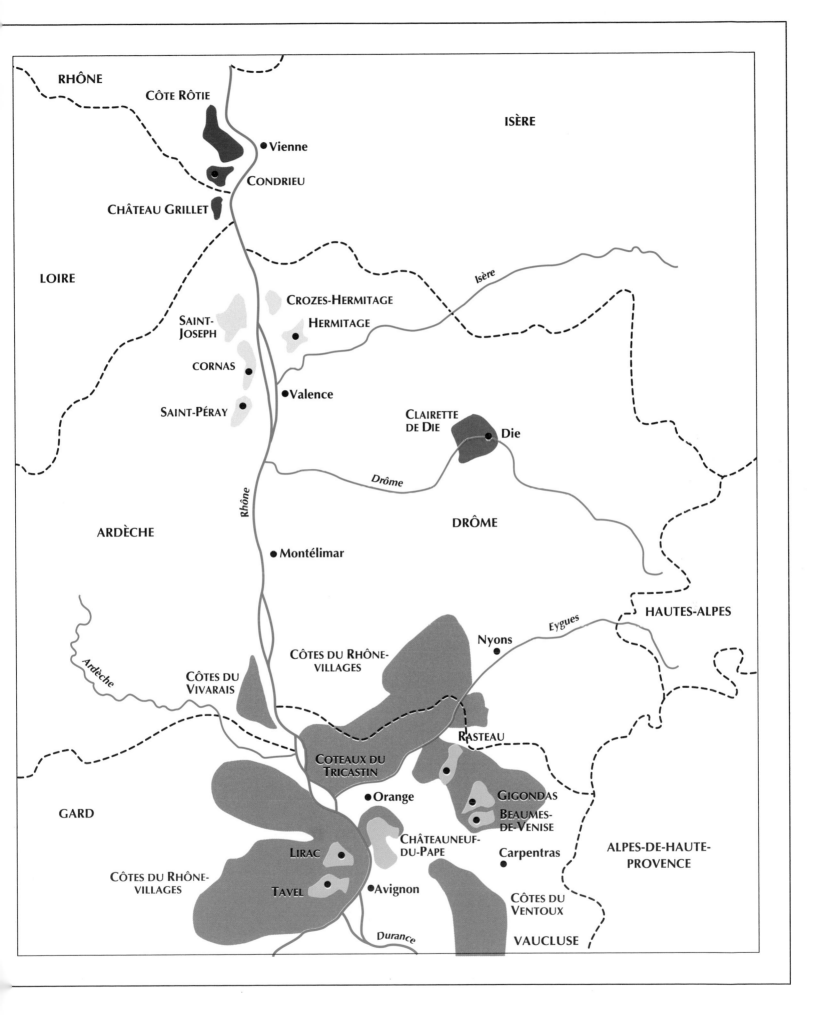

RHÔNE

CÔTE RÔTIE

ISÈRE

● Vienne

CONDRIEU

CHÂTEAU GRILLET

LOIRE

CROZES-HERMITAGE

HERMITAGE

SAINT-JOSEPH

Isère

CORNAS

● Valence

SAINT-PÉRAY

CLAIRETTE DE DIE

● Die

Drôme

ARDÈCHE

DRÔME

● Montélimar

Rhône

HAUTES-ALPES

Eygues

● Nyons

CÔTES DU RHÔNE-VILLAGES

Ardèche

CÔTES DU VIVARAIS

RASTEAU

COTEAUX DU TRICASTIN

● Orange

GIGONDAS

BEAUMES-DE-VENISE

GARD

CHÂTEAUNEUF-DU-PAPE

● Carpentras

ALPES-DE-HAUTE-PROVENCE

LIRAC

CÔTES DU VENTOUX

CÔTES DU RHÔNE-VILLAGES

TAVEL

● Avignon

Durance

VAUCLUSE

l'Ancien au poète Martial, nombreux furent alors les auteurs latins à célébrer la Vienne vineuse, capitale des Allobroges. De Vienne, colonisée par Tibère, la vigne s'étendit à Lyon, ville préférée de Marc Aurèle. Le règne sans partage du syrah avait commencé; il ne fut jamais contesté.

Au Moyen Age, les papes d'Avignon (1309 à 1376) donnèrent aux vins du Rhône leur premier grand développement européen. En 1573, Nicolas de Nicolaÿ dénombra soixante-dix-sept paroisses vineuses établies le long du Rhône. Mais il fallut attendre 1731 pour que le nom "costes de Rhône" apparaisse dans un arrêt royal précisant les conditions de récolte, de vinification, de mise en fûts et d'emballage des vins de la commune de Roquemaure (Gard). C'était, en quelque sorte avant la lettre, le premier système d'appellation.

Au XIXe siècle, la région innova encore en individualisant chaque bouteille par une étiquette. Si le phylloxéra porta un coup terrible au vignoble, les Côtes du Rhône s'en trouvèrent renforcées, prêtes à affronter les problèmes de la qualité. Un nom est intimement lié à cette lutte, celui du baron Le Roy de Boiseaumarié, qui fut le principal artisan en France des lois sur les appellations d'origine. Il les appliqua à sa région et, dès 1937, les Côtes du Rhône furent le premier terroir à être classé en AOC.

DEUX VIGNOBLES QUI S'OPPOSENT

Aujourd'hui encore, tout oppose les deux secteurs. Si la partie septentrionale s'appuie sur le prestige de ses huit crus et l'homogénéité de son vignoble, la partie méridionale a pour elle de fournir le gros de la production en Côtes du Rhône et Côtes du Rhône-Villages ainsi qu'une myriade de vins souvent excellents, mais sans grande unité. En quelques années, la qualité s'est considérablement améliorée, aidée par une réglementation qui incite les vignerons à sortir de l'ornière des vins ordinaires.

LES TROIS APPELLATIONS GÉNÉRIQUES

Côtes du Rhône

L'AOC régionale couvre 41 000 ha pour une production de 2 millions d'hl répartis sur les six départements de la vallée. Mais la quasi-totalité de la récolte provient du secteur méridional : Vaucluse, Drôme et Gard. Il s'agit en général d'agréables vins de table que l'on trouve en rouge, rosé ou blanc, issus des vingt-trois cépages autorisés. Ils sont pour la plupart le fruit de mélanges. Bien vinifiés, ils peuvent être de bons vins de garde, riches, tanniques et généreux. Un progrès technologique considérable a été apporté dans la vinification des blancs et des rosés. Il est maintenant possible d'apprécier des blancs d'une bonne richesse alcoolique mais de faible acidité, avec beaucoup d'arôme et de fraîcheur.

Côtes du Rhône-Villages

Cette appellation existe depuis 1966. Elle fut créée pour établir une hiérarchie dans l'appellation devenue trop générique, qui n'affirmait pas suffisamment la spécificité des terroirs "villageois". Cinquante-quatre communes ou villages de la Drôme, du Vaucluse et du Gard furent autorisés à utiliser cette nouvelle appellation totalisant près de 5 000 ha pour une production de 180 000 hl. Parmi celles-ci, dix-sept communes, très souvent en attente d'une AOC communale, reçurent en plus le droit de joindre leur nom à l'appellation Côtes du Rhône. Il va de soi que les critères qui sélectionnaient les meilleures parcelles imposèrent des normes très strictes d'encépagement, de délimitation, de rendement, de vinification et de degré alcoolique :
– dans la Drôme : Rochegude, Saint-Maurice-sur-Eygues, Vinsobres, Rousset-les-Vignes, Saint-Pantaléon-les-Vignes ;
– dans le Vaucluse : Beaumes-de-Venise, Cairanne, Rasteau, Roaix, Seguret, Vacqueyras, Valréas, Visan, Sablet ;
– dans le Gard : Chusclan, Laudun, Saint-Gervais.

Côtes du Rhône Primeur

Relayant le succès du phénomène Beaujolais nouveau, les Côtes du Rhône ont, elles aussi, lancé leur vin "Primeur" débloqué dès le 15 novembre de chaque année. Elles deviennent ainsi la deuxième appellation française de primeur avec 120 000 hl.

TROIS TYPES D'APPELLATIONS RÉGIONALES

– Côtes du Rhône
– Côtes du Rhône-Villages
– Côtes du Rhône Primeur

La teneur en alcool est un signe de qualité ; plus elle est élevée, plus le vin sera viril et capiteux et meilleur il sera. La diversité s'exprime également par le nombre de cépages autorisés : grenache, cinsault, syrah, mourvèdre pour les vins rouges ; clairette, picpoul, bourboulenc et roussanne pour les vins blancs (pour les principaux).

CÉPAGES

Grenache (N) ;
carignan (N) ;
cinsault (N) ;
syrah (N) ;
clairette (B) ;
ugni blanc (B).

CÔTES DU RHÔNE

Dégustation
Robe : rubis.
Bouquet : fruité.
Saveurs : gouleyant et parfois capiteux.
Température de service : *15-16°C.*
Alliances gastronomiques : *charcuterie. Viandes rouges grillées ou en sauce. Fromages relevés.*

CÔTES DU RHÔNE-VILLAGES

Dégustation
Robe : rubis foncé.
Bouquet : aromatique.
Saveurs : corsé et équilibré.
Température de service : *15°C.*
Alliances gastronomiques : *pâté de campagne au poivre. Viandes rouges grillées ou rôties.*

CÔTES DU RHÔNE

Les grands millésimes :
45, 53, 61, 62, 66, 70, 76, 78, 79, 82, 83, 86, 88, 89.
Les bons millésimes :
67, 80, 81, 84, 85, 87.

Vignoble dans la vallée du Rhône.

LE VIGNOBLE SEPTENTRIONAL

Homogénéité, prestige, qualité définissent mieux que tout le secteur septentrional des Côtes du Rhône. Le vignoble, qui s'étend de Vienne à Valence, est d'une surface modeste, pas plus de 1 700 ha, sur des pentes très escarpées qui tombent presque à l'aplomb du Rhône.

L'homogénéité géologique et climatique est évidente; une grande partie du vignoble est constituée de terrasses de pierres schisteuses "rôties" par le soleil, établies à l'à-pic du fleuve. Le sol est sableux, sec, maigre et acide. Nous sommes sur la bordure granitique du Massif central avec toutes sortes de granits, des granits à mica noir, des granits clairs établis sur des terrains sédimentaires (calcaire et marne). Partout la roche est en décomposition, donnant des sols sableux, graveleux et bien drainés. En somme, tout ce qui convient à la vigne.

Le prestige accompagne huit crus exceptionnels, six sur la rive droite (Côte Rôtie, Condrieu, Château Grillet, Saint-Joseph, Cornas, Saint-Péray) et deux sur la rive gauche (Hermitage et Crozes-Hermitage). Ils donnent aux Côtes du Rhône le droit de rivaliser avec les plus grands vignobles du Bordelais ou de Bourgogne.

La qualité est due au choix de quatre cépages. Le viognier à Condrieu et à Château Grillet, un cépage confidentiel, à la culture délicate, donne des vins rares et incomparables. Jugez donc, seulement 32 ha de viognier sont cultivés dans le monde, tous concentrés au sud de Lyon, sur les terrasses de Condrieu et dans les minuscules vignobles de Château Grillet. Ses vins très clairs ont un arôme de fleurs et de fruits très délicatement perceptible. Le viognier doit être vinifié seul ou associé au roussanne, qui apporte son onctuosité, et au marsanne, utilisé pour sa vigueur et ses bons rendements.

LES HUIT APPELLATIONS :

Côte Rôtie (rive droite) : vin rouge
Condrieu (rive droite) : vin blanc
Château Grillet (rive droite) : vin blanc
Saint-Joseph (rive droite) : vins rouges et blancs
Hermitage (rive gauche) : vins rouges et blancs
Crozes-Hermitage (rive gauche) : vins rouges et blancs
Cornas (rive droite) : vin rouge
Saint-Péray (rive droite) : vins rouges et blancs, vin effervescent

Les vignerons partagent ici leur indéfectible fidélité au syrah (appelé serine), unique cépage à l'origine de tous les vins rouges de cette partie septentrionale des Côtes du Rhône. En France, on ne le rencontre nulle part ailleurs. Originaire du Moyen-Orient, il viendrait de Chiraz, en Perse, ou de Syrie, comme son nom le laisserait supposer. Quelle que soit son origine exacte, il a trouvé sur les rives escarpées du Rhône sa terre d'élection. Ses qualités sont exceptionnelles : il a un bon rendement, quoique sensible à la coulure; il est peu vulnérable aux maladies et se cultive bien. Autre sujet de satisfaction, il cultive étrangement sa ressemblance avec le cabernet sauvignon. Comme lui, il donne des vins secs, très concentrés, tanniques, et il demande beaucoup de temps pour s'épanouir, au point que les très grands syrah peuvent se confondre avec les grands Bordeaux. N'est-ce pas le plus beau compliment!

CÔTE RÔTIE

Est-ce la touche de viognier (20 %) assemblée avec le syrah qui fait de la Côte Rôtie l'un des vins les plus complexes du monde ? Son territoire, juste après Vienne, est exigu : une côte de 3 km de long, vraiment rôtie par le soleil, qui rassemble 70 ha de coteaux abrupts orientés sud-est entre Vernay et Semons. L'aire d'appellation, qui s'étend sur les communes d'Ampuis, de Saint-Cyr-sur-le-Rhône et de Tupin-et-Semons, a tendance depuis quelques années à gagner le plateau. Faudrait-il croire la légende relatant la division de la Côte Rôtie en Côte Brune et Côte Blonde, par le testament d'un seigneur local appelé Maugiron, qui partagea ses terres entre ses deux filles, l'une étant brune et l'autre blonde? Plus prosaïquement, la différence s'explique par la nature et la couleur des sols. L'une possède une terre brune à base de glaise, avec beaucoup d'oxyde de fer donnant des vins corsés et de longue garde. L'autre a un sol éclairci par la craie. Les vins y sont plus légers et plus tendres. Les deux côtes ont en commun des vignobles qui s'étagent en de minuscules terrasses bordées de murets rendant impossible l'utilisation d'engins mécaniques. Mais la qualité des vins est à ce prix : des vins capiteux, vineux, généreux, des vins que le viognier enrichit de son bouquet, apportant après dix ans de bouteille une touche de violette incomparable.

CONDRIEU

L'appellation Condrieu, à 5 km d'Ampuis, s'étend sur les communes de Condrieu, Verin, Verlieux, Chavauvay, jusqu'à Saint-Pierre-de-Bœuf, en bordure du département de la Loire. Le vignoble est dispersé le long du Rhône sur 16 km de coteaux. L'accès et la culture y sont difficiles et les rendements, sur des terrains granitiques riches en mica, ne dépassent guère les 20 ou 25 hl/ha, loin du maximum légal de 30 hl/ha.

Le Condrieu est un vin blanc magnifique, l'un des plus rares et des plus originaux du vignoble français. Il est fait avec un seul cépage : le viognier, cépage quasi confidentiel qui donne des vins secs lorsqu'ils sont conservés en fût pendant dix-huit mois, ou demi-doux s'ils sont mis en bouteille dès le printemps. Ici, sur les terres de Condrieu, on vendange tard. Les vins acquièrent avec le temps une somptueuse robe dorée et offrent un fin bouquet de fleurs et d'épices. Ils étonnent surtout par leur douceur et leur souplesse. Malheureusement pour l'amateur, ils voyagent mal, et la production est très limitée.

CHÂTEAU GRILLET

Plus rare et plus exceptionnel encore, Château Grillet est un cas unique en France. Cette appellation ne concerne qu'un seul domaine, un minuscule vignoble de 2,7 ha au sud de Condrieu, à cheval sur les communes de Verin et Saint-Michelsous-Condrieu. Le vignoble, sur un coteau abrupt, s'étage au-dessus du Rhône entre 160 et 250 m d'altitude. Le viognier, son unique cépage, lui apporte sa

CÔTE RÔTIE
Dégustation
Robe : grenat.
Bouquet : violette et framboise évoluant vers la réglisse et la truffe.
Saveurs : corsé et généreux.
Température de service : *13-14°C.*
Alliances gastronomiques : *pâté de chevreuil ou de marcassin. Viandes rouges rôties, gibier, viandes en sauce au vin.*
Bleu d'Auvergne, livarot, maroilles.

CONDRIEU
Dégustation
Robe : dorée.
Bouquet : arôme fruité.
Saveurs : fruité, capiteux, arrière-goût durable assez épicé, peut être plus ou moins sec ou moelleux selon les procédés de vinification.
Température de service : *7-8°C.*
Alliances gastronomiques : *viandes et volailles froides en gelée, poissons frits ou servis froids avec sauce relevée, homard à l'américaine.*
Chèvre, saint-marcellin.

CHÂTEAU GRILLET
Dégustation
Robe : dorée et flamboyante.
Bouquet : fleur des champs et violette.
Saveurs : liquoreux, corsé, goût de fleurs de vigne et d'amande.
Température de service : *7-8°C.*
Alliances gastronomiques : *poissons fins pochés, quenelles, gratin de queues d'écrevisse.*

richesse en alcool et ses parfums délicatement perceptibles. Un Château Grillet est élevé dix-huit mois en fût de chêne. On retrouve alors les qualités d'un Condrieu, avec peut-être un peu plus de souplesse et de finesse. Ce vin, si vous avez la chance d'en posséder une bouteille (la production dépasse rarement les 90 hl), doit être bu jeune. C'est l'un des très grands vins blancs de la vallée du Rhône, l'un des plus exceptionnels vins blancs du monde. Le vignoble est aux mains de la même famille depuis 1830.

SAINT-JOSEPH

Toujours sur la rive droite du Rhône, l'appellation Saint-Joseph, face à Hermitage, s'étend sur les départements de la Loire et de l'Ardèche et sur vingt-deux communes autour de Mauves, Saint-Jean-de-Muzols et Viom. Avec 462 ha et 10 000 hl de production, il s'agit de l'appellation la plus importante de la rive droite. Le vignoble, perché sur des pentes granitiques du haut desquelles on aperçoit la chaîne des Alpes, donne surtout des vins rouges. Ils sont issus d'un seul cépage, le syrah, qui offre des vins corsés, très colorés, élégants et étonnamment fins. Un peu amers dans leur jeunesse, ils nécessitent cinq années de vieillissement. Les blancs proviennent du marsanne et d'une faible proportion de roussanne. Ils sont fins, bouquetés et nerveux. À boire jeunes. L'appellation Saint-Joseph, encore trop peu connue, garantit le meilleur rapport qualité-prix des Côtes du Rhône.

CORNAS

Ce petit vignoble de 55 ha, face à Valence, englobe l'ensemble de la commune de Cornas, un nom d'origine celte qui signifie "terres brûlées". Le nom s'explique par l'exposition plein sud des vignobles sur les derniers contreforts des Cévennes, faits de pentes abruptes et rocailleuses. C'était, dit-on, l'un des vignobles préférés de Charlemagne (un de plus!). Il connut son heure de gloire au XVIIIe siècle, où il était fort apprécié à la cour. Aujourd'hui, le Cornas, exclusivement du syrah, est un vin très coloré, très charpenté, puissant, viril, qui se révèle un peu dur dans sa jeunesse, mais que trois ans de cave vont discipliner pour lui apporter sa souplesse et révéler ses arômes fruités et épicés.

SAINT-PÉRAY

Voisine de Cornas, l'appellation Saint-Péray se situe à l'entrée d'une vallée fossile. Les 35 ha du vignoble, sur des terrains granitiques et calcaires, fournissent des vins blancs nerveux, fins et bouquetés, à base de roussanne et de marsanne qui sont, dit-on, excellents contre l'arthritisme et la goutte. Autre qualité, ils sont parfaitement adaptés à l'élaboration de Blanc de Blancs par la méthode champenoise de seconde fermentation en bouteille. Le résultat donne des vins effervescents, plus ronds et beaucoup plus fruités que bien des Champagne. Sans aucun doute, Saint-Péray nous offre l'un des meilleurs vins effervescents de France.

HERMITAGE

En changeant de rive, nous entrons dans la Drôme, à Tain-l'Hermitage, où la vigne s'étale sur de vastes terrains d'alluvions cailouteux, à la confluence du Rhône et de l'Isère. Le vignoble, traversé par la Nationale 7, grimpe vers le nord-est sur un imposant éperon granitique surplombant la petite ville de Tain, à 20 km au nord de Valence. C'est un spectacle très impressionnant de voir cette multitude de terrasses exposées plein sud prendre d'assaut la montagne où chaque marche bordée d'un muret sert d'enseigne publicitaire aux vignerons; il symbolise à lui seul tout le pittoresque du cru.

Hermitage (ou Ermitage) viendrait du chevalier Gaspard de Stérimberg qui aurait construit au sommet du coteau un ermitage pour expier les crimes commis pendant la croisade de 1224 contre les Albigeois. Depuis, les 126 ha de l'appellation, plantés de syrah, donnent, sur des

SAINT-JOSEPH
Dégustation
Robe : rubis.
Bouquet : framboise sauvage.
Saveurs : fruité et corsé, un peu amer dans sa jeunesse.
Température de service : *13-14°C.*
Alliances gastronomiques : *viandes rouges rôties, viandes en sauce au vin, côte de bœuf à la moelle. Fourme d'Ambert, picodon.*

CORNAS
Dégustation
Robe : grenat foncé.
Bouquet : prononcé.
Saveurs : corsé et moelleux, un vin très charpenté.
Température de service : *13-14°C.*
Alliances gastronomiques : *volailles, viandes rouges, caneton en fricassée. Banon, rollot de Picardie.*

SAINT-PÉRAY
Dégustation
Robe : jaune paille.
Bouquet : arôme de violette.
Saveurs : sec, nerveux et fin.
Température de service : *8-9°C.*
Alliances gastronomiques : *poissons en sauce, fruits de mer et coquillages.*

HERMITAGE
Dégustation
Robe : pourpre.
Bouquet : aubépine.
Saveurs : fruité, moelleux, goût de mûre, très viril.
Température de service : *13-14°C.*
Alliances gastronomiques : *pâté de gibier. Viandes rouges rôties, gibiers. Bleu des Causses, gris de Lille, fourme d'Ambert, livarot, picodon.*

sols sableux et aréniques, écrasés de soleil, des vins généreux et charnus, très colorés, très tanniques, qui se montrent moelleux après un vieillissement de cinq à dix ans. La robe, qui, jeune, tirait sur l'améthyste, acquiert alors cette teinte pelure d'oignon si réputée pour habiller un vin riche de ses chauds arômes.

Meilleurs crus : les Bessards, le Meal, l'Hermitage, la Varogne, les Diognières, les Greffieux, la Piérelle.

Les blancs, à base surtout de roussanne, sur des sols de cailloutis et de lœss, produisent des vins moelleux et secs, sans acidité et à la belle couleur d'or. On les boit jeunes dès leur première année, à l'exception des grandes années où ils patientent trois ans et quelquefois plus.

CROZES-HERMITAGE

La formation géologique est la même qu'à Tain : terrasses et murets sur une colline de gneiss avec au pied des éboulis de pentes sur lesquels prospère la vigne. Mais, ici, les terrains sont plus faciles d'accès et plus simples à cultiver. Le vignoble s'étend sur 915 ha et dix communes pour une production de 30 000 hl par an, ce qui constitue l'appellation la plus importante de cette partie septentrionale des Côtes du Rhône.

Si les cépages sont les mêmes qu'à Hermitage, les vins sont moins corsés, moins généreux, mais tout autant fruités, avec un bouquet évoquant la framboise. Les blancs très pâles, à la saveur de noisette, ont tendance à être moelleux dans leur jeunesse pour devenir plus secs en vieillissant.

CLAIRETTE DE DIE

Faut-il ajouter aux Côtes du Rhône cette région excentrée de 1 000 ha, située de part et d'autre de la Drôme (affluent du Rhône) sur le territoire de trente-deux communes ? Le vignoble produit, à base de clairette et de muscat, est un vin blanc effervescent dit de "tradition" qui se révè-

le être un fort agréable apéritif aux arômes prononcés de pomme. C'est, croit-on, l'un des vins les plus anciens du monde. Pline l'Ancien, dans son *Histoire naturelle* (livre XIV), en fait l'éloge, comparant ce "vin doux vraiment naturel" aux vins doux "sophistiqués" par addition de miel, de moût cuit, de poix et de baies, si prisés des Anciens. "Pour l'empêcher de bouillir" (fermenter) et de se transformer en véritable vin, ses moûts étaient soutirés de la cuve, mis en fût que l'on plongeait dans l'eau froide des rivières jusqu'au solstice d'hiver.

Aujourd'hui, la technique est pratiquement la même avec l'utilisation d'appareils réfrigérants ainsi qu'un système de filtration pour éliminer les levures et bloquer la fermentation. La Clairette de Die, plus ou moins mousseuse et titrant au moins 10,5°, tire ses qualités essentielles du muscat, la clairette n'étant là que pour alléger l'arôme trop prononcé du muscat. Pour vinifier son vin, le vigneron a le choix entre deux méthodes : la méthode champenoise de fermentation secondaire en bouteille avec un minimum de 75 % de clairette, ou la méthode traditionnelle, dite dioise, qui convient mieux aux arômes du muscat. Le vin (50 % minimum de muscat), naturellement chargé en sucre, subit une nouvelle fermentation en dégageant du gaz carbonique.

CHATILLON-EN-DIOIS

Située en amont de Die, cette récente AOC s'étend sur treize communes du département de la Drôme. On trouve les meilleures parcelles sous les escarpements sud de l'imposant monument calcaire que représente la montagne de Glandasse.

L'encépagement a de quoi surprendre! (Mais est-on encore dans les Côtes du Rhône?) Les vins rouges, légers et fruités, sont à base de gamay noir à jus blanc à hauteur de 75 %, le reste se partageant entre le pinot noir et le syrah. Les blancs "tranquilles" proviennent de l'aligoté avec quelques hectares de chardonnay.

CROZES-HERMITAGE
Dégustation
Robe : légèrement violette.
Bouquet : framboise.
Saveurs : léger goût de terroir, goût délicat.
Température de service : 13-14°C.
Alliances gastronomiques : *pâté de lapin.*
Viandes rouges grillées. Rigotte de la Loire.

CLAIRETTE DE DIE
Dégustation
Robe : claire, dorée et pétillante.
Bouquet : muscat et rose.
Saveurs : friand et moelleux, émoustillant.
Température de service : 4-5°C.
Alliances gastronomiques : *desserts, poque du Diois (sorte de brioche).*

LE VIGNOBLE MÉRIDIONAL

Entre Valence et le défilé de Donzère, les Côtes du Rhône s'offrent un interlude de 50 km sans vignes, avant de basculer définitivement dans la partie méridionale, dans l'aire méditerranéenne de la culture de l'olivier.

Une fois passé la fameuse frontière climatique de Grignan, le vignoble va s'offrir quelques écarts à droite et à gauche jusqu'à se perdre à là périphérie de sa région, en Ardèche ou dans les Alpes-de-Haute-Provence. Le Gard, la Drôme et le Vaucluse sont au cœur des deux appellations régionales : Côtes du Rhône et Côtes du Rhône-Villages. Une dizaine d'autres appellations, beaucoup plus prestigieuses, viennent briller de tous leurs feux sur cette terre chaude qui respire la Provence. La plus connue de toutes est Châteauneuf-du-Pape dans le Comtat Venaissin, appelé le "vin des rois et le roi des vins" (il n'est pas le seul!).

CHÂTEAUNEUF-DU-PAPE

Honneur au plus grand et au plus célèbre vignoble : Châteauneuf-du-Pape. Avec 3 100 ha, il s'agit de l'appellation la plus vaste des Côtes du Rhône. Elle englobe la totalité de la commune, située à 15 km au nord d'Avignon, ainsi que bon nombre des communes limitrophes (Orange, Courthezon, Bedarridès, Sorgues). Le vignoble occupe l'ancien lit du Rhône, un terrain alluvial fait de cailloux et de gros galets charriés par le fleuve au quaternaire. Le sol, tellement ingrat, semble lancer un véritable défi à la vigne. Voir les ceps plantés à un mètre les uns des autres, "bien calés sur leurs galets chauffés à blanc, secoués par le mistral, assourdis par les cigales, baignés du parfum de la garrigue environnante", aide à réaliser combien ce vignoble est exceptionnel ! Exceptionnels, les vins le sont également, des vins d'une plénitude, d'une ampleur, d'une richesse incomparables qui, dans un sompteux velouté, vous font vite oublier les 15° de ce nectar. Chaque vigneron est ici un maître d'œuvre. Il compose, à partir d'une palette de treize cépages, son propre cru, jouant la pointe d'épices de l'un, le fruité de l'autre, la couleur, la fermeté, la finesse d'un troisième, le moelleux, le bouquet d'un quatrième, etc.

Autrefois, un Châteauneuf-du-Pape s'épanouissait après de longues années en fût. Aujourd'hui, des procédés modernes accélèrent la maturation en trois ou quatre ans.

La renommée de cette appellation à travers toute l'Europe correspond à la période troublée que traversa l'Église entre 1309 et 1376, période où les papes étaient français et où Avignon remplaçait Rome comme siège de la papauté. Le vignoble doit son existence à Jean XXII, grand amateur de vin. Longtemps appelé vin d'Avignon, il fallut attendre le XIXᵉ siècle pour qu'il reçoive son appellation définitive. Plus tard, la région fut la première, grâce notamment à l'action du baron Le Roy de Boiseaumarié, à se doter dès 1923 d'une réglementation draconienne qui sauva l'ensemble du vignoble du désastre de la médiocrité. Elle servit d'ailleurs d'exemple à l'instauration des appellations contrôlées.

La production avoisine aujourd'hui les 100 000 hl vinifiés et commercialisés à 93 % par les propriétaires récoltants.

Meilleurs crus :
Domaine des Fines-Roches
Domaine de la Nerthe
Clos Saint-Jean
Domaine de Nalys
Château de Vaudieu
La Gardine
Château-Fortia
Clos des Papes
Domaine des Sénéchaux
Domaine de Saint-Préfert

GIGONDAS

Au nord de Châteauneuf-du-Pape, Gigondas est l'autre grande appellation de la rive gauche. Elle étend son vignoble au pied des impressionnantes dentelles de Montmirail, barre de calcaire jurassique que l'on aperçoit de fort loin. Pline l'Ancien signalait déjà l'existence du vignoble dans son *Histoire naturelle*, et tout porte à croire que les collines vauclusiennes étaient à cette époque couvertes de vignes.

Les 1 100 ha du vignoble furent d'abord classés Côtes du Rhône, puis en 1966 Côtes du Rhône-Villages et, enfin, entrèrent en 1971 dans le club très fermé des AOC. L'encépagement, très proche de celui de Châteauneuf-du-Pape, est dominé par le grenache noir, le syrah, le mourvèdre et le cinsault .

La production de 37 000 hl est à majorité composée de vins rouges puissants, charpentés et d'une grande finesse aromatique. Sans doute évoquent-ils leur important voisin, avec toutefois moins de richesse et de complexité.

En vous arrêtant au village fortifié de Gigondas, n'hésitez pas à visiter l'une des caves les plus inattendues, puisqu'il s'agit d'un ancien tunnel SNCF désaffecté de la ligne Orange - Buis-les-Baronnies (domaines de Romane et de Machotte).

CÉPAGES

Châteauneuf-du-Pape,
une palette de treize cépages.
Grenache (N) ; mourvèdre (N) ;
syrah (N) ; muscardin (N) ;
vaccarèse (N) ; courroise (N) ;
picpoul (N) ; cinsault (N) ;
clairette (N) ;
bourboulenc (N) ; terret noir (N) ;
picardan (N) ; roussanne (N).

CHÂTEAUNEUF-DU-PAPE ROUGE
Dégustation
Robe : pourpre foncé.
Bouquet : puissant et épicé, framboise,
odeur de brûlé.
Saveurs : très corsé, moelleux et chaud, prend avec
l'âge une teinte pelure d'oignon.
Température de service : *16-17°C.*
Alliances gastronomiques : *toutes les viandes au*
goût soutenu, grands plats de gibier. Bleu des
Causses, bruccio de Corse, époisses, roquefort.

CHÂTEAUNEUF-DU-PAPE BLANC
Dégustation
Robe : brillante aux reflets verts.
Bouquet : arômes de fruits confits.
Saveurs : sec et puissant.
Température de service : *8-10°C.*
Alliances gastronomiques : *terrine ou pâté de*
lièvre. Poissons en sauce, crustacés et fruits de mer.

GIGONDAS
Dégustation
Robe : pourpre.
Bouquet : prononcé.
Saveurs : corsé et puissant.
Température de service : *16-17°C.*
Alliances gastronomiques : *viandes rôties,*
volailles, gibier, salmis de canard.
Banon, bleu d'Auvergne.

BEAUMES-DE-VENISE

Au sud de Gigondas et avant d'arriver à Beaumes, une brève visite s'impose sur le site de la chapelle romane Notre-Dame d'Aubune, surmontée de son clocher carré, avant de pénétrer dans l'aire d'appellation d'un des meilleurs vins doux de France : le Muscat de Beaumes-de-Venise. Très apprécié depuis les papes d'Avignon, il a pourtant connu un long purgatoire dont il sort aujourd'hui renforcé avec une production sans cesse en augmentation (12 000 hl).

Cet excellent Muscat, à la robe jaune or pâle, doit son exceptionnel arôme de raisin frais et de pêche mûre à l'unique cépage qui le compose : le muscat blanc à petits grains (appelé également muscat de Frontignan). Très curieusement, certaines parcelles se sont prêtées à une mutation du plant pour donner des baies roses ou même rouges.

À l'instar des autres vins doux naturels, le procédé consiste, par mutage des moûts à l'alcool, à interrompre artificiellement la fermentation du vin par ajout d'alcool. On obtient ainsi des vins doux, c'est-à-dire des vins contenant du sucre non converti en alcool. Le rendement est fixé à 30 hl/ha et les vins doivent contenir un minimum de 110 g de sucre par litre de moût.

RASTEAU

Contrairement au Muscat de Beaumes-de-Venise, le Rasteau provient presque exclusivement du grenache. Ce vignoble d'une centaine d'hectares au nord du Vaucluse produit 4 000 hl de vins doux naturels obtenus également par le mutage des moûts à l'alcool. La fermentation peut se faire avec ou sans la pulpe, donnant alors des vins doux naturels rouges ou dorés, à conserver entre cinq et dix ans. À noter la mention "Rancio" pour certains vins vieillis en fût (ou en bonbonne) exposés au soleil. Le vin subit alors une sorte de madérisation propice à exhaler ses arômes. Les appellations de

Beaumes-de-Venise et de Rasteau produisent également des vins rouges, rosés ou blancs, qui bénéficient de l'appellation régionale : Côtes du Rhône ou Côtes du Rhône-Villages.

TAVEL

Il a le titre fort envié de meilleur rosé de France. Alors, pourquoi pas un des meilleurs rosés du monde ? La liste de ses amateurs est fort longue, qu'il s'agisse d'hommes de lettres ou de rois.

L'appellation Tavel, qui ne concerne que les rosés, provient de la commune de Tavel dans le Gard, ainsi que d'un petit secteur de la commune voisine de Roquemaure. Les 860 ha du vignoble, à 15 km de Châteauneuf-du-Pape sur l'autre rive, sont situés en limite de garrigue. La vigne pousse sur un sol de sable, d'alluvions argileuses et d'un substrat de cailloutis, pour les meilleures parcelles, apporté par le Rhône et ses affluents.

Si l'exceptionnelle qualité du Tavel est due à la nature de son sol, elle le doit également aux neuf cépages qui le composent, lui apportant sa robe rubis clair aux reflets topaze, sa puissance et son côté gouleyant qui lui est propre. Le grenache est dominant, jusqu'à 60 %. Les autres cépages, cinsault (au moins 15 %), clairette blanche, clairette rouge, picpoul, bourboulenc, carignan, etc., jouent des rôles mineurs mais non moins essentiels. La loi exige un minimum d'alcool de 11°; il atteint en général les 12°, voire plus. Un Tavel se boit frais avant sa troisième année; il est alors au maximum de son fruité et de sa puissance.

LIRAC

A 3 km au nord de Tavel, les 480 ha du vignoble débordent largement la commune de Lirac pour mordre sur les coteaux secs, calcaires et cailloux de Saint-Laurent-des-Arbois, Saint-Geniès-de-Comolas et Roquemaure. Déjà, au XVIᵉ siècle, le Lirac et les autres vins du

Rhône étaient expédiés de Roquemaure, port fluvial très actif, vers Paris, l'Angleterre et la Hollande où ils étaient en vogue. Aujourd'hui, l'appellation couvre trois types de vins : les rosés, très proches du Tavel mais en moins charnus (ils proviennent des mêmes cépages avec une tolérance d'ugni blanc et de maccabéo) ; les rouges, puissants, généreux, au bouquet très prononcé (avec un minimum de 40 % de grenache) ; et, une rareté, un blanc de clairette (33 %), vin fin au parfum exquis.

MUSCAT BEAUMES-DE-VENISE

Dégustation
Robe : ambrée.
Bouquet : de muscat.
Saveurs : liquoreux, finesse exquise.
Température de service : *6-8°C.*
Alliances gastronomiques : *apéritif. Desserts.*

RASTEAU

Dégustation
Robe : rouge.
Bouquet : prononcé.
Saveurs : généreux, liquoreux, la robe peut être aussi dorée.
Température de service : *3-4°C.*
Alliances gastronomiques : *apéritif. Desserts, gâteaux sablés.*

TAVEL

Dégustation
Robe : rubis clair.
Bouquet : fraise des bois.
Saveurs : goût de roche parfois poivré.
Température de service : *9-11°C.*
Alliances gastronomiques : *crustacés, coquillages crus, poissons, viandes blanches, girolles, brandade de morue. Bossons de Provence, fourme de Montbrison.*

LIRAC ROSÉ

Dégustation
Robe : rose vif.
Bouquet : délicat.
Saveurs : sec, petit goût poivré.
Température de service : *8-10°C.*
Alliances gastronomiques : *fruits de mer, petites fritures, poissons, mousserons, croustade de foies de volailles. Chèvres frais.*

LIRAC ROUGE

Dégustation
Robe : reflets violets.
Bouquet : arômes fruités.
Saveurs : charpenté et souple à la fois.
Température de service : *15°C.*
Alliances gastronomiques : *viandes rouges grillées, gibier à plume.*

COTEAUX DU TRICASTIN

À 50 km au sud de Valence, dans la Drôme, ce vignoble, implanté par les Phéniciens, occupe 1 300 ha répartis sur vingt-deux communes, sur un sol graveleux à prédominance de calcaire et d'argile rouge. Mme de Sévigné qui, du haut du château de Grignan, décrivait "ces ceps produisant des vins exquis", parlait des vins de Donzère sur le rocher duquel les Romains avaient édifié un temple dédié à Bacchus (dieu du vin). Il s'agissait en réalité de vins des Coteaux du Tricastin, qui ne prirent leur nom actuel que bien plus tard.

De Baume-de-Transit au sud, jusqu'aux Granges-Goutard au nord, le vignoble est constitué d'une zone de plaine et d'une chaîne de collines qui culmine à 400 m d'altitude. Les vins rouges, rosés ou blancs sont issus des mêmes cépages que les Côtes du Rhône : grenache, mourvèdre, syrah, picpoul, carignan, clairette, bourboulenc, ugni blanc, cinsault. La production de 87 000 hl est surtout composée de vins rouges : belle couleur, de l'élégance, des vins vifs et séveux qui dévoilent des arômes de truffe explicables par la plantation des vignes sur d'anciennes cultures de chênes truffiers.

CÔTES DU VENTOUX

Ce vignoble, entre Provence et Côtes du Rhône, entre Vaison-la-Romaine et Apt, offre à ses 5 000 ha, répartis sur cinquante et une communes, les pentes les mieux abritées et exposées du mont Ventoux. Du haut de ses 1 912 m, le "Géant du Vaucluse" domine de son imposante masse le Comtat Venaissin. Sa base, qui accueille la vigne, formée de calcaire dur et de pierres, convient admirablement au grenache noir et aux différents cépages secondaires : syrah, cinsault, mourvèdre et carignan, fournissant des vins solides, tanniques et fruités. Sur une production de 200 000 hl, 20 % sont consacrés aux Côtes du Ventoux "Primeur" plus faibles en alcool, cela étant dû à une vinification plus courte.

CÔTES DU LUBERON

Voici l'exemple type d'un vignoble partagé entre la vallée du Rhône, à laquelle le rattache sa partie nord, et la Provence dont fait partie indiscutablement son secteur sud. Ce vieux massif calcaire, cher à Giono et à Camus, entre Cavaillon et Manosque, regroupe sur ses versants nord et sud un vignoble de 2 000 ha répartis sur trente et une communes. Dans le Luberon, plus qu'ailleurs, la vigne est tenace. Elle s'accroche aux collines brû-

COTEAUX DU TRICASTIN
Dégustation
Robe : rubis.
Bouquet : légèrement aromatique.
Saveurs : léger, fruité et souple.
Température de service : *15°C.*
Alliances gastronomiques : *charcuterie. Viandes épicées ou sans sauces, viandes blanches et volailles rôties.*

CÔTES DU VENTOUX
Dégustation
Robe : rubis clair.
Bouquet : fin, arômes floraux et fruités.
Saveurs : fruité, frais et léger, nerveux.
Température de service : *13-14°C.*
Alliances gastronomiques : *viandes blanches et volailles, poulet à l'estragon.*

lées par le soleil au milieu des cyprès, des chênes verts et de la garrigue. Grâce aux efforts de ses vignerons pour remplacer le carignan par le grenache et le cinsault, grâce également à une politique de rendement plus bas et à une meilleure vinification, les Côtes du Luberon furent admises en 1988 dans le cercle très fermé des AOC. La majeure partie de sa production est constituée de beaux vins rouges souples et ronds, des vins marqués par leur cépage à la robe pourpre et au nez puissant.

CÔTES DU VIVARAIS

Les 750 ha de ce VDQS ardéchois sont à la limite nord-ouest des Côtes du Rhône, sur la commune d'Orgnac, célèbre pour son aven (gouffre de 48 m aux stalagmites géantes), et débordent sur toutes les communes limitrophes.

Parmi celles-ci, trois peuvent joindre leur nom à l'appellation Côtes du Vivarais si le vin atteint les 11° réglementaires et qu'il se compose à hauteur de 40 % des cinq cépages obligatoires : grenache, cinsault, mourvèdre, picpoul et syrah (les communes d'Orgnac, Saint-Moutant et Saint-Remèze). Les vins rouges ou rosés sont en général frais et fruités. À boire jeunes.

COTEAUX DE L'ARDÈCHE

Le vignoble ardéchois s'étend jusqu'aux contreforts des Cévennes. Il est de réputation fort ancienne puisque Pline l'Ancien faisait déjà l'éloge du carbonarit, plant de la province gallo-romaine de l'Helvic, l'Ardèche actuelle.

Depuis 1980, on assiste à une véritable explosion des vins de cépage et à l'élaboration de cuvées 100 % cépage pur (cabernet sauvignon, gamay, merlot, chardonnay, syrah, sauvignon blanc), des vins qui donnent des résultats plus que prometteurs ; légers et frais, ils n'ont pourtant pas la richesse d'arômes des Côtes du Vivarais.

COTEAUX DU PIERREVERT

Douze communes autour de Pierrevert, sur les quarante-deux autorisées, se partagent les quelque 400 ha de ce VDQS. Une bonne partie du vignoble se situe sur les versants de la rive droite de la Durance. L'encépagement est identique à celui des Côtes du Rhône. On y fait des blancs, des rosés et des rouges d'une bonne nervosité ainsi qu'un clairet de Pierrevert en blanc ou en rosé, à la saveur musquée, que l'on trouve également en effervescent.

LA PROVENCE, LA CÔTE D'AZUR ET LA CORSE

La mer, la pierre et le soleil : ce n'est pas par hasard que la Provence et la Corse ont été le berceau de la viticulture en France. Pourtant, ces vignobles sont quelque peu victimes de leur ancienneté et de leur notoriété : en effet, et bien que la tendance se soit inversée, la production massive de vins de table et du populaire Rosé de Provence – quelquefois médiocre – masque l'originalité et la qualité de ces deux régions d'appellations dont les productions les plus intéressantes sont bien souvent les rouges et les blancs.

Le vignoble d'appellation "Provence" se concentre sur les deux départements des Bouches-du-Rhône et du Var, avec une incursion dans les Alpes-Maritimes (région de Bellet). Les vignes commencent immédiatement sur le rivage de la Méditerranée et se déploient vers l'arrière-pays, sur une profondeur d'environ 50 km.

Le vignoble corse se répartit équitablement sur tout le périmètre de l'île, avec là aussi une préférence marquée pour les côtes arides, entre mer et montagne. Mais si tout rapproche en apparence les vins de Corse des vins de Provence, ils s'en distinguent par un encépagement unique en France, puisque les variétés dominantes proviennent en droite ligne de l'Italie voisine.

L'effort important de qualité et de diversification accompli ces dernières années fait qu'aujourd'hui, les vins de Provence et de Corse renouent avec leur antique réputation, puisque les Romains les jugeaient alors supérieurs aux vins italiens.

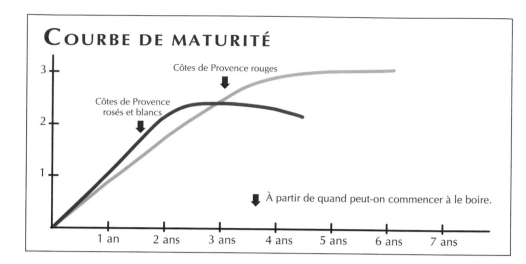

COURBE DE MATURITÉ

Côtes de Provence rouges

Côtes de Provence rosés et blancs

À partir de quand peut-on commencer à le boire.

1 an 2 ans 3 ans 4 ans 5 ans 6 ans 7 ans

LES CÉPAGES : JUSQU'À VINGT-CINQ VARIÉTÉS POUR 20 HA

Planté dès le VIᵉ siècle av. J.-C. par les Grecs, le vignoble de Provence-Côte d'Azur a hérité de ses 2 500 ans d'existence ininterrompue une extraordinaire collection de cépages. À tel point que, sur les 20 ha du minuscule territoire de Palette, plus de vingt-cinq vignes sont autorisées. Et cet exemple extrême n'est pas pour autant une exception : onze variétés à Bandol, dix-sept à Bellet... Cette diversité et cette tolérance font que les vins d'un même terroir se révèlent considérablement différents selon les proportions et les variétés des raisins utilisés.

Pour maintenir une certaine homogénéité, les vignes sont considérées selon deux types : le type principal et le type secondaire, les proportions entre les deux étant définies par des pourcentages minimaux et maximaux concernant aussi bien l'encépagement que les quantités de grains à vinifier. Par exemple, pour les Bandol rouges, le mourvèdre doit être cultivé dans la proportion minimale de 80 % de l'encépagement et entre pour 50 % au minimum dans la composition des vins. Pour les blancs du même terroir, la proportion minimale est de 60 % de cabernet, d'ugni blanc et de bourboulenc, tandis que le sauvignon est limité à 40 % au maximum. Dans certains cas particulièrement complexes, comme pour les vins de

Palette, c'est un comité de dégustateurs experts qui est chargé de vérifier que les vins présentent bien les caractéristiques du terroir. Si tous ces cépages aux noms souvent très pittoresques – barbaroux, bourboulenc, tibouren... – ont contribué

APPELLATIONS : VIEUX BRISCARDS ET JEUNES RECRUES

Curieusement, les appellations concernant le vignoble de Provence-Côte d'Azur ont été décernées en deux époques séparées par près de quarante années, et ce sont les plus petits terroirs (moins de 1 000 ha) qui ont été les plus anciennement promus, entre 1936 et 1948. À l'inverse, les terroirs les plus importants (plus de 1 000 ha) ne bénéficient d'appellations que depuis le milieu des années soixante-dix. Les vétérans (1936-1948) : il s'agit des quatre AOC Bandol, Bellet, Cassis et Palette. Quatre qui ont bien failli n'être plus que trois, puisque Bellet s'est vu menacé de perdre son appellation dès 1947, les vignes étant menacées par l'urbanisation des collines niçoises. Le club des nouveaux venus : il concerne deux AOC et un VDQS Les deux AOC Côtes de Provence et Coteaux d'Aix-en-Provence ont été respectivement promues en 1977 et 1986; les Coteaux Varois ont été classés en VDQS en 1984. À noter que, selon leur aire de production, les vins des Coteaux d'Aix sont commercialisés sous deux dénominations : "Coteaux d'Aix-en-Provence" et "Coteaux d'Aix-en-Provence-Les Baux".

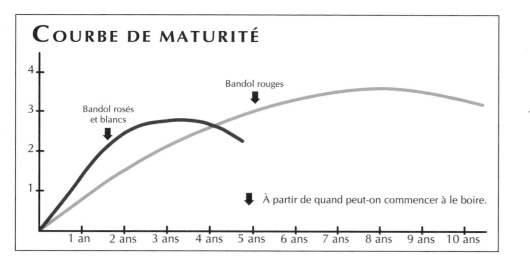

COURBE DE MATURITÉ

Bandol rosés
et blancs

Bandol rouges

↓ À partir de quand peut-on commencer à le boire.

1 an 2 ans 3 ans 4 ans 5 ans 6 ans 7 ans 8 ans 9 ans 10 ans

CÉPAGES

*Grenache (N) ; carignan (N) ;
cinsault (N) ; mourvèdre (N) ;
ugni blanc (B) ; clairette (B) ;
sémillon (B).*

PROVENCE
*Les grands millésimes :
83, 88, 89.
Les bons millésimes :
84, 86, 87.*

à donner leur caractère et leur originalité aux vins de Provence, on assiste aujourd'hui à la modernisation du vignoble, dans le sens d'une qualité supérieure et plus constante. Ainsi, le syrah et le cabernet sauvignon pour les rouges, et le chardonnay pour les blancs sont massivement introduits comme cépages améliorateurs. À l'inverse, le carignan, qui produit des vins robustes et capiteux, mais sans finesse, est progressivement abandonné.

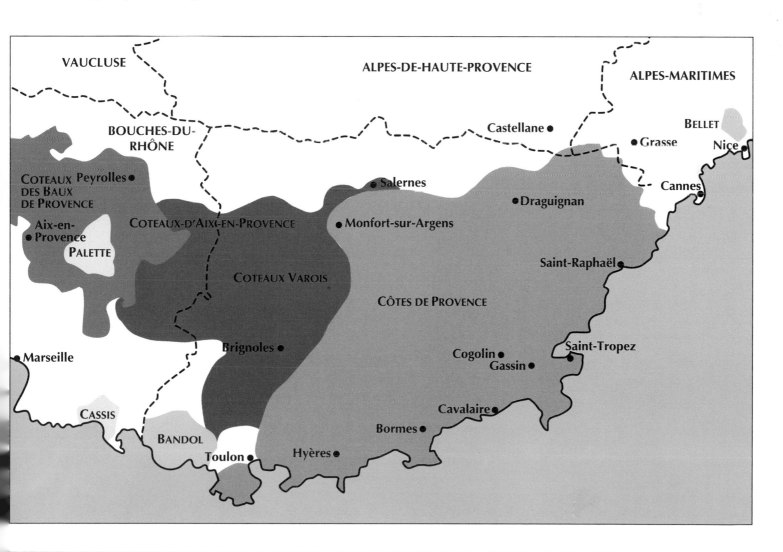

VAUCLUSE

ALPES-DE-HAUTE-PROVENCE

ALPES-MARITIMES

BOUCHES-DU-RHÔNE

Castellane •

BELLET

• Grasse

Nice

COTEAUX PEYROLLES
DES BAUX
DE PROVENCE •

• Salernes

Cannes

Aix-en-
Provence •
PALETTE

COTEAUX-D'AIX-EN-PROVENCE

• Monfort-sur-Argens

• Draguignan

Saint-Raphaël •

COTEAUX VAROIS

CÔTES DE PROVENCE

• Marseille

Brignoles •

Cogolin •
Gassin •

Saint-Tropez •

CASSIS

Cavalaire •

BANDOL

Bormes •

Hyères •

Toulon •

BANDOL

Au nord-ouest de Toulon, les 680 ha de l'appellation Bandol bénéficient de la proximité immédiate de la mer, d'un sol calcaire siliceux et d'un ensoleillement plus qu'abondant qui leur permet de dépasser allégrement les 11° au minimum qu'ils doivent titrer. Pour toutes ces raisons, les vins de Bandol sont d'un goût âcre lorsqu'ils sont trop jeunes. D'où l'obligation de ne les commercialiser qu'après huit mois au minimum de vieillissement en fût pour les blancs et les rosés, et dix-huit mois au minimum pour les rouges. Ce n'est qu'alors que le Bandol rouge, le plus réputé et le plus intéressant, trouve sa couleur, son caractère tannique et développe les arômes de cassis qu'il doit au cépage mourvèdre.

BELLET

Dans les collines situées derrière Nice, le minuscule vignoble de Bellet (44 ha) jouit d'une réputation à la fois méritée et inversement proportionnelle à sa petite taille, puisque les connaisseurs affirment qu'il s'agit là des meilleurs vins de tout le Midi de la France, qu'il s'agisse des rouges, des rosés ou des blancs. Une qualité exceptionnelle qu'il doit notamment à un sol très particulier, constitué de poudingue siliceux.

Les Bellet rouges se révèlent d'excellents vins de garde, puisque les meilleures années atteignent allègrement l'âge de quinze ans sans montrer de signes de déclin. Les blancs sont aimablement rafraîchissants, subtils, élégants. Malheureusement, la demande excède largement l'offre, et les prix s'en ressentent... à condition, d'ailleurs, d'en trouver, ce qui n'est pas aisé, même dans sa région d'origine.

CASSIS

Célèbre pour ses admirables calanques, le petit port de pêche de Cassis est aussi le centre d'un vignoble réputé, au sujet duquel les amateurs ne s'accordent pas :

pour les uns, les meilleurs Cassis sont les blancs, corsés, pleins et capiteux. Pour les autres, ce sont indubitablement les rosés, secs et musclés. Dans tous les cas, il est préférable de les boire au cours d'un repas, où ils révéleront toutes leurs qualités en accompagnant les fruits de mer, les poissons et, bien sûr, la bouillabaisse.

Cassis produit également des rouges robustes, mais bien moins typés que les rosés et les blancs.

CÔTES DE PROVENCE

Le vignoble des Côtes de Provence se situe, pour sa plus grande partie, entre Toulon, Draguignan et Fréjus, mais l'appellation concerne également trois autres terroirs :

le sud d'Aix-en-Provence,
l'arrière-pays de Cassis et de Bandol, certaines vignes autour de Villars-sur-Var, au nord de Nice.

Si ce sont les rosés qui ont assuré la notoriété de la région, les blancs et surtout les rouges sont en train d'acquérir une réputation méritée, grâce aux efforts accomplis depuis une vingtaine d'années. L'introduction de nouvelles méthodes de vinification a considérablement amélioré la qualité de tous les vins des Côtes de Provence, y compris celle des rosés, qui ont d'ailleurs perdu au passage le curieux parfum d'orange qu'ils présentaient parfois.

Si les rosés, secs et fruités, représentent encore quelque 60 % de la production globale, les vins rouges en constituent aujourd'hui un tiers. Riches, souples et colorés, ils possèdent une excellente aptitude au vieillissement, et les vins de certains domaines se font un nom bien au-delà de l'appellation.

Beaucoup plus réduite (à peine 5 %), la production de blancs est moins intéressante, mais certains domaines, là aussi, proposent d'incontestables réussites.

BANDOL ROUGE

Dégustation
Robe : rouge foncé.
Bouquet : fruits mûrs, notes de cannelle, d'épices et de cuir.
Saveurs : corsé, tannique et poivré.
Température de service : *16-18°C.*
Alliances gastronomiques : *viandes rouges sautées, canard farci, cuisse de lapereau, filet de sanglier au vin rouge.*

BANDOL ROSÉ

Dégustation
Robe : aux reflets ambrés.
Bouquet : aromatique.
Saveurs : sec et légèrement épicé.
Température de service : *8-10°C.*
Alliances gastronomiques : *charcuterie, pissaladière, salade niçoise. Bouillabaisse.*

BELLET

Dégustation
Robe : rubis clair.
Bouquet : fruits rouges.
Saveurs : fin et délicat, tanins souples.
Température de service : *14-16°C.*
Alliances gastronomiques : *bœuf en daube. Chèvre.*

CASSIS

Dégustation
Robe : claire et brillante.
Bouquet : amande, tilleul et noisette.
Saveurs : sec, rafraîchissant et assez léger.
Température de service : *8-10°C.*
Alliances gastronomiques : *bouillabaisse, moules grillées à la provençale, poissons meunière. Chèvre.*

COTEAUX D'AIX-EN-PROVENCE ROUGE

Dégustation
Robe : rouge intense.
Bouquet : fruits rouges.
Saveurs : charnu et structuré.
Température de service : *14-16°C.*
Alliances gastronomiques : *viandes rouges rôties; gibier à plumes. Banon.*

PALETTE

Au sud-est d'Aix-en-Provence, le minuscule vignoble de Palette – à peine 20 ha – n'est exploité que par deux producteurs seulement : Château Simone et Château Crémade. Sa petite taille ne l'empêche pas de produire une gamme très homogène de vins blancs, rosés et rouges, qui se révèlent tous aussi intéressants les uns que les autres, ce qui est rare en Provence. Cette qualité d'ensemble tient à l'incroyable... palette de plus de vingt-cinq cépages différents plantés ici.

Les rouges, complexes, vieillissent merveilleusement. Les rosés "à l'ancienne" sont remarquables, et les blancs, musclés et charpentés, évoquent les meilleurs vins blancs du nord de la vallée du Rhône, tel le Condrieu. Autant dire que les Palette sont tout simplement de grands vins.

COTEAUX VAROIS

Produisant exclusivement des vins rouges et rosés, le vignoble des Coteaux Varois s'étend au nord de Toulon. Il a obtenu son classement en VDQS en 1984, à la suite des efforts importants accomplis par les producteurs et grâce aux résultats remarquables obtenus par l'utilisation du cabernet sauvignon. Très agréables, les vins des Coteaux Varois s'apparentent étroitement à ceux des Côtes de Provence.

COTEAUX D'AIX-EN-PROVENCE ET COTEAUX D'AIX-EN-PROVENCE-LES BAUX

Dans ce vaste secteur de vignes s'étendant à l'est d'Aix-en-Provence et jusqu'au vieux et pittoresque village des Baux, le cabernet sauvignon a là aussi fait merveille. Si la région produit des blancs, des rosés et des rouges, les rouges, et surtout ceux provenant des alentours des Baux, vont de l'excellent à l'exceptionnel. Riches, fruités, bouquetés, susceptibles d'un long vieillissement, ils ont été décrits comme "une cascade soyeuse d'arômes de cassis et de mûre, mêlée aux senteurs du thym sauvage".

COTEAUX D'AIX-EN-PROVENCE ROSÉ
Dégustation
Robe : robe soutenue.
Bouquet : floral et fruité.
Saveurs : sec, fruité et rafraîchissant.
Température de service : *8°C.*
Alliances gastronomiques : *charcuterie. Moules crues, aïoli, rouget grillé.*

CÔTES DE PROVENCE ROUGE
Dégustation
Robe : rouge intense.
Bouquet : fruits rouges, tabac et vanille.
Saveurs : puissant, corsé et généreux.
Température de service : *14-16°C.*
Alliances gastronomiques : *bœuf en daube, côtelette d'agneau grillée aux herbes de Provence. Chèvre.*

CÔTES DE PROVENCE ROSÉ
Dégustation
Robe : brillante.
Bouquet : agréable et subtil
Saveurs : sec, fruité et désaltérant.
Température de service : *8°C.*
Alliances gastronomiques : *pissaladière, tapenade, salade niçoise. Brandade de morue.*

CÔTES DE PROVENCE BLANC
Dégustation
Robe : jaune paille.
Bouquet : floral.
Saveurs : sec avec du corps.
Température de service : *7-8°C.*
Alliances gastronomiques : *soupe au pistou. Bouillabaisse, oursins, poissons grillés.*

LA CORSE

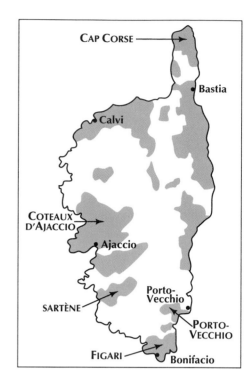

Historiquement, l'origine du vignoble corse est double. D'une part, et comme son cousin provençal, il remonte à la colonisation grecque. Mais ensuite, il a été très marqué – comme d'ailleurs l'ensemble de la culture et de la vie corses – par l'influence italienne, successivement à travers l'occupation lombarde et l'attribution au Saint-Siège, de 725 à 1098, de la concession à Pise, de 1098 à 1284, et la domination génoise, de 1284 à 1768. C'est ainsi

CÉPAGES

Grenache (N); cinsault (N); carignan (N); nielluccio (N); vermentino (B); genovese (B); biancolella (B).

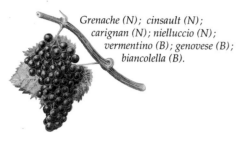

VIN DE CORSE ROUGE
Dégustation.
Robe : grenat.
Bouquet : baies sauvages, épices.
Saveurs : capiteux et chaud, bonne présence et tanins.
Température de service : *14°C.*
Alliances gastronomiques : *figatelli, viandes rouges grillées, poulet rôti. Fromages de brebis.*

VIN DE CORSE ROSÉ
Dégustation
Robe : à la couleur franche.
Bouquet : fruité.
Saveurs : fin, fruité et pimenté, sec.
Température de service : *8°C.*
Alliances gastronomiques : *charcuterie. Viandes blanches rôties, bouillabaisse. Chèvre.*

VIN DE CORSE BLANC
Dégustation
Robe : claire.
Bouquet : fruité et délicat.
Saveurs : sec.
Température de service : *8°C.*
Alliances gastronomiques : *fruits de mer, poissons braisés, bouillabaisse. Chèvre.*

que l'encépagement corse est aujourd'hui encore très comparable aux vignes italiennes, avec des variétés comme le nielluccio (appelé sangiovèse en Italie), le moscata, l'aleatico, le vermentino (proche du malvasia, ou malvoisie), le genovese (c'est-à-dire le génois), le biancone et le biancolella.

Mais si la tradition viticole corse remonte à la plus haute antiquité, le véritable démarrage ne fut donné qu'en 1572, année où un décret génois enjoignit à chaque famille de planter quatre ceps, et son véritable développement date du rattachement de la Corse à la France, en 1768, et surtout de la période postrévolutionnaire. À tel point qu'en 1850, le vin procurait à la Corse les trois quarts de ses revenus.

LE RENOUVEAU DE LA TRADITION

Bien qu'étant une île, la Corse n'a pas échappé à l'épidémie générale de phylloxéra, à la fin du XIXe siècle. La longue période de déclin qui s'ensuivit ne cessa qu'en 1960, lors de l'arrivée des rapatriés d'Algérie. Ceux-ci plantèrent massivement, surtout dans les plaines orientales.

Malheureusement, l'époque était à privilégier la quantité, et la production systématiquement orientée vers les vins de table et de coupage. Comme en Languedoc-Roussillon, la mévente croissante de ce type de produit a conduit à l'arrachage, ces dernières années, de plus de 60 % du vignoble. Ainsi, en 1976, la Corse comptait près de 27 000 ha de vignes produisant 1,8 million hl. En 1988, on était descendu à 11 000 ha et 650 000 hl, et il reste aujourd'hui moins de 10 000 ha.

Pourtant, cette évolution se fait dans le sens de la qualité : le vignoble d'appellation reste fort de 1 700 ha pour 70 000 hl, et il représente aujourd'hui plus de 16 % de la production, contre 7,5 % il y a quinze ans et moins de 3 % pendant longtemps.

D'autre part, les règles qui régissent la production de vins d'appellation sont rigoureuses : encépagement noble comportant au moins 50 % de plants corses traditionnels, rendement limité à 50 hl/ha, enrichissement alcoolique interdit, analyse et dégustation de chaque récolte avant son agrément.

Mais toute médaille a son revers : cette production relativement faible fait que la quasi-totalité est consommée sur place par les Corses et les touristes. À tel point que la seule façon de découvrir les vins corses est de s'y rendre.

UN VIGNOBLE ENTRE MER ET MONTAGNE

On l'oublie souvent, la Corse est une montagne : son plus haut sommet, le Monte Cinto, culmine à 2 700 m. Le climat s'équilibre donc entre les influences maritimes et montagnardes, qui se tempèrent mutuellement.

Les meilleurs terroirs sont les sols secs des plateaux et collines proches de la côte, et c'est là que se situent tous les vignobles d'appellation. En partant du nord et dans le sens des aiguilles d'une montre, on rencontre :

les Coteaux du cap Corse, au sol calcaire, qui produisent notamment le Clos Nicrosi, le meilleur vin blanc de l'île, uniquement élaboré à partir du vermentino;
la région des Vins de Corse, le long de la côte orientale, aux rouges et aux rosés francs et agréables;
Porto-Vecchio, Figari et Sartène, à la pointe sud de l'île : ces trois terroirs produisent d'agréables blancs et des rouges intéressants, plutôt charpentés à Sartène, plus souples à Figari;
Ajaccio, dont le cru doit son originalité au cépage sciaccarello pour les rouges, considérés comme les meilleurs de l'île. Les blancs, très plaisants, sont issus du vermentino;
Calvi, dont le sol graveleux donne des rouges attrayants et des blancs frais et fruités;
le petit secteur de Patrimonio, qui, après une longue tradition de rosés, s'oriente résolument dans la production d'excellents vins rouges.

Enfin, hors appellation, il faut mentionner les vins de muscat produits dans les régions du cap Corse et de Patrimonio, que les amateurs considèrent comme les meilleurs du genre en France et qualifient tout simplement de "sublimes".

APPELLATIONS : DES CRUS ET DES VILLAGES

Tous les vins corses d'appellation sont classés en huit AOC. Outre l'appellation générique "Vin de Corse", il existe cinq appellations "Villages" : Calvi, Coteaux du cap Corse, Figari, Porto-Vecchio, Sartène. Dans ce cas, les étiquettes sont rédigées "Vin de Corse-Calvi", "Vin de Corse-Coteaux du cap Corse", etc.
Par contre, les deux appellations "Ajaccio" et "Patrimonio", promues au rang de Grands Crus, ne sont pas précédées de l'appellation "Vin de Corse".
Attention : il ne faut pas confondre les vins du cap Corse avec l'apéritif produit dans la même région et baptisé également "cap Corse". Ce vin de liqueur n'a lui-même rien à voir avec les vins de muscat produits dans le secteur du cap Corse et de Patrimonio.

LE LANGUEDOC ET
LE ROUSSILLON

Si, sur la carte, le vignoble du Languedoc-Roussillon présente une évidente unité, avec une bande continue de vignes autour du golfe du Lion, des confins de la Camargue à la frontière espagnole, il n'en va pas de même sur le terrain. Cette vaste région (380 000 ha, soit 38 % du vignoble français!) constitue une extraordinaire mosaïque d'appellations, de terroirs, de climats, de sols, de cépages et, bien sûr, de productions. Tous les types de vins y sont représentés : rouges, rosés, blancs, pétillants comme la Blanquette de Limoux, Muscat et vins doux naturels. Longtemps voué aux vins de consommation courante, le Languedoc-Roussillon a misé ces dernières années sur une politique de qualité qui se traduit par une constellation d'appellations : trente-quatre au total.

En Languedoc, on rencontre successivement, autour de Nîmes, la Clairette de Bellegarde (blanc), les Costières du Gard ; sur la côte, les Muscat de Lunel, de Mireval et surtout de Frontignan. Dans l'arrière-pays, de Montpellier à Narbonne, les Coteaux du Languedoc (rouges et rosés) concernent cent vingt communes et ne comportent pas moins de douze appellations complémentaires... Les appellations Faugères, Saint-Chinian, Clairette du Languedoc (blancs) et Muscat de Saint-Jean-de-Minervois sont enclavées dans cet ensemble. Les appellations Minervois, Corbières, Côtes du Cabardès et de l'Orbiel, Côtes de la Malepère, Fitou et la célèbre Blanquette de Limoux se situent plus au sud, autour de Carcassonne.

Le Roussillon offre les vins rouges des Côtes du Roussillon et des Côtes du Roussillon-Villages et produit 90 % des vins doux naturels français (680 000 hl), sous les AOC Maury, Rivesaltes, Banyuls et Collioure.

Pour l'amateur de vins de qualité abordables, encore peu connus ou quelque peu oubliés, le Languedoc-Roussillon devient la "Californie française".

UNE SPÉCIALITÉ RÉGIONALE : LES VINS DOUX NATURELS

Bien que consacrée par l'usage et le législateur, l'expression "vins doux naturels" prête à confusion. En effet, ces vins sont obtenus par une manipulation, le mutage, qui consiste à ajouter, en cours ou en fin de fermentation, de l'eau-de-vie de vin, avec un double effet. Le processus de fermentation se trouve bloqué, et le sucre cesse d'être converti en alcool dès que le mélange atteint 16,5°. Le vin gagne alors un fort degré d'alcool jusqu'à titrer aux alentours de 18°.

En termes techniques, il s'agit donc de "vins vinés", les seuls vins doux obtenus de façon strictement naturelle étant en fait les Sauternes, Monbazillac et apparentés.

La technique du mutage s'est essentiellement développée sur l'ensemble du pourtour méditerranéen.

UNE CONSTELLATION D'APPELLATIONS

Trente-quatre appellations, dont la plupart existent depuis moins de dix ans, et ce n'est pas fini : après une longue période de stagnation, l'histoire des vins du Languedoc-Roussillon s'écrit en accéléré.

Les appellations en Languedoc :
Sur les trois département du Gard, de l'Hérault et de l'Aude, on ne rencontre pas moins de vingt-huit appellations :
Costières du Gard AOC
Clairette de Bellegarde AOC
Coteaux du Languedoc AOC
Coteaux du Languedoc Cabrières AOC
Coteaux du Languedoc Saint-Christol AOC
Coteaux du Languedoc La Méjanelle AOC
Coteaux du Languedoc Montpeyroux AOC
Coteaux du Languedoc Pic Saint-Loup AOC
Coteaux du Languedoc Saint-Drézery AOC
Coteaux du Languedoc Vérargues AOC
Coteaux du Languedoc Saint-Georges-d'Orques AOC
Coteaux du Languedoc Saint-Saturnin AOC
Coteaux du Languedoc-Picpoul du Pinet AOC
Coteaux du Languedoc La Clape AOC
Coteaux du Languedoc Quatourze AOC
Clairette du Languedoc AOC

Faugères AOC
Saint-Chinian AOC
Muscat de Lunel AOC
Muscat de Mireval AOC
Muscat de Frontignan AOC
Muscat de Saint-Jean-de-Minervois AOC
Corbières AOC
Minervois AOC
Côtes du Cabardès et de l'Orbiel VDQS
Côtes de la Malepère VDQS
Blanquette de Limoux AOC
Fitou AOC

Les appellations en Roussillon :
Le département des Pyrénées-Orientales comporte six appellations AOC :
Rivesaltes
Banyuls
Collioure
Côtes du Roussillon
Côtes du Roussillon-Villages
Maury

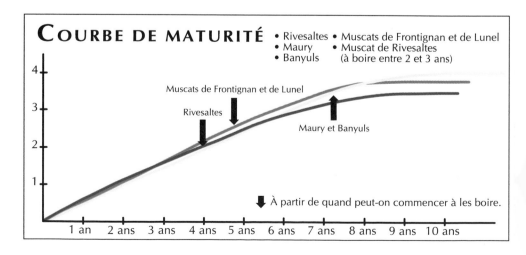

COURBE DE MATURITÉ
- Rivesaltes
- Maury
- Banyuls
- Muscats de Frontignan et de Lunel
- Muscat de Rivesaltes (à boire entre 2 et 3 ans)

Muscats de Frontignan et de Lunel

Rivesaltes

Maury et Banyuls

↓ À partir de quand peut-on commencer à les boire.

1 an 2 ans 3 ans 4 ans 5 ans 6 ans 7 ans 8 ans 9 ans 10 ans

COURBE DE MATURITÉ

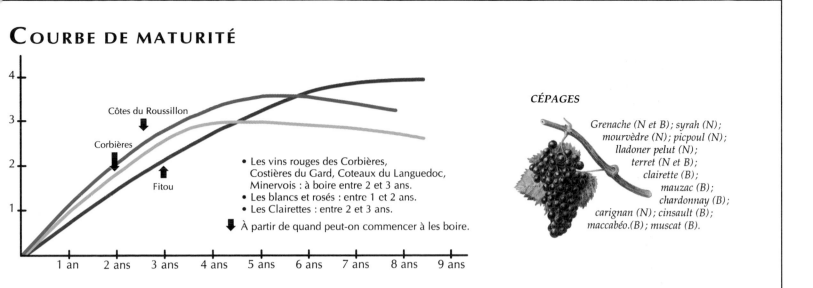

CÉPAGES

Grenache (N et B); syrah (N);
mourvèdre (N); picpoul (N);
lladoner pelut (N);
terret (N et B);
clairette (B);
mauzac (B);
chardonnay (B);
carignan (N); cinsault (B);
maccabéo.(B); muscat (B).

Côtes du Roussillon

Corbières

Fitou

• Les vins rouges des Corbières,
  Costières du Gard, Coteaux du Languedoc,
  Minervois : à boire entre 2 et 3 ans.
• Les blancs et rosés : entre 1 et 2 ans.
• Les Clairettes : entre 2 et 3 ans.

⬇ À partir de quand peut-on commencer à les boire.

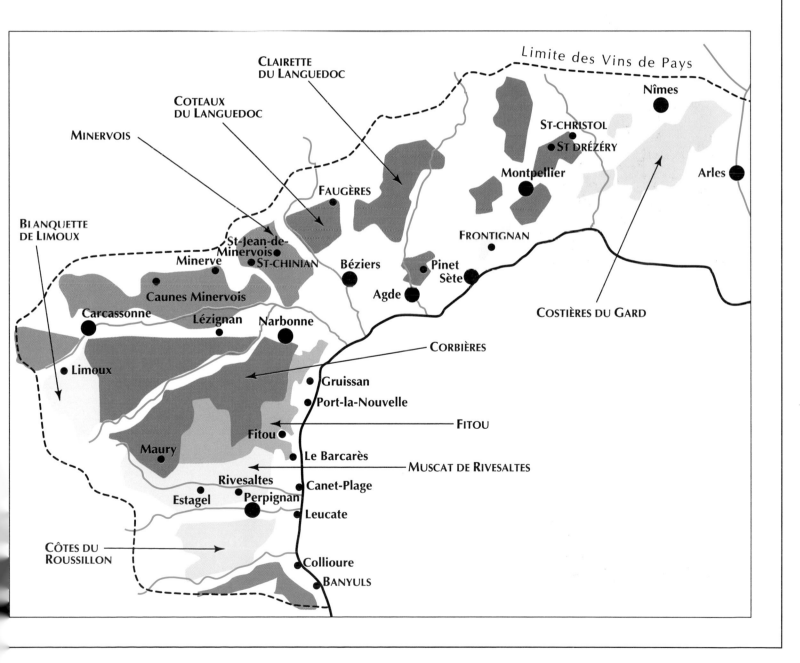

LE VIGNOBLE DU LANGUEDOC

Comme dans tout le Midi de la France, le vignoble du Languedoc trouve ses origines dans la colonisation grecque et connaît son premier véritable essor avec la conquête romaine, époque du développement simultané de la vigne et de l'olivier.

Comme dans bien d'autres régions, les moines joueront au Moyen Âge un rôle essentiel dans la vinification et l'obtention de vins de qualité. Ici, c'est à l'abbaye de Saint-Chinian que revient ce mérite.

Au XVIIe siècle, l'ouverture du canal du Midi, qui relie l'Atlantique à la Méditerranée, ouvre aux vins du Languedoc de nouveaux débouchés.

Une fois de plus, ce sont les ravages du phylloxéra qui amèneront la région à planter des hybrides et à privilégier la production de masse. D'où des crises économiques nombreuses, liées à la mévente et à la surproduction.

Aujourd'hui, le Languedoc tourne résolument le dos à l'époque du "gros rouge" et s'engage dans une politique de qualité qui se concrétise dans la multiplication récente des AOC. Qualité actuellement d'autant plus remarquable que les sols et le climat se prêtent merveilleusement à la viticulture, et que les nouvelles méthodes de vinification, en particulier la macération carbonique, qui développe l'arôme et le fruité, sont de plus en plus employées.

COSTIÈRES DU GARD

Autour de Nîmes, les Costières du Gard constituent le trait d'union entre le vignoble des Côtes du Rhône et celui du Languedoc. Elles sont en effet limitrophes de Tavel et de Lirac, appellations des Côtes du Rhône. La région a été promue de VDQS en AOC en 1986. Elle produit des blancs, des rosés et surtout des rouges,

parmi les plus intéressants de la région. Pour différencier les Costières du Gard des vins de pays du Gard, il est question de modifier l'appellation en "Costières de Nîmes".

COTEAUX DU LANGUEDOC

L'immense secteur des Coteaux du Languedoc concerne 15 000 ha et cent vingt communes sur les trois départements de l'Hérault, de l'Aude et du Gard. Ce vaste ensemble, classé en AOC en 1985, englobe également, de fait, les deux appellations plus anciennes de Saint-Chinian et de Faugères.

Tous les vins d'AOC de ce vaste terroir sont obligatoirement des rouges et des rosés, à l'exception – car il en faut! – des Coteaux du Languedoc-La Clape et des Coteaux du Languedoc-Picpoul de Pinet, qui produisent également des vins blancs classés.

Dans l'ensemble, les rouges sont charpentés, colorés, vigoureux et savoureux. Les meilleurs ne manquent pas d'élégance et peuvent vieillir jusqu'à quinze et même vingt ans. Les vins blancs se révèlent rafraîchissants et enjoués.

LE MINERVOIS ET SES SATELLITES

Au nord des remparts de Carcassonne, l'AOC Minervois voisine avec deux VDQS : les Côtes du Cabardès et de l'Orbiel et les Côtes de la Malepère. Région de terres rudes et caillouteuses, au climat sec, le Minervois produit d'excellents vins rouges, bien structurés, avec des notes de fruits rouges ou de fruits sauvages, voire de violette, suivant les terroirs. Les rosés sont secs et fruités, les blancs vifs et aromatiques, avec des notes tantôt de miel et de tilleul, tantôt de bruyère.

Les vins des Côtes du Cabardès et de l'Orbiel et des Côtes de la Malepère, bien qu'un peu moins typés, sont très comparables à ceux du Minervois.

COTEAUX DU LANGUEDOC

Dégustation
Robe : rouge soutenu.
Bouquet : fruits, vanille et épices.
Saveurs : assez léger, fruité et vineux.
Température de service : 12-14°C.
Alliances gastronomiques : *charcuterie. Bœuf mode, viandes grillées ou rôties, volailles. Fromages.*

COSTIÈRES DU GARD

Dégustation
Robe : rouge brillant.
Bouquet : floral et fruité, nuancé de cuir.
Saveurs : fruité, charnu et corsé.
Température de service : 14-18°C.
Alliances gastronomiques : *viandes rouges grillées, volailles rôties, civet de lièvre.*

MINERVOIS

Dégustation
Robe : foncée.
Bouquet : fruité, boisé et vanillé.
Saveurs : caractère marqué au goût un peu sauvage.
Température de service : 12-14°C.
Alliances gastronomiques : *pâté de campagne. Bœuf à la gardiane. Bleu des Causses.*

PICPOUL-DE-PINET

Dégustation
Robe : or vert brillant.
Bouquet : floral et fruité.
Saveurs : sec, fruité et équilibré.
Température de service : 8°C.
Alliances gastronomiques : *coquillages et fruits de mer, rougets grillés aux herbes, bourride.*

SAINT-CHINIAN

Dégustation
Robe : rubis foncé.
Bouquet : violette et épices.
Saveurs : généreux et charpenté.
Température de service : 14-16°C.
Alliances gastronomiques : *râble de lièvre au genièvre, ragoût d'agneau aux herbes. Fromages relevés.*

LES CORBIÈRES

AOC depuis 1986, les Corbières s'étendent au sud-est de Carcassonne jusqu'à la Méditerranée. Territoire de collines rocheuses et de garrigues, inondé de soleil et battu par les vents, ce pays de contrastes se divise en quatre zones de production : les Corbières maritimes, en bord de mer; les Hautes-Corbières, montagneuses; les Corbières d'Alaric, au nord-ouest, au climat plus doux; les Corbières centrales, au sud de la vallée de l'Aude.

La région produit à 95 % des vins rouges, qui, selon les terroirs et les cépages, sont pour les uns ronds et charnus, pour les autres tendres et primeurs, pour d'autres encore puissants et corsés, développant un bouquet remarquable après cinq ou six années de vieillissement.

Beaucoup plus rares, les blancs sont secs et aromatiques, et les rosés frais et fruités.

Au sein de l'appellation Corbières, de nombreux domaines se distinguent par une production de haute qualité, obtenue grâce à une récolte volontairement limitée, une vinification soignée et un vieillissement prolongé en tonneau.

FITOU

Les 2 000 ha de la région de Fitou se divisent en deux territoires : l'un, maritime, en bordure des étangs de Leucate et de Lapalme, vastes lagunes de la Méditerranée; l'autre, à l'intérieur des terres, enclavé dans les Hautes-Corbières. Ces immensités de coteaux arides et stériles se révèlent, en fait, particulièrement fastes pour la viticulture et font du Fitou l'un des meilleurs vins du Midi.

Essentiellement issu du carignan, du grenache ou du lladoner pelut, le Fitou est un vin rouge coloré, puissant, généreux et charnu. Il doit vieillir neuf mois en fût à la propriété avant d'être commercialisé et s'épanouit pleinement au bout de cinq à six ans.

LES CLAIRETTES

La Clairette de Bellegarde, dans le Gard, et la Clairette du Languedoc, dans l'Hérault, représentent deux excellents exemples de vins blancs dans une région *a priori* vouée aux vins rouges. Le terroir de la Clairette de Bellegarde produit des vins frais et fruités, soumis avant commercialisation à l'approbation d'un comité de dégustation dont le sceau figure sur chaque bouteille. Les vins de la Clairette du Languedoc sont, eux, plutôt secs et titrent au moins 12°.

LES MUSCATS

Comme son voisin le Roussillon, le Languedoc est la terre d'élection des vins doux naturels, ici représentés par quatre excellents Muscat : Muscat de Frontignan, le plus réputé, Muscat de Mireval, riche d'alcool et de sucre, Muscat de Saint-Jean-de-Minervois, plein et subtilement nuancé, Muscat de Lunel, remarquablement fin.

C'est à Frontignan que l'on utilise une pratique originaire d'Espagne, le passerillage, qui consiste à tordre le pédoncule de la grappe arrivée à maturité pour empêcher la sève de circuler entre le fruit et le cep. On accroît ainsi la teneur en sucre en desséchant le raisin presque complètement. Cependant, cette technique ne s'applique qu'à une petite partie de la récolte, la majorité étant vinifiée en vin doux naturel selon la méthode du mutage.

BLANQUETTE DE LIMOUX

Réputée pour son vin mousseux de très haute qualité obtenu selon la méthode champenoise, la région de Limoux produit également en petite quantité de la Blanquette "à l'ancienne", élaborée selon la traditionnelle méthode limousine. Celle-ci consiste à mettre en bouteilles à l'entrée de l'hiver un vin contenant encore des sucres non transformés en alcool. Au printemps, avec la chaleur, les levures présentes attaquent spontanément ces sucres, d'où fermentation. Le vin devient ainsi effervescent. Assez aléatoire, car son succès dépend du taux de sucres résiduels, cette méthode produit des vins délicatement mousseux, peu alcoolisés, merveilleusement fruités.

La région produit également d'agréables blancs et d'intéressants rouges non mousseux, appelés "Vins de Blanquette".

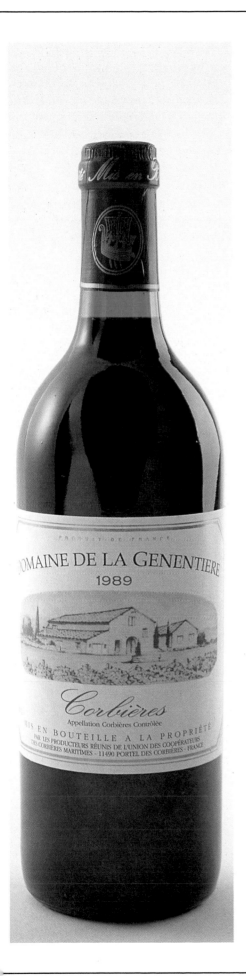

CORBIÈRES

Dégustation
Robe : pourpre.
Bouquet : marqué et original de fruits rouges.
Saveurs : puissant, corsé et assez ferme.
Température de service : *12-14°C.*
Alliances gastronomiques : *rôtis, gibiers,*
volailles. Fromages relevés.

FITOU

Dégustation
Robe : rubis foncé.
Bouquet : généreux.
Saveurs : puissant et charnu, un vin qui a de
l'accent.
Température de service : *15-16°C.*
Alliances gastronomiques : *pâtés. Rôtis, côte*
d'agneau grillée au thym. Oloron.

MUSCAT DE FRONTIGNAN

Dégustation
Robe : dorée.
Bouquet : raisin sec et miel.
Saveurs : riche et liquoreux.
Température de service : *8-10°C.*
Alliances gastronomiques : *apéritif, feuilletés au*
fromage. Tartes aux fruits, fruits exotiques.

MUSCAT DE MIREVAL

Dégustation
Robe : dorée.
Bouquet : intense de miel.
Saveurs : onctueux et liquoreux.
Température de service : *8-10°C.*
Alliances gastronomiques : *foie gras frais.*
Roquefort. Fruits rafraîchis.

BLANQUETTE DE LIMOUX

Dégustation
Robe : pâle.
Bouquet : très plaisant.
Saveurs : fruité, fin et spiritueux.
Température de service : *6-7°C.*
Alliances gastronomiques : *pâtisseries légères,*
tuiles aux amandes.

RIVESALTES

Dégustation
Robe : claire.
Bouquet : floral aux notes de miel et de cire d'abeilles.
Saveurs : onctueux et fin.
Température de service : *8-10°C.*
Alliances gastronomiques : *fourme d'Ambert. Melon au naturel.*

BANYULS

Dégustation
Robe : velours sombre.
Bouquet : fin.
Saveurs : moelleux, rond et vigoureux, puissant et doux à la fois.
Température de service : *17-18°C.*
Alliances gastronomiques : *apéritif. Pâtisseries aux noix, génoise au café, meringues au chocolat, poires au chocolat.*

COLLIOURE

Dégustation
Robe : rubis.
Bouquet : fruits rouges aux notes de bois et de vanille.
Saveurs : corsé et généreux, tanins souples.
Température de service : *15-16°C.*
Alliances gastronomiques : *viandes rouges rôties, lapin aux pruneaux.*

MAURY

Dégustation
Robe : grenat aux notes tuilées.
Bouquet : fruits cuits aux notes d'épices et de cacao.
Saveurs : généreux, puissant et long en bouche.
Température de service : *13-15°C.*
Alliances gastronomiques : *apéritif. Melon frais. Roquefort. Marquise au chocolat.*

CÔTES DU ROUSSILLON

Dégustation
Robe : grenat profond.
Bouquet : fruits mûrs aux notes épicées et vanillées.
Saveurs : corsé, gras et charpenté.
Température de service : *16-18°C.*
Alliances gastronomiques : *gibiers, viandes rouges. Fromages à pâte forte.*

LE VIGNOBLE DU ROUSSILLON

Si l'histoire et le climat du vignoble du Roussillon ne se distinguent guère de ceux de son voisin languedocien, le sol schisteux y est, si cela est possible, encore plus aride par endroits, notamment à Banyuls et Collioure, où les vignes s'étagent en minuscules terrasses accrochées entre mer et montagne, et ne peuvent être cultivées qu'à la main.

Si l'essentiel de la production concerne les vins doux naturels, les vins rouges ont gagné leurs lettres de noblesse en 1977, date à laquelle le statut d'AOC fut accordé aux vins des Côtes du Roussillon.

RIVESALTES, BANYULS, COLLIOURE ET MAURY

Fiefs des vins doux naturels, ces quatre terroirs produisent des vins remarquables, mais de caractères assez différents. Les Rivesaltes existent en trois types : blancs, rouges et Muscat de Rivesaltes, de loin le meilleur, à la superbe couleur d'ambre. Les vins de Banyuls, que ce soit les rosés connus sous le nom de Grenache, son cépage d'origine, ou les rouges, à mi-chemin des Madère et des Porto, sont des vins superbes, d'une richesse aromatique inouïe. Ce sont d'ailleurs les seuls vins qui puissent s'accorder avec le chocolat.

Les vins de Collioure sont des rouges secs, fermes et ronds, qui bénéficient d'au moins neuf mois de vieillissement en tonneau.

CÔTES DU ROUSSILLON

Les Côtes du Roussillon et leur version supérieure, les Côtes du Roussillon-Villages, s'étendent immédiatement au nord de Perpignan, le long de la vallée de l'Agly. Parmi les meilleurs villages, deux ont le droit de faire figurer leur nom sur l'étiquette : Caramany et Latour-de-France.

Les vins rouges y sont riches et vigoureux, nettement fruités, bien structurés, avec un arôme évoquant les baies. Les meilleures années gagnent à vieillir trois ans en bouteille.

Cette qualité doit beaucoup à l'emploi de la méthode de vinification par macération carbonique, traditionnelle en Beaujolais. Celle-ci consiste à placer les raisins non foulés en cuve close remplie de gaz carbonique et développe la couleur, le goût et les arômes de fruits.

Il existe également de très bons Côtes du Roussillon rosés, produits en petite quantité, ainsi que des blancs, pour l'instant inférieurs aux rouges et aux rosés, mais qui devraient très prochainement s'améliorer considérablement, si les expériences d'utilisation du sauvignon blanc se révèlent concluantes.

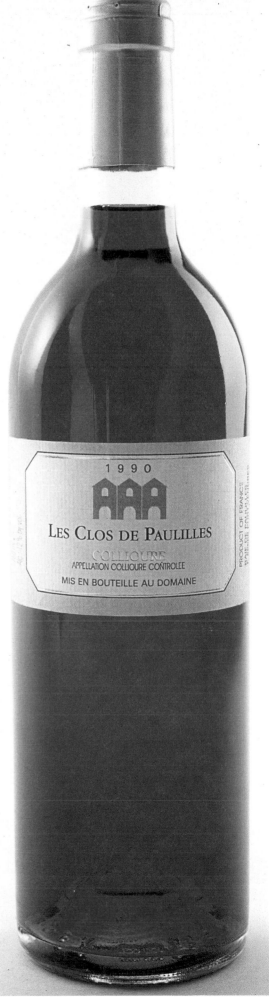

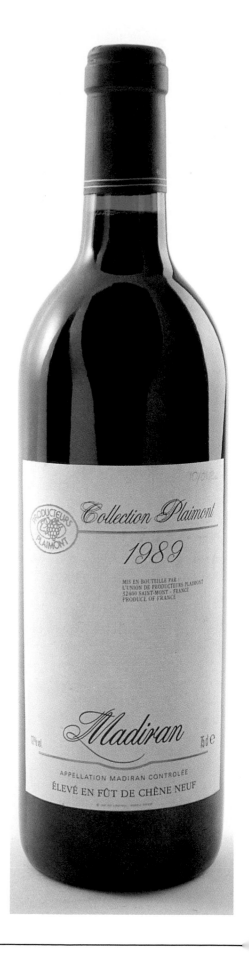

LE SUD-OUEST

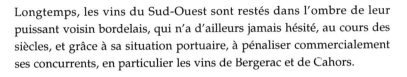

Longtemps, les vins du Sud-Ouest sont restés dans l'ombre de leur puissant voisin bordelais, qui n'a d'ailleurs jamais hésité, au cours des siècles, et grâce à sa situation portuaire, à pénaliser commercialement ses concurrents, en particulier les vins de Bergerac et de Cahors.

Aujourd'hui, l'identité des vignobles du Sud-Ouest est désormais bien affirmée, avec vingt-sept appellations, dont vingt-deux en AOC et cinq en VDQS, réparties sur sept régions : le Bergeracois, Cahors, la vallée de la Garonne, Gaillac, le Rouergue, la Gascogne et le Béarn.

Les vignobles du Sud-Ouest forment un vaste "V" ouvert vers l'ouest, qui s'étend de la limite est du Bordelais jusqu'au Tarn et aux Pyrénées-Atlantiques, en contournant l'immense triangle de sable des Landes. Leurs terroirs s'étendent au long des principaux cours d'eau de la région : vins de Bergerac sur la Dordogne, Cahors sur le Lot, Côtes du Marmandais, Buzet et Côtes du Brulhois sur la Garonne, vins de Lavilledieu et Côtes du Frontonnais entre Tarn et Garonne, Gaillac sur le Tarn, Côtes de Saint-Mont, Madiran et Tursan sur l'Adour, Béarn et Jurançon sur le Gave de Pau, Irouléguy sur la Nive. Autant dire que chacun de ces vins, nés de microclimats et de microterroirs, possède un caractère bien spécifique, encore renforcé par les cépages locaux.

Cette originalité se manifeste aussi par la taille des vignobles : l'ensemble du Bergeracois représente 10 000 ha pour une production de 500 000 hl; le vignoble de Cahors, en pleine expansion, couvre 3 300 ha et produit 150 000 hl; à l'opposé, l'Irouléguy n'occupe que 95 ha pour 3 800 hl et le confidentiel Vin d'Estaing se contente de 5 ha et 150 hl...

À cette diversité répond la variété des vins produits : rouges, rosés, et tous les types de blancs : secs, moelleux, liquoreux et même mousseux.

L'histoire d'ensemble du vignoble est marquée par le retour et le développement récents de la tradition vinicole, après une longue période de déclin, liée aux conséquences de l'invasion du phylloxéra.

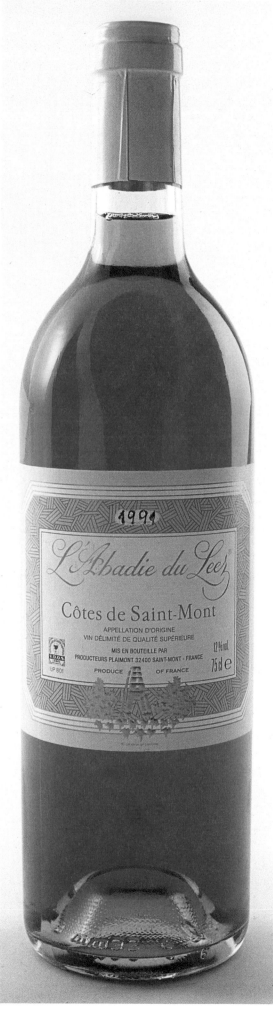

ENCÉPAGEMENT : L'ATTRACTION-RÉPULSION DE L'EXEMPLE BORDELAIS

Selon les vignobles, on rencontre soit un encépagement très proche de celui du "grand voisin" bordelais : prédominance du sémillon, du sauvignon, de l'ugni blanc et de la muscadelle pour les blancs, du cabernet sauvignon, du cabernet franc, du malbec et du merlot pour les rouges, soit, à l'inverse, une prédominance des cépages venus du Languedoc-Roussillon ou de la vallée du Rhône, comme le syrah et le cinsault, ou même purement locaux, comme le gros et le petit mansenc, le fer servadou, l'arrufiac, le courbu, l'ondenc, l'enc de l'el, la négrette... À cette étonnante variété, aujourd'hui soigneusement préservée, correspondent autant de vins de caractères différents, y compris sur un même terroir et sous une même appellation. Si cela peut surprendre le néophyte, l'amateur curieux y trouve largement son compte.

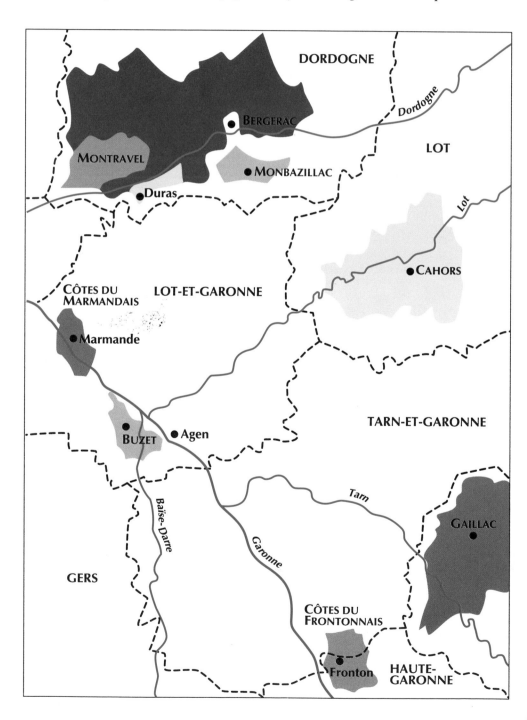

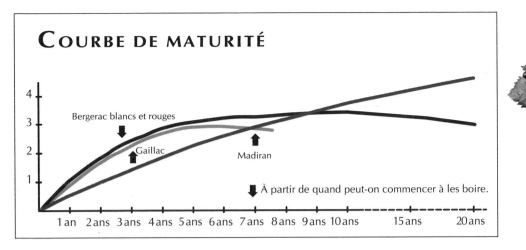

COURBE DE MATURITÉ

- Bergerac blancs et rouges
- Gaillac
- Madiran

↓ À partir de quand peut-on commencer à les boire.

1 an 2 ans 3 ans 4 ans 5 ans 6 ans 7 ans 8 ans 9 ans 10 ans 15 ans 20 ans

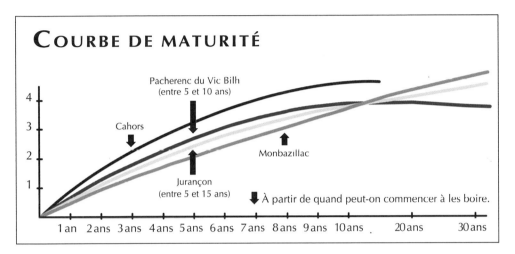

COURBE DE MATURITÉ

- Pacherenc du Vic Bilh (entre 5 et 10 ans)
- Cahors
- Jurançon (entre 5 et 15 ans)
- Monbazillac

↓ À partir de quand peut-on commencer à les boire.

1 an 2 ans 3 ans 4 ans 5 ans 6 ans 7 ans 8 ans 9 ans 10 ans 20 ans 30 ans

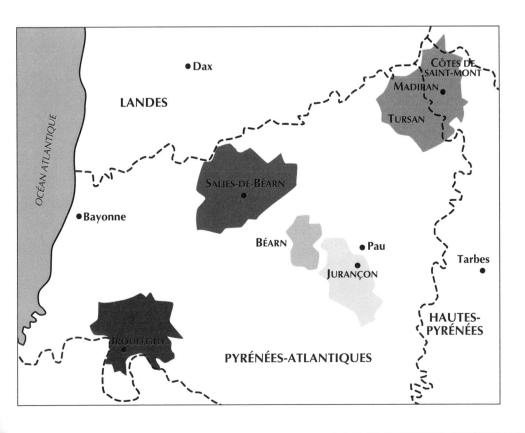

CÉPAGES

Cabernet sauvignon (N);
merlot (N); cabernet franc (N);
malbec (N); tannat (N);
mauzac (N);
fer servadou (N);
manseng (N);
courbu (N);
negrette (N); jurançon (N);
gamay (N); syrah (N); sémillon (B);
sauvignon (B); muscadelle (B); lén de l'el (B);
arrufiac (B); cinsault (N); ugni blanc (B).

LES APPELLATIONS : LE REFLET DE LA DIVERSITÉ

Les vingt-sept appellations actuelles, dont vingt-deux AOC, témoignent d'un bel effort vers la qualité, d'autant plus que la majorité des vins produits "hors appellation" méritent tout de même d'être classés en "vins de pays".

Le vignoble de Guyenne
Tous les vins de la région de Bergerac sont classés en AOC, selon neuf appellations : Bergerac, Côtes de Bergerac, Saussignac, Monbazillac, Montravel, Côtes de Montravel, Haut-Montravel, Pécharmant, Rosette. En Lot-et-Garonne, les vignobles des Côtes de Duras et des Côtes du Marmandais sont respectivement classés en AOC et en VDQS.

Les vignobles du Quercy
La totalité de leur production est classée en AOC Cahors.

Les vignobles du Rouergue
Cette région produit trois VDQS : Vins d'Entraygues et du Fel, Vin d'Estaing, Vin de Marcillac.

Les vignobles du Tarn
Trois appellations : les deux AOC Gaillac et Côtes du Frontonnais (avec la mention Fronton ou Villaudric, selon l'aire de production), et le Vin de Lavilledieu classé en VDQS.

Les vignobles de Gascogne et des Pyrénées
Ils se partagent neuf appellations, sept AOC, pour le Buzet (dénommé Côtes de Buzet jusqu'en 1988), les Côtes du Brulhois, le Jurançon, le Béarn, l'Irouléguy, et, curiosité, deux AOC pour un même terroir : Madiran pour les vins rouges et Pacherenc du Vic Bilh pour les blancs. Les vins des Côtes de Saint-Mont et de Tursan sont, eux, classés en VDQS.

LE VIGNOBLE DE GUYENNE

En continuité totale, vers l'est, du vignoble bordelais, le vignoble de Guyenne n'en est séparé que par les limites administratives des départements, limites ici purement arbitraires et qui ne correspondent à aucune véritable distinction géologique ou climatique. Si l'on y ajoute un encépagement très proche de celui du Bordelais, on comprend mieux pourquoi ces vins ont été souvent assimilés à des Bordeaux de deuxième catégorie. À tel point que certains n'ont pas hésité, par exemple, à qualifier le Monbazillac de "Sauternes du pauvre"...

Autant dire que ces vins ont longtemps souffert d'un problème d'identité. D'ailleurs, au Moyen Âge, ils étaient désignés sous le qualificatif de "vins du Haut-Pays", sans d'ailleurs faire de distinction entre les vins de Bergerac, de Cahors, de Gaillac... Et leurs relations avec le négoce bordelais sont marquées par une longue série de conflits depuis le XIIIe siècle : cargaisons bloquées, accès au port de Bordeaux freiné par des règlements protectionnistes, subtiles luttes d'influence lors de la guerre de Cent Ans, intrigues incessantes pour maintenir les privilèges...

Désormais, cette bataille commerciale n'appartient plus qu'à l'Histoire : d'une part, chaque région a su conquérir son identité. D'autre part, les négociants bordelais assurent aujourd'hui 42 % des ventes de vins de Bergerac : la concurrence n'est donc plus de mise...

LE VIGNOBLE DE BERGERAC

Attesté depuis le XIIe siècle, développé par les moines du prieuré Saint-Martin-de-Bergerac, le terroir viticole (ou vinée) de Bergerac est depuis longtemps organisé pour garantir la qualité de sa production selon des règles précises, édictées par les consuls de la ville depuis le XIVe siècle.

Les vignes s'étendent sur les terrasses alluviales et les collines sur les deux rives de la Dordogne, dont les brouillards matinaux les protègent des gelées tardives. D'autre part, largement ouverte sur les influences océaniques, la région de Bergerac constitue une enclave de douceur dans un département où le climat est souvent rude. C'est d'ailleurs à Bergerac que fut acclimaté pour la première fois en Europe le *lagestremia*, cet arbre à fleurs tropical qui prospère dans tous les jardins de la ville, en compagnie des mimosas.

Les sols vont du gravier sablonneux à l'argile quartzeuse et à l'argile crayeuse avec des traces de fer. Cette alliance favorable des sols et du climat et les facilités de transport par voie d'eau alors procurées par la Dordogne, très aisément navigable, expliquent pourquoi le vignoble de Bergerac fut replanté après l'invasion du phylloxéra, alors que l'important vignoble qui couvrait le reste du département disparaissait totalement et définitivement.

Actuellement, la surface du vignoble s'est réduite de 30 % en trente ans. Cette évolution s'est faite au détriment des vins de table, tandis que les vignes d'appellation se sont maintenues. De plus, depuis dix ans, les vignerons se sont engagés dans une politique de qualité croissante : plantation de cépages nobles lors des renouvellements, regroupement de parcelles, rééquilibrage des volumes de blancs et de rouges, nouvelles méthodes de vinification... Entre 1976 et 1986, la production est ainsi passée de 330 000 hl (dont 40 % en vins rouges) à 500 000 hl (dont 55 % en vins rouges), dont près de 20 %, soit 65 000 hl, vendus à l'exportation.

BERGERAC ET CÔTES DE BERGERAC

Ces deux appellations sont les plus générales de la région et désignent des vins rouges ou blancs (deux tiers de la production), légers et fruités, agréables à boire plutôt jeunes, à partir de deux ans, et souvent d'un très bon rapport qualité-prix.

SAUSSIGNAC

Cette jeune appellation (elle n'existe que depuis 1982) concerne une petite production de vins blancs généralement secs, assez forts (12,5° au minimum). Essentiellement commercialisés sur place, ils méritent d'être découverts à l'occasion d'un voyage dans la région.

PÉCHARMANT

Cette petite région, au nord-est de Bergerac, bénéficie à juste titre d'une réputation qui dépasse largement ses quelque 200 ha. En effet, sans hésitation possible,

CÉPAGES

- **Bergerac rouges** : *cabernet sauvignon, cabernet franc, merlot, cot (ou malbec).*
- **Bergerac blancs** : *sémillon, sauvignon, muscadelle, ondenc, chenin blanc.*
- **Côtes de Duras rouges** : *cabernet sauvignon, cabernet franc, merlot, cot.*
- **Côtes de Duras blancs** : *sémillon, sauvignon, muscadelle, mauzac, rouchelain (ou pinot de Loire), ondenc.*
- **Côtes du Marmandais rouges** : *merlot, cabernet franc, cabernet sauvignon, malbec, abouriou, syrah.*
- **Côtes du Marmandais blancs** : *sauvignon, ugni blanc, sémillon.*

BERGERAC

Dégustation
Robe : *rouge sombre.*
Bouquet : *généreux.*
Saveurs : *fruité et corsé, franc de goût.*
Température de service : *13-14°C.*
Alliances gastronomiques : *cou d'oie farci, enchaud périgourdin, confit de canard, bécasse, gibiers. Brebis, chèvres.*

BERGERAC BLANC SEC

Dégustation
Robe : *claire.*
Bouquet : *aromatique.*
Saveurs : *fin et fruité.*
Température de service : *8°C.*
Alliances gastronomiques : *charcuterie. Poissons frits et meunière, crustacés.*

SAUSSIGNAC

Dégustation
Robe : *dorée.*
Bouquet : *miel.*
Saveurs : *moelleux et corsé.*
Température de service : *5-7°C.*
Alliances gastronomiques : *apéritif. Foie gras frais, melon au naturel. Poissons pochés en sauce. Fourme d'Ambert. Desserts.*

PÉCHARMANT

Dégustation
Robe : *rubis.*
Bouquet : *fruits rouges.*
Saveurs : *corsé, charnu et charpenté.*
Température de service : *17°C.*
Alliances gastronomiques : *oie farcie, viandes rouges rôties, gibier à poil.*

il s'agit là des meilleurs Bergerac rouges, capables de soutenir, les bonnes années, la comparaison avec certains Saint-Émilion. Généreux, amples, corsés, ils gagnent à vieillir longuement.

ROSETTE

Exclusivement blancs, fruités, souples et moelleux, les vins de l'appellation Rosette sont produits sur six communes du Bergeracois, dont trois ont par ailleurs droit à l'appellation Pécharmant pour leurs vins rouges. Ces vins intéressants sont malheureusement très confidentiels, avec quelques hectares de vignes pour une production de 800 hl (à peine 10 000 bouteilles) les très bonnes années.

MONTRAVEL

Avec les deux appellations qui lui sont associées, Haut-Montravel et Côtes de Montravel, cette appellation concerne uniquement des vins blancs secs ou moelleux. Ces dernières années, la production est remontée de 24 000 hl à 30 000 hl, traduisant bien le regain d'intérêt pour ces vins lorsqu'ils sont vinifiés en secs, alors que les demi-secs intéressent moins les consommateurs.

MONBAZILLAC

Le Monbazillac est le vin de Bergerac par excellence. À tel point que l'on rapporte qu'au Moyen Âge, une délégation de pèlerins de Bergerac rendant visite au pape, celui-ci demanda : "Mais où est Bergerac ?" "Près de Monbazillac", lui aurait murmuré son camérier.

Élaboré selon les mêmes méthodes (récolte tardive, grain à grain, des raisins en surmaturation et bonifiés par la "pourriture noble") et à partir des mêmes cépages (sémillon, sauvignon et muscadelle) que le Sauternes, le Monbazillac atteint, les bonnes années, à la plénitude de son "jeune" concurrent bordelais. "Jeune", car si le procédé de vinification du Monbazillac remonte à la

Renaissance, sa transposition à Sauternes ne date que des vendanges de 1874. Après quelques années difficiles (effondrement de la demande après la Seconde Guerre mondiale, abandon des méthodes traditionnelles de récolte sélective), le Monbazillac a retrouvé actuellement toute sa splendeur, grâce à l'action décisive de la coopérative locale, installée dans le magnifique château de Monbazillac.

Très curieusement, et contrairement à la règle, les vignobles s'étendent sur les coteaux de la rive sud de la Dordogne, donc face au nord.

Puissants (jusqu'à 18°!) mais doux, sensuels, mais sans excès de sucre, ces vins ont une magnifique aptitude à mûrir en bouteille. S'il est conseillé de les boire à partir de trois ans, ils ne s'épanouissent pleinement qu'au bout de huit à dix ans.

LES CÔTES DE DURAS

Voisines de l'Entre-Deux-Mers, les vignes des Côtes de Duras s'étendent sur un terroir de 1 675 ha de collines et de vallons, entre Dordogne et Garonne, dans un paysage qui n'est pas sans évoquer la Toscane. Ce vignoble produit des blancs secs, des blancs moelleux, des rouges et des rosés. Assez légers (10° au minimum pour les rouges, 10,5° pour les blancs), souples et fruités, ces vins sont agréables à boire jeunes (entre un et quatre ans).

LES CÔTES DU MARMANDAIS

Sur les deux rives de la Garonne, autour de Marmande, les Côtes du Marmandais constituent deux régions géologiques bien différentes : au nord, les coteaux ont un sol argilo-calcaire, comme dans l'Entre-Deux-Mers, tandis que les coteaux sud ont un sol de graviers, quartzite rouge et gros sable, identique à celui des Graves. Les vins rouges sont d'un beau rouge brillant, fins, souples et bouquetés. Les blancs sont secs, aromatiques et très fruités.

MONTRAVEL
Dégustation
Robe : pâle aux reflets verts.
Bouquet : fruité.
Saveurs : sec, léger et vif en acidité.
Température de service : *7-8°C.*
Alliances gastronomiques : *poissons grillés et frits. Chèvres.*

HAUT-MONTRAVEL
Dégustation
Robe : dorée.
Bouquet : très présent.
Saveurs : gras et corsé.
Température de service.: *5-7°C.*
Alliances gastronomiques : *apéritif. Poissons en sauce. Roquefort. Pâtisseries.*

MONBAZILLAC
Dégustation
Robe : jaune paille.
Bouquet : miel et fleurs.
Saveurs : doux et suave, excellent vin liquoreux.
Température de service : *5-6°C.*
Alliances gastronomiques : *apéritif. Melon au naturel, foie gras frais. Fromages à pâte persillée. Desserts.*

CÔTES DE DURAS ROUGE
Dégustation
Robe : rubis.
Bouquet : fruité.
Saveurs : souple et léger.
Température de service : *14-16°C.*
Alliances gastronomiques : *charcuterie. Viandes rouges grillées, volailles rôties.*

LES VIGNOBLES DU QUERCY

Le vignoble du Quercy ne produit qu'un seul vin, et en rouge uniquement. Mais quel vin, puisqu'il s'agit du prestigieux Cahors!

Ce vin bénéficie d'une réputation et d'une tradition très anciennes : le vignoble existait dès le VIIe siècle, et sa production s'exportait jusqu'en Russie, où le vin de messe, bien que provenant actuellement de Crimée, continue d'être appelé Cahors. Le Cahors fut longtemps le vin des grands de ce monde : le pape Jean XXII s'en faisait livrer à son palais d'Avignon, au début du XIVe siècle, et François Ier en importa des ceps qu'il tenta d'acclimater à Fontainebleau.

À son apogée, en 1870, le vignoble atteignait entre 40 000 et 60 000 ha. Soixante ans plus tard, sous les coups conjugués du phylloxéra et de problèmes commerciaux, il était réduit à néant. En 1947, la dynamique coopérative de Parnac prit le problème à bras-le-corps et, après les catastrophiques gelées de 1956, sut convaincre les viticulteurs de replanter en auxerrois, particulièrement adapté à la géologie du terroir : le Cahors était sauvé.

Cependant, en 1969, peu avant l'obtention de l'AOC (octroyée en 1971), la surface plantée n'était encore que de 400 ha et produisait 15 000 hl. Elle dépasse aujourd'hui 3 000 ha pour 180 000 hl.

ENCÉPAGEMENT : 70 % D'AUXERROIS

Exclusivement tourné vers la production de vins rouges, le vignoble du Quercy voit la prédominance de l'auxerrois (nom local du cot, ou malbec, encore appelé précisément cahors dans d'autres régions). Utilisé seul, ce cépage donne un vin couleur d'encre, profond et dur. C'est pourquoi il est complété par la dame noi-re (ou folle noire), le merlot et le jurançon, ainsi que par un peu de tannat et de syrah.

DEUX SOLS, TROIS TERROIRS

L'essentiel du vignoble est planté sur les vieilles terres alluviales qui forment des terrasses et de petites collines au-dessus du cours du Lot, en aval de Cahors. Certaines vignes sont, elles, plantées en fond de vallée, en bordure de la rivière, toujours dans un sol d'alluvions. Par contre, les vignes du Causse profitent des dolines, ces dépressions d'argile rouge mêlées de cailloux calcaires, donnant l'impression de pousser dans la pierre.

Les vignes de la vallée produisent en abondance un vin assez léger, peu concentré, localement qualifié de "vin de rivière", que l'on peut boire un peu frais sans attendre plus de deux ou trois ans.

Les terrasses produisent le Cahors "classique", de couleur foncée, doux et velouté, qu'il est préférable de boire après quatre à cinq ans, dont deux ou trois ans de vieillissement en fût.

Profondément enracinées dans les fissures du sous-sol calcaire, les vignes du Causse sont, malgré l'apparente aridité du sol, extraordinairement vigoureuses et d'une exceptionnelle longévité. Elles produisent en petite quantité un vin dense, tannique, très apprécié des amateurs, qui doivent toutefois faire preuve de patience : pour perdre son feu et atteindre son plein épanouissement, dix à douze ans ne sont pas de trop!

L'ensemble de la région bénéficie d'un climat atlantique, avec en plus une touche méditerranéenne apportée par l'autan, le "vent des fous", et d'un excellent ensoleillement, encore amélioré par la réflexion de la lumière sur les cailloux de calcaire blanc. Ce phénomène (que l'on retrouve à Cognac, par exemple) assure un mûrissement harmonieux des grappes, y compris des grains exposés au nord.

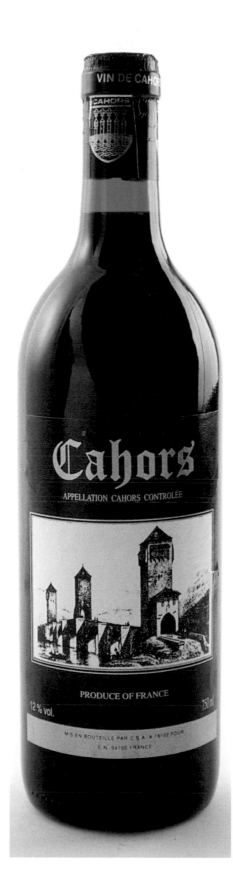

CÉPAGES

*Auxerrois,
dame noire,
merlot,
jurançon,
tannat,
syrah.*

CAHORS

Dégustation

Robe : cramoisi foncé (le plus coloré des vins de France).

Bouquet : puissant, riche en nuances.

Saveurs : franc, généreux, beaucoup de corps.

Température de service : 13-14°C.

Alliances gastronomiques : tourin, pâtés, gibiers, confits, cassoulet. Cabécon, rocamadour, cantal.

LES VIGNOBLES DU TARN ET DU ROUERGUE

À l'extrême est du Sud-Ouest, ces deux vignobles enserrés dans les premiers contreforts du Massif central s'opposent radicalement : d'une part, le très vaste vignoble du Tarn, planté sur 16 000 ha; d'autre part, le minuscule vignoble du Rouergue, à peine 110 ha partagés entre trois appellations.

LES VINS DU TARN

LES VINS DE GAILLAC

Si l'appellation Gaillac ne concerne que 10 % environ du vignoble tarnais, le reste de ses 14 000 ha étant dévolus aux vins de table et aux vins de pays du Tarn, sa production est en croissance constante : 25 000 hl en 1977, 35 000 hl en 1982, 70 000 hl aujourd'hui.

Il s'agit là d'une véritable renaissance, puisque la production en appellation était quasiment tombée à zéro en 1971. Pourtant, l'histoire et la réputation du Gaillac remontent à l'empire romain, et son apogée se situe au Moyen Âge : les Plantagenêts, ainsi qu'Henry VII, étaient grands amateurs de Gaillac et un chroniqueur du XVIIe siècle, Catel, écrivait que ce vin laissait dans la bouche un goût de rose.

Mais parler de vin de Gaillac est une demi-vérité : il n'y a pas un, mais des Gaillac. On trouve aussi bien sous cette appellation des rouges primeurs, des rouges de garde, des blancs secs (existant également en primeur), que des blancs moelleux, perlés, des rosés et des mousseux élaborés selon la méthode champenoise, mais aussi selon la méthode gaillacoise. Sans oublier le pétillant de raisin et le moustillant (ou Gaillac doux, car il ne titre que 5 à 6°).

ENCÉPAGEMENT : LE CONSERVATOIRE DES ESPÈCES RARES

Cette variété de la production est encore accrue par la variété et l'originalité des cépages. La région de Gaillac a su en effet tourner le dos aux hybrides plantés après les gelées de l'hiver 1956 pour renouer avec ses cépages traditionnels, complétés par des "classiques".

On y rencontre ainsi, pour les blancs, essentiellement le lenc de l'el ("loin de l'œil" !) et le mauzac (idéal pour les moelleux), ainsi que la muscadelle, le sauvignon et un peu de sémillon et d'ondenc. Pour les rouges et les rosés, surtout le duras et le fer servadou (ou braucol) associés au syrah et au gamay, et aussi du merlot, du cabernet sauvignon, du cabernet franc et de la négrette.

MOUSSEUX : LA MÉTHODE GAILLACOISE

La légende prétend que cette méthode serait antérieure de trois siècles à la méthode champenoise. Plus aléatoire que cette dernière, qui consiste en l'ajout artificiel de sucres, la méthode gaillacoise consiste à embouteiller le vin (de préférence issu du mauzac, riche en sucre) à l'entrée de l'hiver, alors qu'il contient encore des sucres non transformés. Ces sucres fermentent spontanément au printemps, produisant la mousse.

LES CÔTES DU FRONTONNAIS

À une vingtaine de kilomètres au nord de Toulouse, ce terroir est classé en AOC depuis 1975, appellation complétée par deux mentions : "Fronton" ou "Villaudric", suivant l'aire d'origine des vins. La production est de 55 000 hl de rouges et de rosés, d'excellente qualité et très typés, grâce à un cépage local que les vignerons qualifient eux-même de "capricieux", mais à la saveur originale : la négrette, qui entre pour 50 à 70 % dans la composition des vins, suivie du cot, de la mérille, du fer servadou, du cabernet et du syrah (25 % au maximum chacun), puis du gamay, du cinsault et du mauzac (15 % au maximum chacun).

Tendres et fruités, la plupart de ces vins peuvent se boire jeunes, mais certains rouges, plus forts, plus colorés et plus tanniques, se révèlent d'excellents vins de garde.

LES VINS DE LAVILLEDIEU

Limitrophe au nord-ouest des Côtes du Frontonnais, au confluent du Tarn et de la Garonne, ce petit vignoble de 25 ha est classé en VDQS. Essentiellement planté en négrette comme son voisin, il produit un intéressant vin rouge souvent défini comme intermédiaire entre un Côtes du Rhône et un Bordeaux simple.

LES VINS DU ROUERGUE

Le vignoble du Rouergue est constitué de trois VDQS confidentiels : au nord-ouest de Rodez, la zone de Marcillac, la plus importante avec ses 100 ha et une production de 3 000 hl de rouges et de rosés. Plus au nord, au long des pittoresques gorges du Lot, les vins d'Estaing (5 ha, 150 hl) et les vins d'Entraygues et du Fel (4 ha, 100 hl) existent en rouges, rosés et blancs. Partout, les rouges sont les plus abondants et les plus intéressants.

Soumis à un climat dur, hivers rudes et étés torrides, ces vignobles produisent des vins généralement assez rugueux, qui s'accordent bien à la gastronomie locale, en particulier au fromage de Roquefort.

CÉPAGES

- **Côtes du Frontonnais** : négrette, cot, mérille, fer servadou, cabernet, syrah, gamay, cinsault, mauzac.
- **Gaillac rouges et rosés** : duras, fer servadou, syrah, gamay, merlot, cabernet sauvignon, cabernet franc, négrette.
- **Gaillac blancs** : lenc de l'el, mauzac, muscadelle, sauvignon, sémillon, ondenc.

GAILLAC ROUGE
Dégustation
Robe : rubis foncé.
Bouquet : fruits et bois.
Saveurs : charpenté et généreux.
Température de service : 14°C.
Alliances gastronomiques : magret de canard, civet de lièvre. Fromages relevés.

GAILLAC BLANC
Dégustation
Robe : pâle aux reflets verts.
Bouquet : fruité.
Saveurs : sec et fruité.
Température de service : 8°C.
Alliances gastronomiques : poissons frits ou grillés. Chèvres.

GAILLAC DOUX
Dégustation
Robe : dorée.
Bouquet : miel.
Saveurs : moelleux, bon potentiel de vieillissement.
Température de service : 6°C.
Alliances gastronomiques : apéritif. Melon au naturel. Desserts.

GAILLAC MOUSSEUX
Dégustation
Robe : jaune doré.
Bouquet : floral et fruité.
Saveurs : délicat et fruité.
Température de service : 6°C.
Alliances gastronomiques : apéritif. Desserts.

GAILLAC PREMIÈRES CÔTES
Dégustation
Robe : dorée.
Bouquet : fruits mûrs.
Saveurs : doux et moelleux.
Température de service : 8°C.
Alliances gastronomiques : apéritif. Pâtisseries, fruits frais.

LES VIGNOBLES DE GASCOGNE ET DES PYRÉNÉES

D'Agen au Pays Basque, ces vignobles s'inscrivent en une longue bande nord-sud quasi continue, mais avec une étonnante variété de productions distinguées par neuf appellations. Pour être complet, il faut également évoquer le vignoble gersois, dont l'abondante production de vins blancs est tout entière destinée à la distillation des célèbres Armagnac.

Cette région est particulièrement représentative des deux "écoles d'encépagement" qui se partagent le Sud-Ouest : plantation "à la bordelaise" ou cépages locaux. Ainsi, le vignoble de Buzet, qui avait totalement disparu à la veille de la dernière guerre, a été reconstitué avec des cépages typiquement bordelais : cabernet sauvignon, cabernet franc, merlot, et un peu de cot. À l'opposé, le Jurançon reste fidèle au gros manseng et au petit manseng (ou mansenc) et au courbu, de même que les Irouléguy blancs, les rouges et les rosés étant issus du tannat et du cabernet. Les Tursan blancs sont produits à partir du baroque, les rouges à partir du tannat. Le Pacherenc du Vic Bilh, exclusivement blanc, provient du gros et du petit manseng, tandis que, sur le même territoire, le Madiran, exclusivement rouge, occupe une position intermédiaire entre les deux "écoles", puisqu'il associe le cabernet franc et le sauvignon au tannat et au pinenc.

BUZET

L'appellation Buzet (Côtes de Buzet jusqu'en 1988) s'étend sur la rive gauche de la Garonne, entre Marmande et Agen, dans une région agricole également vouée aux vergers : autant dire qu'elle bénéficie d'un climat idéal pour la maturation des raisins. L'histoire des vins de Buzet est l'exemple même d'un succès dû à une détermination farouche contre l'adversité. Ravagé, comme partout, par le phylloxé-

ra, le vignoble reçoit le coup de grâce en 1911 : jusque-là, bien que situé en Lot-et-Garonne, il bénéficiait de l'appellation Bordeaux, mais un décret vint alors la réserver aux vins produits en Gironde. Si la plupart des vignerons se résignent à l'arrachage, quelques-uns refusent de baisser les bras et relancent le Buzet à la Libération. Dès 1953, leurs efforts sont récompensés par l'appellation VDQS Côtes de Buzet, puis la promotion en AOC en 1973.

Aujourd'hui, le vignoble de Buzet représente 1 300 ha et 70 000 hl, essentiellement vinifiés en rouges par la cave coopérative de Buzet-sur-Baïse, qui assure 94 % de la production, ainsi que sa propre fabrication de barriques de chêne. De plus, la vinification s'effectue séparément, en fonction des cépages utilisés, de la qualité des raisins et de leur provenance, ce qui permet de distinguer des cuvées spéciales, justement réputées et recherchées. Le résultat est à la hauteur des efforts accomplis : étroitement apparentés aux vins du Bordelais, les Buzet ont gagné une réputation de franche qualité, tout en restant à des prix très accessibles.

CÔTES DU BRULHOIS

Entre Agen et la vallée du Gers, les Côtes du Brulhois, classée en VDQS, prolongent vers l'est le vignoble de Buzet. Ses agréables vins rouges, simples et frais, sont essentiellement consommés sur place.

CÔTES DE SAINT-MONT

Encore un vignoble qui renaît de ses cendres ! Abandonnée depuis l'invasion du phylloxéra, la viticulture n'a repris ici qu'en 1974, le statut de VDQS étant obtenu dès 1981, et l'octroi d'une AOC ne saurait tarder.

Ce vignoble de la rive gauche de l'Adour, voisin de la région de Madiran, occupe actuellement 650 ha pour une production de 35 000 hl de vins rouges mûris en fût et de vins blancs frais et francs.

- **Buzet** : *cabernet sauvignon, cabernet franc, merlot, cot.*
- **Irouléguy blancs** : *gros manseng, petit manseng, courbu.*
- **Irouléguy rouges et rosés** : *tannat, cabernet.*
- **Jurançon** : *gros manseng, petit manseng, courbu, camaralet, lauzet.*
- **Madiran** : *cabernet franc, sauvignon, tannat , pinenc.*
- **Pacherenc du Vic Bilh** : *gros manseng, petit manseng.*
- **Tursan rouge** : *tannat.*
- **Tursan blanc** : *baroque.*

BUZET ROUGE

Dégustation
Robe : *soutenue.*
Bouquet : *bois, fruits mûrs et réglisse.*
Saveurs : *peu tannique, rond et charnu.*
Température de service : 15-17°C.
Alliances gastronomiques : *rouelle de veau aux pruneaux, viandes rouges rôties. Fromages relevés.*

BUZET BLANC

Dégustation
Robe : *claire et brillante.*
Bouquet : *prononcé.*
Saveurs : *sec, léger et vif.*
Température de service : 8°C.
Alliances gastronomiques : *crustacés, poissons grillés et meunière.*

BUZET ROSÉ

Dégustation
Robe : *belle couleur.*
Bouquet : *frais.*
Saveurs : *fruité et gouleyant.*
Température de service : 8°C.
Alliances gastronomiques : *charcuterie. Volailles grillées.*

MADIRAN

Dégustation
Robe : *rouge soutenu.*
Bouquet : *généreux.*
Saveurs : *puissant, robuste et très corsé, forte mâche dans sa jeunesse.*
Température de service : 15-16°C.
Alliances gastronomiques : *rôtis, poule au pot farcie, salmis de palombes, cassoulet. Maroilles, oloron.*

BÉARN ROSÉ

Dégustation
Robe : rose clair.
Bouquet : petits fruits rouges.
Saveurs : sec et rafraîchissant.
Température de service *: 8°C.*
Alliances gastronomiques *: charcuterie. Viandes blanches grillées et rôties.*

BÉARN ROUGE

Dégustation
Robe : rubis.
Bouquet : très présent.
Saveurs : fruité et généreux.
Température de service *: 14°C.*
Alliances gastronomiques *: confit de canard, volailles rôties, viandes rouges grillées.*

JURANÇON SEC

Dégustation
Robe : dorée.
Bouquet : fleurs, nuancé de fruits exotiques.
Saveurs : sec et souple tout en offrant une bonne acidité.
Température de service *: 8°C.*
Alliances gastronomiques *: hors-d'œuvre. Langoustines, poissons, langouste à la bordelaise. Chèvres, brebis.*

JURANÇON MOELLEUX

Dégustation
Robe : couleur maïs.
Bouquet : subtil de cannelle et de muscade, fruits confits.
Saveurs : corsé et vif à la fois, de moelleux à liquoreux.
Température de service *: 8°C.*
Alliances gastronomiques *: apéritif. Foie gras frais, poissons pochés ou en sauce. Roquefort.*

IROULÉGUY ROUGE

Dégustation.
Robe : rouge clair.
Bouquet : fin.
Saveurs : délicat et fruité.
Température de service *: 14°C.*
Alliances gastronomiques *: charcuterie fine. Petite friture, jambon de Bayonne, poulet basquaise. Chèvres doux, oloron*

TURSAN

Situé immédiatement à l'ouest du vignoble de Madiran, mais dans le département des Landes, le vignoble de Tursan, classé VDQS en 1958, produit des vins à partir de deux cépages seulement : le tannat pour les rouges et le baroque pour les blancs. Longtemps rustiques et surtout appréciés localement, ces vins se sont nettement améliorés au cours des années 1980, sous l'impulsion de la coopérative de Geaune qui traite l'essentiel de la production. Les rouges sont colorés, souples et assez fruités ; les blancs, frais et séveux. La qualité devrait encore s'améliorer grâce aux expérimentations en cours sur de nouveaux cépages.

MADIRAN

Vin de grande classe, le Madiran est riche d'une longue histoire et s'exportait, au XVIe siècle, jusqu'en Finlande et en Russie. Et si lui aussi déclina au début du siècle, la cause, bien que préoccupante, n'en était pas moins originale : le cépage tannat, qui entre pour 40 % dans son élaboration, était en voie de disparition pour cause de difficultés de reproduction ! Ce n'est qu'en 1970 que les progrès de la recherche agricole permirent d'y remédier efficacement. Actuellement, la production est de 45 000 hl. Le Madiran est un vin rouge complexe, vigoureux, sombre et tannique. Cinq années de bouteille lui sont nécessaires pour devenir fluide et soyeux, et développer pleinement ses arômes fruités de cerise et de groseille.

PACHERENC DU VIC BILH

Curieusement, ce vin partage avec l'appellation Madiran les mêmes 1 000 ha de terroir. Mais, si le Madiran est uniquement un vin rouge, le Pacherenc est uniquement blanc. Généralement sec, frais, aux arômes de fruits exotiques, le Pacherenc est quelquefois élaboré en moelleux pour les années les plus ensoleillées. Sa production est assez réduite : 1 000 hl.

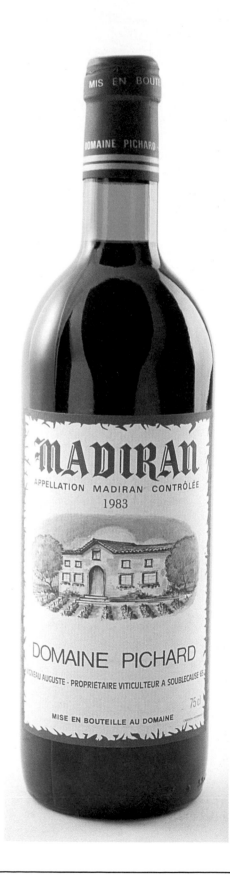

BÉARN

Situé autour de Salies-de-Béarn et d'Orthez, mais avec deux petits terroirs isolés au sud de la région de Madiran, le vignoble du Béarn produit à 80 % des rosés secs et légèrement fruités, qui sont sa spécialité. Moins typés, les Béarn rouges et rosés n'en sont pas moins très agréables.

JURANÇON

Situé immédiatement au sud de Pau, le vignoble de Jurançon s'étend sur d'abruptes collines au pied des Pyrénées. Si de très belles arrière-saisons permettent des bonnes vendanges tardives, les redoutables gelées de printemps amènent, pour protéger les jeunes pousses, à laisser pousser la vigne à grande hauteur (entre 1,50 m et 1,80 m) et à la palisser sur des poteaux en forme de croix, ce qui donne au vignoble un aspect fort curieux.

Le Jurançon "classique", le légendaire vin de baptême d'Henri IV, est un vin moelleux élaboré, comme les Sauternes ou les Monbazillac, à partir de raisins surmaturés et atteints de pourriture noble, les vendanges pouvant être retardées jusqu'à la Toussaint et au-delà. Riche, doux et dense, il est toutefois plus acide que ses homologues bordelais et périgourdin, et peut donc être bu tout au long d'un repas.

Depuis 1970, il existe également un Jurançon sec. Après une longue période de déclin, le vignoble a retrouvé ses qualités et bénéficie d'une AOC depuis 1975, au prix de règles sévères : la production maximale est limitée à 40 hl/ha pour le Jurançon et 50 hl/ha pour le Jurançon sec, et chaque pied de vigne ne peut donner plus de neuf à quinze grappes. La région produit actuellement 25 000 hl, partagés entre secs et moelleux.

IROULÉGUY

Entre Saint-Jean-Pied-de-Port et Saint-Étienne-de-Baigorry, à moins de 40 km de l'océan Atlantique, le petit vignoble montagnard d'Irouléguy est à nouveau en pleine expansion après un long demi-sommeil. Il a obtenu son AOC en 1970, à la fois pour ses blancs, rouges et rosés, et a vu doubler sa superficie en quelques années, passant de 95 ha à 200 ha.

Si les blancs sont très semblables aux proches Jurançon et les rosés simplement agréables, les rouges, eux, sont beaucoup plus typés. Légers en couleurs, mais goûteux, leur caractère original et affirmé s'accorde bien avec les saveurs relevées de la cuisine basque.

Le Gers est la terre des cépages traditionnels : folle blanche, picpoul (pique lèvres), saint-émilion et colombard.

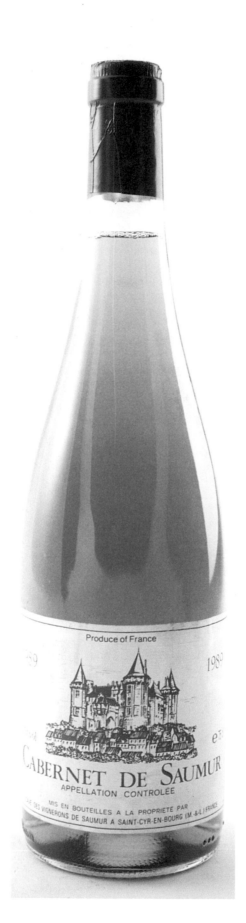

LA VALLÉE DE LA LOIRE

Ce grand fleuve que les étés alanguissent au point qu'il se perd dans un lit de sable trop vaste, que les hivers bousculent de crues et de décrues incessantes, ce fleuve au long cours qui, du Massif central aux embruns de l'Atlantique, creuse inexorablement son sillon, est aujourd'hui encore le dernier fleuve sauvage d'Europe. Ce grand fleuve, qui a façonné ses rives comme un jardin, a fait de sa vallée la vallée des rois et des reines, la vallée de la douceur de vivre, où le ciel est tendre et les lumières évanescentes, la vallée du parler juste, du bien manger et des châteaux. Ce grand fleuve ne pouvait être qu'un fleuve à vignes.

De Saint-Pourçain à Saint-Nazaire, les AOC, les VDQS, les vins de pays ne se comptent plus. 80 000 ha de vignes se partagent l'honneur d'appartenir, de près ou de loin, à la Loire et à ses affluents. Jamais tant de vins ne se sont côtoyés avec autant de bonheur, des grands crus aux vins sans grande origine, des vins qui pétillent de talent, des vins au moelleux si délicat, des vins aux parfums de fraise, de framboise ou de groseille, des vins à l'éclat du rubis, des vins qui vous éclatent au palais comme une pierre à fusil. La Loire viticole se redécouvre sans cesse, mais, quel paradoxe, ses vignobles sont invisibles ! Il faut savoir musarder, se perdre sur les chemins de traverse, quitter les routes qui suivent sagement le fleuve sur ses "levées" pour surprendre, au hasard des coteaux et des vallons, quelques arpents de vignes qui, de Nevers à Nantes, font la diversité et la richesse de ses vins.

La Loire a déjà accompli la moitié de son cours lorsqu'elle rencontre ses premières appellations, celles du Centre de la France, les prestigieux vignobles de Pouilly et de Sancerre qui, de leurs collines nivernaises, descendent vers ses rives en pente douce. Au passage, c'était si près, elle s'est adjoint les vignobles du Berry, ceux de Reuilly et de Quincy. À Orléans, elle effleure le Bassin parisien avec deux VDQS, les Coteaux du Giennois et les vins de l'Orléanais et, plus au sud, entre Cher et Loire, elle s'approprie l'AOC Menetou-Salon. Puis elle pénètre en Touraine et en Anjou, suivant une éblouissante carte des vins : Montlouis, Vouvray, Chinon, Bourgueil, Saint-Nicolas-de-Bourgueil. Est-ce pour se mettre l'eau à la bouche qu'elle nous offre le Saumur-Champigny après s'être renforcée du Cher, de l'Indre et de la Vienne et avant d'aborder les vins du Layon et de l'Aubance : Bonnezeaux, Quarts de Chaume et tant d'autres? Notre voyage s'achève lorsque, au pays des Muscadet, elle se coule dans son embouchure pour goûter enfin à cet océan qui l'avale d'un coup de langue amère.

LES ANGLAIS, PUIS LES HOLLANDAIS...

La vigne est apparue sur les bords de la Loire il y a 5 500 ans, après la dernière glaciation. Rien ne prouve pourtant qu'elle était cultivée avant la conquête romaine. Son véritable essor est l'œuvre des premières abbayes qui vinifiaient pour des besoins liturgiques et médicinaux.

Selon les légendes, elle serait due à saint Martin, fondateur de l'abbaye de Marmoutier et évêque de Tours. Il vécut vers 380, et la vigne lui doit ses plus belles histoires. L'une d'entre elles raconte comment saint Martin, revenant d'un lointain voyage en Pannonie, ramena sur les bords de la Loire le premier plant de chenin. Pour le voyage, il le protégea dans un os d'oiseau mais, constatant que le cep avait grossi, il le plaça dans un os de chien; celui-ci ayant encore pris de l'ampleur, il le mit alors dans un os de lion. Et c'est ainsi que, depuis, l'on chante comme un oiseau à la première pinte pour aboyer à la seconde et rugir à la troisième. Ou cette autre histoire qui relate comment saint Martin, non seulement apôtre de la foi, aidait aussi les vignerons à développer leur culture. Arrivant un beau jour dans ses vignobles d'Anjou, il laissa son âne attaché à un cep de vigne. À son retour, l'âne avait brouté la vigne jusqu'au tronc. L'année suivante, ce même pied donna au centuple. La taille venait de naître, et c'est ainsi que depuis, en son honneur, plus d'un âne s'appelle Martin.

La Loire, dont le trafic fluvial dépassait celui de la Seine, fut sillonnée par les gabares et les chalands à voile jusqu'à l'aube du XXe siècle. Elle joua un rôle essentiel dans le développement du vignoble. Déjà, au XIIe siècle, les vins d'Anjou et de Touraine étaient exportés vers la Bretagne, la Normandie et l'Angleterre. Leur transport fit d'ailleurs la prospérité des marchands d'Angers. C'était l'époque où les Plantagenêts, comtes d'Anjou et rois d'Angleterre, appréciaient fort les vins d'Anjou. Lorsque finalement le palais anglais opta pour les vins de Bordeaux, les Hollandais prirent le relais. Ils établirent sur le fleuve un commerce ininterrompu pendant plus de trois siècles, faisant remonter leurs navires de haute mer jusqu'à Saumur. Partout, des ports et des entrepôts furent construits. C'est à eux que revient également l'extension des vignes blanches en Anjou et dans le pays nantais. Mais ces échanges florissants eurent une fin lorsque Louis XIV déclara la guerre à la Hollande. Le déclin qui suivit fut accentué par l'écrasante fiscalité perçue sur les bateaux chargés de vin. À Ingrandes-sur-Loire, frontière du duché de Bretagne, on maintint une douane jusqu'en 1789.

Plus à l'est, les vins de l'Orléanais et du Blésois, alors de grande réputation, étaient transportés par chariots vers Paris et les Flandres. Mais la qualité régressa à tel point que le phylloxéra leur porta un coup fatal. La Touraine et l'Anjou, également touchés, s'en sortirent beaucoup mieux, puisqu'à la fin des années trente, nombreux furent leurs vins à être inclus dans la première promotion des AOC. Aujourd'hui, les vins de Loire ont atteint un tel prestige que plus personne ne s'étonne de les voir figurer à égalité avec les Bordeaux et les Bourgogne sur la carte des vins du monde entier.

LA LOIRE, DU MASSIF CENTRAL AU MASSIF ARMORICAIN

La Loire coupe non seulement la France en deux, mais elle traverse, sur les 1 000 km de son cours, trois aires géologiquement très différentes : le Massif central, le Bassin parisien et le Massif armoricain.

Dans le Massif central, la région de la Limagne, qui porte les vignobles de Saint-Pourçain et des Côtes d'Auvergne, se situe sur un fossé d'effondrement aux coteaux calcaires ou graveleux, drainé par l'Allier entre Brioude et Moulins.

Le Bassin parisien prend ensuite le relais, de la Nièvre à l'Anjou. La Loire, plus à l'aise, s'étend alors sur des régions de plateaux peu élevés, à l'exception des collines du Sancerrois qui atteignent les 350 m. Les terrains sont d'origine sédimentaire, où dominent les sols calcaires. Si le fond de la vallée est composé de terres alluvionnaires, il existe cependant quelques îlots caillouteux propices à la vigne. Les plateaux, à une quinzaine de mètres au-dessus de la Loire, sont des zones de graviers qui rassemblent les plus importants vignobles. Enfin, les coteaux surplombant la Loire sont la région des "tufs" (craie tuffeau) et des vins de plus longue garde.

L'Anjou est tiraillé entre le Massif vendéen, le Massif armoricain et la bordure sud-ouest du Bassin parisien. La vigne bénéficie alors d'une multitude de terrains à base de schiste, de grès et de cal-

CÉPAGES

Chenin blanc (B) ou pineau de la Loire ; grolleau (N) ; cabernet franc (N) ; cabernet sauvignon (N) ; gamay (N) ; muscadet (B) ou melon ; folle blanche (B) ; sauvignon (B) ; chasselas (B).

ANJOU-TOURAINE
Les grands millésimes :
45, 47, 49, 55, 59, 69, 70, 76, 81, 82, 83, 84, 85, 86, 89.
Les bons millésimes :
61, 62, 71, 75, 78, 79, 87, 88.

POUILLY-SANCERRE
Les grands millésimes :
81, 82, 83, 85, 86, 89.
Les bons millésimes :
84, 87, 88.

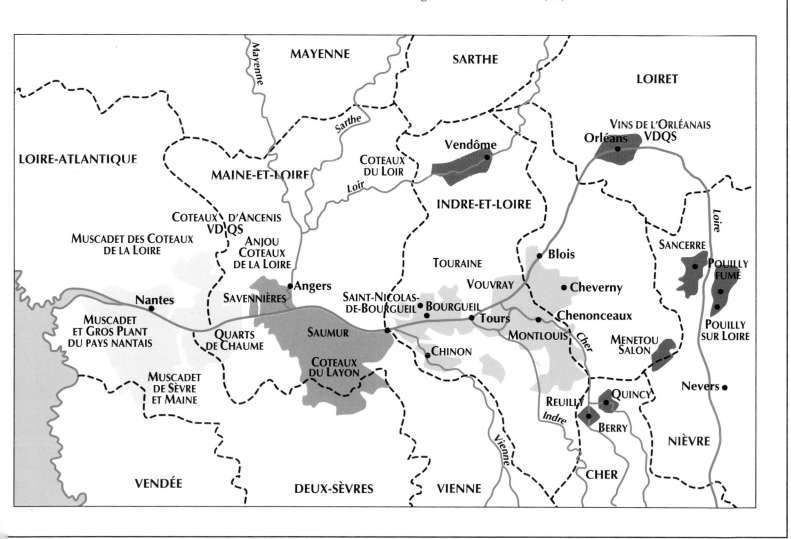

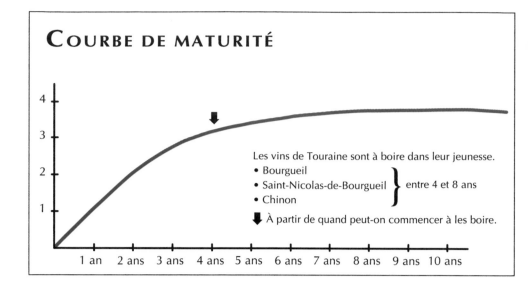

COURBE DE MATURITÉ

Les vins de Touraine sont à boire dans leur jeunesse.
- Bourgueil
- Saint-Nicolas-de-Bourgueil } entre 4 et 8 ans
- Chinon

↓ À partir de quand peut-on commencer à les boire.

1 an 2 ans 3 ans 4 ans 5 ans 6 ans 7 ans 8 ans 9 ans 10 ans

caire du primaire, de craies, d'argiles et de sables du secondaire et de graviers siliceux du tertiaire. Voilà sans doute l'explication de l'extraordinaire richesse des vins d'Anjou.

À l'opposé, le pays nantais, monocépage, bien ancré sur le Massif armoricain, présente un paysage plat avec des sols peu profonds sur socles rocheux, constitués de schiste et de granit.

LA LOIRE AU FIL DE SES CÉPAGES

La Loire a acclimaté, avec plus ou moins de bonheur, tous les cépages de France. Elle en compte encore une vingtaine. Jamais mentionnés sur l'étiquette de ses crus, elle leur est pourtant redevable du florilège de ses vins, qu'ils soient tranquilles ou effervescents, moelleux ou secs.

S'il fallait simplifier à l'extrême, pourrait-on dire que tout commence et que tout finit par la Bourgogne : du gamay de Saint-Pourçain dans le sud du Massif central au melon de Bourgogne, autrement dit le Muscadet du pays nantais.

Entre ces deux extrêmes, le sauvignon ouvre magistralement les vins de Loire en faisant d'une pierre (à fusil) deux coups à Sancerre et à Pouilly (sauvignon et chasselas pour ce dernier).

Mais la Loire, amorçant sa grande boucle vers l'ouest, préfère déjà ses deux cépages de prédilection : le chenin blanc et le cabernet franc, et cela jusqu'aux confins de l'Anjou, pour laisser la place à son embouchure au muscadet et au gros plant du pays nantais.

Les hybrides, n'en parlons plus, c'est un mauvais souvenir (plantet, chambourcin, villard noir, baco noir et blanc) ; s'ils servent encore, on les réserve aux vins ordinaires ! Gamay et sauvignon s'imposent de plus en plus dans les cépages du Loir-et-Cher, au détriment du pineau d'Aunis et même du chenin blanc. Ce dernier, par contre, gagne du terrain à Montlouis et à Vouvray.

Pour les cépages rouges, le cabernet franc domine les terres de Chinon et de Bourgueil. Le grolleau est partout en déclin, sauf en Anjou où ses rendements élevés en font un composant essentiel du rosé avec le cabernet franc, cépage noble par excellence. Faudrait-il signaler l'intrusion du chardonnay dans les Anjou blancs et la vogue que connaît le cabernet sauvignon, notamment en Anjou où il occupe plus de 2 000 ha réservés essentiellement aux rosés ? Enfin, le melon de Bourgogne assoit inexorablement sa toute-puissance dans la région nantaise, boutant hors de chez lui un gros plant (folle blanche) finalement trop grossier.

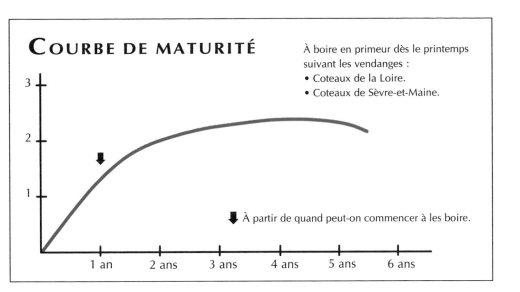

COURBE DE MATURITÉ

à boire en primeur dès le printemps
suivant les vendanges :
• Coteaux de la Loire.
• Coteaux de Sèvre-et-Maine.

▼ À partir de quand peut-on commencer à les boire.

3
2
1

1 an   2 ans   3 ans   4 ans   5 ans   6 ans

LE CABERNET FRANC

Originaire de Gironde, il fut transplanté dans la Loire par l'abbé Breton, intendant de Richelieu (de là vient son surnom de "breton"), qui le destinait à l'abbaye Saint-Nicolas-de-Bourgueil. Depuis, il n'a cessé de se propager au point de représenter aujourd'hui la même surface d'encépagement que dans le Bordelais. Sa culture présente pourtant certains risques. La Loire est à l'extrême limite de ses possibilités climatiques. C'est en effet un cépage au débourrement précoce (voir les dégâts des gelées de mai 1991) et au mûrissement tardif, qui convient parfaitement à la Touraine et à l'Anjou, dont les arrière-saisons sont souvent belles. Ici, sur les bords de la Loire, aux sols alluvionnaires et graveleux, il donne tous les grands vins rouges (Chinon, Bourgueil, Saint-Nicolas-de-Bourgueil, Saumur, Champigny, etc.) ainsi que les grands rosés d'Anjou.

LE CHENIN BLANC

Plus connu sous le nom de pineau de la Loire, le chenin est aujourd'hui le cépage blanc le plus cultivé, de la Touraine à l'Anjou. La tradition veut que saint Martin l'ait ramené des confins de l'Allemagne. Mais tout porte à croire qu'il provient d'une sélection de vignes prospérant à l'état sauvage sur les bords de la Loire. On

trouve sa trace pour la première fois en Anjou au IXe siècle, à l'abbaye de Glanfeuil. À la fin du Moyen Âge, les écrits nous rapportent que le seigneur de Chenonceau en transmit quelques plants à son beau-frère, abbé de Cormery à Mont-Chenin (d'où son nom). Comme le cabernet franc, c'est un cépage qui débourre tôt et qui mûrit tard. Il aime les sols argilo-caillouteux à forte déclinaison ou les formations schisto-gréseuses.

Il peut être vinifié en sec, en moelleux ou en effervescent. Jeune, il a une acidité assez prononcée ; mais les vins de chenin les plus recherchés sont ceux qui proviennent de vendanges tardives, notamment dans les appellations Montlouis, Vouvray, Coteaux du Layon, Bonnezeaux et Quarts de Chaume. Là, il donne des vins au moelleux exceptionnel, à l'arôme de miel, de fleurs et de paille humide.

Loin de s'être confiné aux bords de la Loire, le chenin a depuis longtemps entrepris une carrière internationale en Afrique du Sud, en Californie et en Australie.

LE GAMAY

Cépage précoce, maître absolu du Beaujolais, il se satisfait ici de ce que les autres ne veulent pas : des terres argileuses, exposées sur les Coteaux de la Loire et de Touraine. On l'apprécie en primeur.

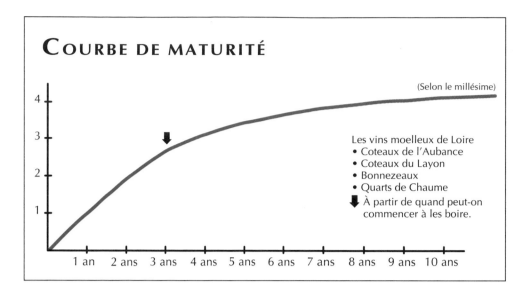

COURBE DE MATURITÉ

(Selon le millésime)

Les vins moelleux de Loire
• Coteaux de l'Aubance
• Coteaux du Layon
• Bonnezeaux
• Quarts de Chaume
⬇ À partir de quand peut-on
commencer à les boire.

1 an 2 ans 3 ans 4 ans 5 ans 6 ans 7 ans 8 ans 9 ans 10 ans

LE MUSCADET, OU MELON DE BOURGOGNE

De Bourgogne, il est arrivé dans le pays nantais au XVIIIᵉ siècle, à la suite du terrible hiver de l'année 1709 qui détruisit tous les vignobles. Il s'est parfaitement adapté à sa nouvelle terre maritime au point de donner des vins blancs secs, frais, un brin salés et quelque peu perlants. Il se distingue par sa touche florale et son léger goût musqué à qui il doit son nom.

LE GROS PLANT OU FOLLE BLANCHE

En Loire-Atlantique, il ne représente plus que 2 600 ha, qui concernent une production de VDQS Gros Plant de pays nantais. Son implantation fut décidée par les Hollandais qui le destinaient au départ à la distillation d'eaux-de-vie. C'est un vin sec, très clair, souvent acide, qui se consomme sur place.

LE GROLLEAU OU GROSLOT

Le nom vient du vieux français grolle qui signifie corneille, noir comme ses baies. Il participe surtout à l'élaboration du rosé d'Anjou, avec encore 5 000 ha, et aux effervescents de la vallée de la Loire. Il se vinifie également en rouge léger comme vin de table.

LE CHASSELAS

Il produit les trois quarts de la production des blancs secs de Pouilly-sur-Loire. Les Pouilly Fumé, les meilleurs, aux parfums musqués et épicés, proviennent du sauvignon.

LE SAUVIGNON

C'est le grand cépage du centre. Son origine est incertaine, mais beaucoup pensent qu'il proviendrait du Val de Loire. Il aime les sols bien drainés qui se réchauffent vite. A lui les Sancerre, Pouilly Fumé, les Quincy, Reuilly et Menetou-Salon. On lui doit également, mais avec moins de bonheur, les Sauvignon de Touraine.

AUTRES CÉPAGES

Le gris meunier, cépage rouge répandu dans l'Orléanais et à Châteaumeillant.

Le cot (ou malbec). Il est associé au grolleau pour rehausser certains vins rouges ou rosés.

Le pinot noir, qui donne les Sancerre rouges ; le pinot gris, à qui l'on doit le fameux Tokay d'Alsace, est appelé sur les bords de la Loire "malvoisie". Assemblé avec le gris meunier et le pinot noir, il donne un rosé très particulier près de Tours, le "Noble Joué".

LA DOUCEUR DU CLIMAT

Vallée de la Loire signifie climat tempéré et humide, une moyenne des températures qui s'élève à 11° (à Tours) et une pluviométrie annuelle qui dépasse rarement les 700 mm, des conditions somme toute optimales pour la vigne, accentuées encore par un début d'automne très souvent ensoleillé, idéal pour les vendanges tardives du chenin blanc.

Il va de soi que le climat est océanique à l'ouest, donc plus doux et humide à l'embouchure de la Loire, et a tendance à être plus continental dans le Sancerrois, avec un risque accru de gelées précoces. Mais, là encore, tout est une question d'exposition, de microclimat, qui caractérise si bien les vignobles de la Loire.

CRÉMANT DE LOIRE

Cette appellation concerne tous les vins effervescents blancs ou rosés, issus de vins tranquilles produits à l'intérieur d'une de ces trois appellations (Anjou, Saumur et Touraine).

Ceux-ci doivent provenir, à 70 % au moins, des principaux cépages (chenin blanc, cabernet sauvignon, cabernet franc, pinot noir, chardonnay, pineau d'Aunis, etc.). Élaborés selon la méthode champenoise de seconde fermentation en bouteille, les Crémant de Loire doivent titrer au moins 8,5°. La production est estimée à 40 000 hl.

ROSÉ DE LOIRE

Produite dans les mêmes aires délimitées que les précédents, cette appellation régionale, reconnue depuis 1974, offre des rosés similaires au rosé d'Anjou, avec un minimum de 30 % de cabernet franc et de cabernet sauvignon, complétés de gamay, de pineau d'Aunis et de grolleau.

Ce sont des vins secs, titrant au moins 9° avec 3 g de sucre résiduel par litre. A boire dans l'année.

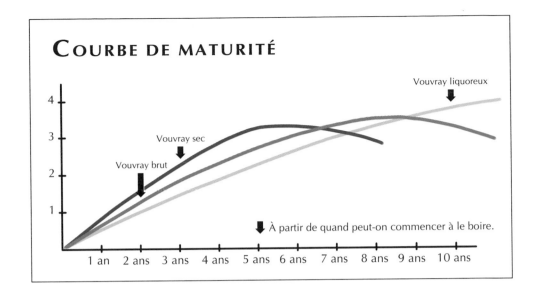

COURBE DE MATURITÉ

Vouvray liquoreux

Vouvray sec

Vouvray brut

⬇ À partir de quand peut-on commencer à le boire.

1 an 2 ans 3 ans 4 ans 5 ans 6 ans 7 ans 8 ans 9 ans 10 ans

LES APPELLATIONS

Quinze départements sont traversés par la Loire, que l'on regroupe en quatre grandes régions viticoles, elles-mêmes englobant des secteurs situés à leur périphérie : le pays nantais, l'Anjou-Saumur, la Touraine et le Centre.

LE PAYS NANTAIS

Trois appellations
Muscadet
Muscadet-Coteaux de la Loire
Muscadet de Sèvre-et-Maine
Trois VDQS
Gros Plant
Coteaux d'Ancenis
fiefs vendéens

L'ANJOU-SAUMUR

Treize appellations
Saumur-Champigny
Saumur
Coteaux de Saumur
Saumur effervescents
Anjou
Anjou-Coteaux de la Loire
Cabernet d'Anjou
rosés d'Anjou
Savennières
Bonnezeaux
Coteaux du Layon
Quarts de Chaume
Coteaux de l'Aubance
Les appellations périphériques : deux VDQS
Vins du Haut-Poitou
Vins du Thouarsais

LA TOURAINE

Neuf appellations
Touraine
Touraine-Azay-le-Rideau
Touraine-Amboise
Touraine-Mesland
Vouvray
Montlouis
Bourgueil
Saint-Nicolas-de-Bourgueil
Chinon
Plus deux appellations au nord de la Touraine
Jasnières
Coteaux du Loir
Trois VDQS
Coteaux du Vendomois
Cheverny
Valençay

LE CENTRE

Cinq appellations
Sancerre
Pouilly-Fumé
Quincy
Reuilly
Menetou Salon
Sept VDQS
Vins de l'Orléanais
Coteaux du Giennois
Châteaumeillant
Saint-Pourçain
Côtes d'Auvergne
Côte Roannaise
Côte du Forez

Deux appellations régionales s'appliquent à deux types de vins produits obligatoirement dans les limites des appellations Anjou, Saumur et Touraine.

Au-dessus de la Loire, une haute terrasse recueille l'essentiel des vignobles de Bourgueil et Saint-Nicolas-de-Bourgueil.

LE PAYS NANTAIS

Plus que jamais, le pays nantais est le fief du Muscadet, le seul vin blanc qui, à l'instar du Beaujolais, ait acquis une réelle ferveur populaire. Sa simplicité, sa fraîcheur, sa convivialité en font le vin idéal du quotidien comme des jours de fêtes. Son domaine s'étend sur les terres maritimes de l'embouchure de la Loire, au paysage indéfiniment plat, ponctué du reflet ardoisé des villages. Le vignoble est en constante extension, 13 000 ha pour une production de 850 000 hl aux mains de négociants-éleveurs.

Le Muscadet est "bonne fille". Il semble se satisfaire de n'importe quel terrain, qu'il soit granitique, gréseux, gneisseux ou schisteux. Mais il affectionne particulièrement le sol léger et caillouteux des coteaux peu élevés du Massif armoricain. Dans ce climat océanique, à la fois doux et humide, il donne le meilleur de lui-même, fournissant les conditions idéales à la culture extensive de la vigne.

Le pays nantais offre trois types de Muscadet, seul cépage autorisé pour la production des AOC : les Muscadet, les Muscadet des Coteaux de la Loire, les Muscadet de Sèvre-et-Maine. Se souvient-on encore, dans le pays nantais, de ce terrible hiver 1709 qui devait anéantir tout le vignoble ? L'année commença par deux mois doux et pluvieux auxquels succédèrent cinq semaines glaciales, au point que la mer gela le long des côtes. Les souches gorgées d'eau éclatèrent sous l'effet du gel, à l'exception des quelques plants de melon musqué. La suite est connue : le plant, banni de Bourgogne pour médiocrité, trouva sur les bords de l'Atlantique sa terre d'élection.

BONHEUR ET MALHEURS DES MUSCADET

Quand il est bon, c'est-à-dire bonne année et bonne vinification, il est sublime, finement bouqueté, d'une légèreté presque aérienne, avec une pointe d'acidité, délicatement perlant, et une touche musquée à peine perceptible (d'où son nom).

Quand il est médiocre, c'est un naufrage : nez insignifiant, sans bouquet, court en bouche, de la verdeur, un vin neutre et triste.

Ici, la chaptalisation est un défaut dont il est facile d'abuser. Très souvent, les vignerons jouent le degré contre l'acidité naturelle. Aussi, le Muscadet s'est-il vu imposer (c'est le seul) une teneur en alcool d'un maximum de 12°.

Le Muscadet mûrit tôt; les vendanges sont donc précoces, les premières de France. Le raisin peut être vinifié comme tous les vins blancs. Il existe une autre méthode qui préserve la fraîcheur, le fruité, la finesse et le bouquet du Muscadet : c'est la vinification sur lie.

MUSCADET SUR LIE

Cette méthode traditionnelle consiste à laisser le vin sur ses lies pendant l'hiver jusqu'à la mise en bouteilles qui s'effectue en juin. Les lies, sortes de dépôt de tartre laissé par le vin au fond du fût (ou de la cuve), ont le pouvoir d'absorber l'oxygène, évitant ainsi tout risque d'oxydation.

De plus, la mise en bouteilles se fait sans soutirage préalable, sans collage ni filtrage, mais par simple effet de gravité. Le vin, n'étant ainsi pas remué, conserve une partie du gaz carbonique qui, dissous, apporte le perlant si caractéristique des bons Muscadet sur lie (attention, certains sont perlés artificiellement). Il va de soi qu'une bonne vinification sur lie se fait à partir d'une vendange saine qui évite tout grain pourri, indispensable pour la qualité.

MUSCADET DE SÈVRE-ET-MAINE

Plus de 80 % de la production de Muscadet proviennent du meilleur secteur : Sèvre-et-Maine, deux affluents de la Loire qui bordent les meilleurs vignobles sur le territoire de vingt-trois communes dont les cantons de Vertou, le Loroux-Bottereau, Vallet, Clisson et Aigrefeuille. Rappelons-le, le Muscadet ne possède pas d'appellation communale, et pourtant quelques localités pourraient y prétendre : Saint-Fiacre, La Haie-Fouassière, Vertou, Gorges et Monnières.

MUSCADET DES COTEAUX DE LA LOIRE

Cette zone de coteaux, répartis sur les deux rives de la Loire autour d'Ancenis, fournit à peine 10 % de la production de Muscadet. Les vins y sont plus fermes et plus charpentés que dans le secteur Sèvre-et-Maine, qualités qu'ils doivent à la nature argilo-schisteuse du terrain.

MUSCADET

La production émane d'une vaste zone au sud-ouest de Nantes, qui déborde sur la Vendée. Mais les vignobles se concentrent essentiellement autour du lac de Grand-Lieu. Le Muscadet est ici un vin rustique à boire en "primeur" dès ses premières Pâques.

GROS PLANT DU PAYS NANTAIS

VDQS depuis 1954, ce vin très sec, très pâle, est sans aucun doute plus grossier et plus vert que le Muscadet. Il est fait à partir d'un unique cépage, le gros plant ou folle blanche, variété aujourd'hui disparue des Charentes d'où il est originaire. Il se contente des sols sablo-graveleux de Loire-Atlantique, occupant encore une surface de 2 500 ha.

COTEAUX D'ANCENIS

Ce n'est plus l'Anjou, ce n'est pas encore le pays nantais ; ce VDQS se contente donc d'affirmer sa propre personnalité sur une aire d'appellation de 400 ha autour de la ville d'Ancenis, pour produire des vins de cépage pur : des gamay noir à jus blanc, souples, légers, très fruités, qui représentent 80 % de la récolte.

RÉCOLTE 1990

GROS PLANT
du Pays Nantais
Appellation d'Origine, Vin Délimité de Qualité Supérieure
Mis en bouteille à Vertou (L.-A.) – France par Théophile Guillon
pour Nicolas, Maisons-Alfort – France

MUSCADET
Dégustation
Robe : jaune pâle.
Bouquet : fin.
Saveurs : fruité, vif, sec, très désaltérant, légère "perle".
Température de service : 6-7 °C.
Alliances gastronomiques : coquillages, crustacés et poissons, daurade bercy. Chabichou, crottin de Chavignol.

MUSCADET DE SÈVRE-ET-MAINE
Dégustation
Robe : dorée.
Bouquet : floral (acacia) et fruité (pomme, amande).
Saveurs : sec, léger et très frais.
Température de service : 8°C.
Alliances gastronomiques : huîtres, moules marinière, coquilles Saint-Jacques à l'estragon, brochet au beurre blanc.

MUSCADET DES COTEAUX DE LA LOIRE
Dégustation
Robe : jaune doré.
Bouquet : peu intense.
Saveurs : sec, bonne acidité, goût de "pierre à fusil".
Température de service : 8°C.
Alliances gastronomiques : crustacés mayonnaise, saumon fumé, pamplemousse au crabe, sole meunière.

L'ANJOU ET LE SAUMUROIS

Entre le pays nantais à l'ouest et la Touraine à l'est, l'Anjou et le Saumurois nous offrent l'une des cartes des vins les plus exceptionnelles de France : des vins rouges et rosés, des blancs secs, demi-secs, moelleux, liquoreux, des vins effervescents, regroupés en dix-sept magnifiques appellations.

Le vignoble de 15 000 ha s'étend à 95 % sur le seul département du Maine-et-Loire, pays de la douceur de vivre, au relief paisible, entrecoupé de nombreux cours d'eau. Leurs noms résonnent comme autant de grands crus : Loire, Aubance, Layon, le long desquels se situent les plus importants vignobles.

Ici, le climat n'est jamais excessif, l'ensoleillement est important, les précipitations abondantes et les arrière-saisons délicieusement lumineuses. Les terrains sont de deux types : à l'est, autour de Saumur et sur les coteaux bordant la Loire, le calcaire domine : c'est l'Anjou blanc, qui procure ces fameux vins de Tuffeau (la craie de Tuffeau des terrains sédimentaires du Bassin parisien). À l'ouest, ils relèvent du Bassin armoricain avec prédominance de schistes et de grès : c'est l'Anjou bleu, fournissant les "vins d'ardoise". Entre les deux, la géologie a laissé libre cours à son imagination avec toutes sortes de sols : sableux, gréseux, gravelo-siliceux, parfaits pour le chenin blanc (pineau de la Loire), peu regardant sur la nature exacte de sa terre. Pour les vins rouges, là encore, le breton (cabernet franc) domine ses rivaux. Associé au cabernet sauvignon, il donne les meilleurs rosés d'Anjou, laissant au grolleau, au gamay et au pineau d'Aunis les vins plus ordinaires.

À la veille de l'invasion phylloxérique, le vignoble angevin ne fut jamais aussi florissant. Il couvrait 31 000 ha dans le seul département du Maine-et-Loire. Sa diffi-

cile reconstitution ne date que du début du XXᵉ siècle. Réputé depuis toujours pour ses vins blancs secs ou moelleux, l'Anjou a pourtant su saisir la mode des rosés dans les années soixante pour développer maintenant de fort bons vins rouges et d'excellents effervescents. Aujourd'hui, les aires d'AOC représentent 70 % du vignoble. Le vin fait vivre un bon millier de vignerons sur des exploitations moyennes de 12 ha. Soulignons que les maisons de négoce assurent 50 % des ventes, les caves coopératives 15 % et les vignerons eux-mêmes 35 %.

L'ANJOU, PAYS DES GRANDS LIQUOREUX

L'Anjou partage avec les Sauternes et les Barsac la réputation très enviée d'élaborer les meilleurs vins liquoreux de France. En pays angevin, ces vins, qu'ils soient qualifiés de demi-secs, doux, moelleux ou liquoreux, sont obtenus grâce aux vendanges tardives qui s'échelonnent entre octobre et novembre.

Il s'agit, par tris successifs, de cueillir les raisins atteints de surmaturité que seule développe la pourriture noble sous l'action d'un minuscule champignon appelé *Botrytis cinerea*. Un procédé spécial de vinification va alors concentrer dans le vin un pourcentage plus ou moins élevé de sucre résiduel (plus il est élevé, plus le vin est liquoreux).

Pour réussir un tel vin, tout est déterminant. L'arrière-saison doit être belle, ensoleillée et humide. Cette humidité, qui développe la pourriture noble, est apportée par les brouillards d'automne montant du fond des vallées. L'exposition et les microclimats sont essentiels : les meilleurs versants de la Loire, du Layon et de l'Aubance sont orientés sud et sud-ouest. Dernier élément, et non des moindres, le cépage utilisé ne peut être qu'exceptionnel comme le chenin blanc (pineau de la Loire), cépage semi-tardif qui donne à l'Anjou et à la Touraine tous ses grands liquoreux.

ANJOU ROUGE

Dégustation
Robe : rouge intense.
Bouquet : petits fruits rouges.
Saveurs : tannique et bien charpenté, bonne
persistance.
Température de service : 14-16°C.
Alliances gastronomiques : *pâté de campagne,
girolles, mousserons et pleurotes. Rôti de veau à la
dijonnaise.*

ANJOU ROSÉ

Dégustation
Robe : rosé pâle.
Bouquet : fruité.
Saveurs : frais, sec ou demi-sec, très vif.
Température de service : 9-10°C.
Alliances gastronomiques : *coquillages, poissons
frits (sec), viandes blanches (demi-sec), porc au
pamplemousse (demi-sec).*

ANJOU BLANC

Dégustation
Robe : très claire.
Bouquet : arôme riche et frais.
Saveurs : fruité, arrière-goût très agréable.
Température de service : 8-9°C.
Alliances gastronomiques : *hors-d'œuvre.
Coquillages et poissons.*

L'ANJOU

Avec 8 000 ha répartis sur deux cents communes, cette appellation régionale englobe toutes les autres. Première constatation, l'Anjou fait de moins en moins de rosés et de plus en plus de vins rouges issus du cabernet franc, du cabernet sauvignon et, dans une très faible mesure, du pineau d'Aunis. Ce sont eux qui, aujourd'hui, se développent le plus, au point de dépasser en volume les vins blancs (60 000 hl).

La deuxième observation montre l'abandon de la vinification traditionnelle au profit d'une macération plus courte donnant des vins plus frais et plus aromatiques.

Quant aux Anjou blancs, récoltés surtout sur les sols argilo-schisteux du Layon et de l'Aubance, ils sont en général secs et de pur chenin, même si une tolérance laisse au vigneron 20 % de sauvignon et de chardonnay, utilisés pour adoucir un chenin décidément un peu trop dur.

ANJOU-VILLAGES

Cette appellation toute récente (1987) consacre les Anjou rouges et les meilleurs d'entre eux, puisqu'ils sont exclusivement tirés du cabernet franc (70 %) et du cabernet sauvignon (30 %). L'aire d'appellation coïncide avec les grands secteurs de la vallée du Layon, autour de Thouarcé, Tigné et Martigné et celle de l'Aubance en aval de Brissac.

Tout dans cette nouvelle appellation est strictement réglementé : le rendement fixé à 50 hl/ha (au château de Tigné, il ne dépasse guère les 25-30 hl/ha), la commercialisation qui ne doit débuter qu'au 15 septembre de l'année suivante et la préconisation d'un élevage prolongé en cuve, voire en fût. Les résultats sont là, avec des vins plus fermes, plus charpentés, aux arômes de fruits rouges que quelques années de cave suffisent à "velouter".

ANJOU-GAMAY

Le gamay peut être utilisé seul dans la production d'Anjou rouges sous l'appellation Anjou-Gamay. Il fournit deux types de vins, des vins "primeurs" mis en vente dès le troisième jeudi de novembre après macération carbonique, et des vins à cuvaison courte, les fameux Gamay gouleyants, à boire sans attendre.

ROSÉ D'ANJOU

L'Anjou fournit encore 160 000 hl de vins, sous l'appellation Rosé d'Anjou, qui furent longtemps le fer de lance de la production angevine. Aujourd'hui, cette position tend à s'inverser malgré une meilleure vinification et la redécouverte de ce vin populaire, simple, souple, fruité, agrémenté quelquefois d'un léger moelleux. Il s'obtient à base de grolleau pressé directement ou laissé à macérer quelques heures pour donner une palette de rosés du plus vif au plus sombre.

CABERNET D'ANJOU

Ah! ces Cabernet d'Anjou du début du siècle, reflets tuilés, puissants, moelleux, superbement fruités... de grands vins de garde! Ils renaissent aujourd'hui sur les schistes et les faluns (roche sédimentaire meuble truffée de coquilles) des communes de Tigné et de Martigné-Briand du Haut-Layon à travers des Cabernet d'Anjou vinifiés à l'ancienne que certains maîtres de chais font macérer quarante-huit heures avant d'être saignés. À la base du Cabernet d'Anjou, deux uniques cépages sont autorisés, le cabernet blanc et le cabernet sauvignon, vinifiés en demi-secs. Ce sont des vins qui possèdent 10° d'alcool au minimum avec une teneur en sucre résiduel au moins égale à 10 g par litre.

ANJOU-COTEAUX DE LA LOIRE

Les 50 ha de cette appellation très restrictive – puisqu'elle ne concerne que les blancs issus du chenin (pineau de la Loire) – ont bien du mal à se maintenir face à l'irrésistible ascension des Anjou rouges. L'aire d'appellation qui s'étend de part et d'autre de la Loire, en aval d'Angers, couvre le territoire d'une dizaine de communes, dont deux très actives : La Pommeraye, rive gauche, et Ingirandes, rive droite. Par ailleurs, La Possonnière, Savennières et Bouchemaine entrent davantage dans l'appellation communale Savennières. Les vins secs et demi-secs, produits sur les Coteaux de la Loire doucement inclinés vers le fleuve, sont une fort belle entrée en matière avant les Savennières et les Layon.

SAVENNIÈRES

Petite appellation quant à la taille, à peine 80 ha, Savennières cultive le charme discret de la grande bourgeoisie viticole. Longtemps réservée aux "happy few", sa faible production et surtout la qualité exceptionnelle de ses crus ne semblent pas modifier cet état de fait. L'appellation comprend la commune de Savennières (belle église du Xe siècle) ainsi que le village d'Epiré ; elle empiète également sur Bouchemaine et Possonnière, célèbre pour son moulin à vent, et va couvrir quatre coteaux rocheux situés perpendiculairement à la Loire.

Le plus proéminent est celui d'Epiré, qui s'achève par la fameuse Coulée-de-Serrant. Que n'a-t-on pas dit de cette heureuse alliance : chenin blanc et schistes et grès couleur amarante de Savennières ? Elle donne des vins racés, nerveux, pleins de sève, des vins splendides qui, trop jeunes, savent montrer leur amertume, que six années de cave vont affiner pour atteindre leur apogée dix, voire vingt ans après.

Comme en Côte-d'Or, Savennières a ses clos, même si l'extension du vignoble en a en partie détruit les murs : le plus connu étant le Clos de la Coulée-de-Serrant, mais aussi le Clos du Papillon en raison de sa forme, le Clos des Perrières, le Clos de la Bergerie, le Clos de la Goutte d'Or, baptisé ainsi à la suite d'une remarque de Louis XI : "C'est une goutte d'or !"

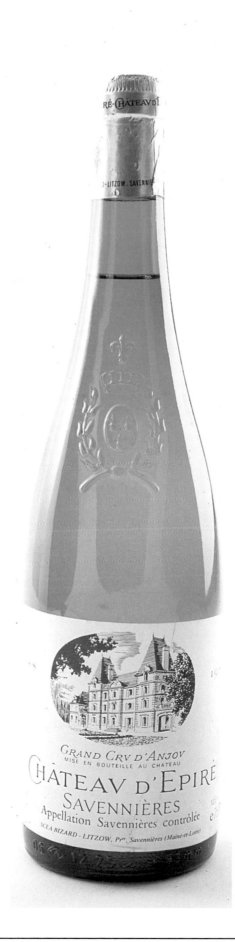

ANJOU-COTEAUX DE LA LOIRE
Dégustation
Robe : jaune aux reflets verts.
Bouquet : fruité.
Saveurs : sec, ferme et fruité.
Température de service : *8°C.*
Alliances gastronomiques : *apéritif. Saumon au beurre blanc, sole meunière. Chèvres.*

SAVENNIÈRES
Dégustation
Robe : jaune et vert brillant.
Bouquet : floral de tilleul, notes de vanille, de miel et de fruits secs.
Saveurs : corsé et fin, bonne acidité.
Température de service : *8-10°C.*
Alliances gastronomiques : *bar au beurre blanc, fricassée d'anguille, poulet sauté à l'estragon.*

COTEAUX DU LAYON
Dégustation
Robe : or.
Bouquet : miel, tilleul, pêche et abricot.
Saveurs : généreux et ample, équilibré en acidité.
Température de service : *8-10°C.*
Alliances gastronomiques : *foie gras frais. Crustacés à la crème, fricassée de volaille en sauce. Roquefort. Pâtisseries à la crème.*

LA COULÉE-DE-SERRANT ET LA ROCHE-AUX-MOINES

Un décret de 1952 autorisait ces deux crus exceptionnels à joindre leurs noms à l'appellation Savennières.

La Coulée-de-Serrant, véritable piège à soleil, est un étroit vallon qui s'avance en corniche au-dessus de la Loire. Les 7 ha, séparés en deux parcelles le long de la coulée, produisent un vin comparable à un Yquem. Le vignoble, propriété de la famille Joly, fut planté au XIIe siècle par les bénédictins de Saint-Nicolas d'Angers qui y édifièrent une petite ferme monastère qui existe encore.

Parallèle à la Coulée, la Roche-aux-Moines étend son vignoble sur une vingtaine d'hectares de coteaux orientés sud, sud-est, offrant au chenin un ensoleillement maximal.

COTEAUX DU LAYON

L'aire d'appellation se calque sur la vallée du Layon, de la source à l'embouchure, de Cléré-sur-Layon à Chalonnes, vieux port fluvial qui abrita les entrepôts construits par les Hollandais.

Le Layon est une rivière tout en méandres. Elle se heurte dès Martigné-Briand aux roches dures du Massif armoricain qu'elle contourne faute de pouvoir les entailler. On voit ainsi un front de coteaux coupé d'une multitude de vallons où la vigne trouve ses meilleurs emplacements sur les pentes les mieux exposées. À chaque méandre correspond un terroir différent, et les meilleurs sont sur la rive droite, de Coucourson à Rochefort, descendant le Layon en une cascade de vins aux nuances infinies : Verchers, Saint-Georges, Tigné, Faye, Beaulieu, Saint-Aubin, Chalonnes, etc.

Quelle surprenante vallée! Elle semble taillée sur mesure pour un seul et unique cépage : le chenin. Tout est fait pour satisfaire ses moindres caprices, jusqu'à offrir

des automnes chauds et ensoleillés nappant de brouillards matinaux ses coteaux. Humidité et chaleur, voilà les deux ingrédients favorables au développement de la pourriture noble. Il ne reste plus aux vendangeurs que de passer dans les rangs de vigne pour y cueillir le raisin surmûri, "rôti" par l'automne déjà bien avancé.

Inventorier les mille et un parfums du Layon est un exercice auquel aimeraient se livrer beaucoup de connaisseurs. La première merveille, au cœur de ce trésor olfactif, est d'y découvrir la clef de voûte qui soutient tous les grands Layon : l'acidité naturelle du chenin. À travers les ans, elle seule préserve sa nervosité en rafraîchissant son côté trop onctueux. Le voyage peut enfin commencer dans un des plus extraordinaires jardins que l'on connaisse : jeune, le Layon a son odeur de raisin frais, qu'accompagne celle de l'abricot. Avec l'âge, il acquiert un somptueux bouquet où se mêlent le tilleul, la fleur d'acacia et où prédomine déjà le miel. Puis on passe aux fruits des contrées exotiques : mangue, ananas, litchis. Et c'est seulement beaucoup plus tard, disons une génération d'homme, que naissent les senteurs de fruits confits, abricot, pêche, orange, et de fruits secs. Et si le tilleul réapparaît, c'est sous forme d'infusion qu'il est alors perçu. Enfin – mais y a-t-il une fin? –, le voyage se termine dans une floraison d'essences les plus rares, des essences teintées d'un peu d'amertume, celles de la gentiane et du quinquina.

LES COTEAUX DU LAYON-VILLAGES

L'appellation "Villages" n'existe pas officiellement. On a pourtant pris l'habitude de les regrouper sous ce vocable. Ils sont six : Beaulieu-sur-Layon, Faye-d'Anjou, Rablay-sur-Layon, Rochefort-sur-Loire, Saint-Lambert-du-Lattay, Saint-Aubin-de-Luigné, et ils ont, depuis 1955, le droit, en raison à la fois de leur réputation et de la qualité exceptionnelle de leur production, de joindre leur nom à l'appellation Coteaux du Layon.

QUARTS DE CHAUME

Au Moyen Age, la coutume voulait qu'un quart de la récolte soit versé au seigneur en paiement de la dîme, et ce quart concernait ici une terre à l'origine en friche, une chaume. Les 30 ha du vignoble occupent une situation remarquable. Ils sont plantés face au midi, sur une forte pente qui descend vers le Layon. Protégé des vents du nord et de l'est par les coteaux avoisinants, le vignoble est un véritable piège à soleil. Pouvait-on rêver meilleur emplacement pour le développement de la pourriture noble qui donne à la vallée l'un de ses plus somptueux nectars ?

BONNEZEAUX

Ne quittons pas les grands crus du Layon sans évoquer cette appellation dont le nom serait d'origine celte et évoquerait d'anciennes sources ferrugineuses. Ses 75 ha sont situés sur la commune de Thouarcé, sur la rive droite du Layon, et s'étendent à flanc de coteaux exposés sud, sud-ouest. Ce vigoureux Layon, opulent, solidement charpenté et au fruité si particulier, n'exprimera toute sa puissance aromatique que bien des années plus tard.

COTEAUX DE L'AUBANCE

S'il fallait distinguer les Coteaux du Layon des Coteaux de l'Aubance, on pourrait dire pour ces derniers qu'ils sont plus secs, avec un goût de terroir plus accentué. S'ils sont fruités et bien charpentés, il leur manque pourtant la puissance et surtout la finesse des premiers.

L'aire d'appellation (une centaine d'hectares) s'étend au sud d'Angers sur dix communes bordant l'Aubance, petite rivière qui s'écoule entre la Loire et le Layon.

Les vins blancs de l'appellation, qui se vendent sans tapage, rencontrent bien des difficultés pour se maintenir dans un des meilleurs secteurs de l'appellation Anjou-Villages.

QUARTS DE CHAUME
Dégustation
Robe : dorée.
Bouquet : floral, complexe.
Saveurs : gras et liquoreux, légère amertume en fin de bouche.
Température de service : 8-10°C.
Alliances gastronomiques : foie gras frais. Matelote de sole à la normande. Roquefort. Pâtisseries à la crème

BONNEZEAUX
Dégustation
Robe : dorée aux reflets verts.
Bouquet : fruit, miel et acacia.
Saveurs : fin, puissant, ample et gras.
Température de service : 8-10°C.
Alliances gastronomiques : apéritif. Foie gras frais. Saumon à l'oseille. Roquefort. Gâteaux aux noix.

COTEAUX DE L'AUBANCE
Dégustation
Robe : jaune doré.
Bouquet : floral.
Saveurs : fruité, charpenté, légèrement moelleux.
Température de service : 8-10°C.
Alliances gastronomiques : apéritif. Ragoût sauce à la crème, poissons et crustacés en sauce.

LE SAUMUROIS

L'Histoire a voulu que Saumur soit ange-vin alors que tout le rapprochait de la Touraine : même type de vigne, même méthode de vinification et surtout même sous-sol fondé sur une assise crayeuse, truffée de caves, de champignonnières et d'habitations troglodytiques.

SAUMUR

Trente-huit communes constituent l'appellation Saumur, sur un millier d'hectares dont la production de blancs et de rouges ne concerne que des vins tranquilles. Ce goût particulier qui les caractérise, fait d'un mélange de fraîcheur, de fruité, avec un net parfum très suave, n'est dû qu'au tuf (ou tuffeau), le fameux "goût de tuf" que l'on retrouve dans le chenin blanc autour de Turquant et Brezé (avec deux autres cépages autorisés : le sauvignon et le chardonnay, à hauteur de 20 %). Ne soyez pas étonné, il peut être très légèrement perlant. Les Saumur rouges, marqués eux aussi par le tuf, proviennent de la partie méridionale de l'appellation (Puy-Notre-Dame, Montreuil-Bellay et Tourtenay). Ils sont issus, comme leurs frères d'Anjou, du cabernet franc, du cabernet sauvignon renforcé d'un cépage secondaire, le pineau d'Aunis.

CABERNET DE SAUMUR

Quelque 60 ha lui sont consacrés, avec deux cépages autorisés : le cabernet franc et le cabernet sauvignon. C'est un rosé très vif, très frais, très peu coloré (il est pressé sans avoir été foulé) et plus sec qu'un Cabernet d'Anjou. Il ne contient en effet pas plus de 10 g de sucre résiduel.

SAUMUR MOUSSEUX

Avec le Saumur brut, la vallée tient sa star, précédée d'une logistique impressionnante : 1 700 ha de vignes sur quatre-vingt-treize communes du Maine-et-Loire, de la Vienne et des Deux-Sèvres, sept maisons de négoce et deux coopératives, sortent chaque année douze millions de cols ; un record qui fait bien des envieux dans le monde de l'effervescent. En fait, tout a commencé par la simple constatation que les Saumur blancs prenaient bien la mousse. De nature pétillant, il suffisait alors de traiter le vin à la manière champenoise. À Saumur, un "blanc de blancs" est fait à 80 % de chenin avec un appoint de chardonnay ou de sauvignon. Pour les rosés, la palette des cépages est plus large : cabernet franc, cabernet sauvignon, grolleau, cot, gamay, pinot d'Aunis et pinot noir. Il va de soi que la méthode champenoise de seconde fermentation en bouteille est strictement respectée. Les Saumur pétillants réalisés à demi-pression ont tendance à être plus vineux.

COTEAUX DE SAUMUR

Les 20 ha de cette minuscule appellation, à l'exemple des Coteaux du Layon, ne produisent que des vins blancs en général demi-secs, de pur chenin, aux arômes de miel et de fleurs blanches.

SAUMUR-CHAMPIGNY

Voici enfin un vin rouge qui rivalise avec ses grands voisins tourangeaux, un de ces vins à la mode qu'il suffit de demander sans avoir à consulter la carte. Le Saumur-Champigny, issu du breton (cabernet franc) avec un apport possible de cabernet sauvignon et de pineau d'Aunis, a vraiment tout pour se faire aimer. Il est léger, gouleyant, tannique mais sans excès, généreux, avec ce léger parfum de violette qui le caractérise. Violette également est sa robe lorsque, tout jeune et un peu vif, il sort du fût, pour évoluer vers la myrtille et se parer de rubis à la maturité en laissant entr'apercevoir les premiers reflets tuilés.

Si la vigne date de l'époque romaine, le vignoble a véritablement explosé depuis ces trente dernières années, passant de 300 ha en 1960 à 1 000 ha aujourd'hui. On plante donc de plus en plus sur une aire d'appellation qui, de Saumur, longe les falaises de la Loire, pour remonter le cours du Thouet, englobant le territoire de neuf communes : Saumur, Dampierre, Souzay-Champigny, Parnay, Turquant, Montsoreau, Varrains, Chacé, Saint-Cyr-en-Bourg. La vigne occupe la moindre parcelle de coteau bien exposée, dont le socle crayeux est truffé de caves. Mais la demande est si forte qu'il est à craindre que son extension se fasse au détriment de la qualité.

VINS DU THOUARSAIS

VDQS depuis 1966, cette appellation s'étend sur dix-neuf communes autour de Thouars, dans le département des Deux-Sèvres. Son vignoble ne couvre qu'une vingtaine d'hectares plantés de chenin, de gamay et de cabernet. Les blancs de chenin, secs et aromatiques, peuvent contenir jusqu'à 20 % de chardonnay. Lors de bonnes années, ils sont vinifiés également en demi-secs, rappelant par leur velouté et leur puissance aromatique les Coteaux du Layon.

Les vins rouges de Gamay, vinifiés en primeur ou en cuvaison normale, tirent de leur cépage ce caractère vif et gouleyant. Enfin, les vins rouges de Cabernet proviennent à 80 % du breton, donnant des vins charnus et solides.

VINS DU HAUT-POITOU

Au Moyen Âge, les vins du Poitou, ou vins de La Rochelle, provenaient d'une vaste zone comprise entre la Loire et la Garonne. Ils connaissaient alors une extraordinaire prospérité.

Aujourd'hui, les vins du Haut-Poitou, VDQS depuis 1970, ne représentent plus que quelques îlots perdus au sein de quarante-sept communes au nord de Poitiers et à l'ouest de Châtellerault. Le vignoble, encore sous influence océanique, est à dominance blanc : sauvignon autour de Marigny-Brizay, chardonnay et chenin blanc avec un encépagement rouge constitué de gamay et de cabernet. On trouve également le pinot noir, le grolleau, le merlot et le cot.

SAUMUR
Dégustation
Robe : rubis.
Bouquet : cassis et poivron vert.
Saveurs : fruité, tanins souples.
Température de service : *13-15°C.*
Alliances gastronomiques : *apéritif. Terrine de canard. Longe de porc rôtie.*

COTEAUX DE SAUMUR
Dégustation
Robe : jaune aux reflets verts.
Bouquet : prononcé.
Saveurs : délicat.
Température de service : *8-10°C.*
Alliances gastronomiques : *rillettes. Poissons pochés, volailles sautées en sauce.*

SAUMUR-CHAMPIGNY
Dégustation
Robe : rubis foncé.
Bouquet : violette.
Saveurs : framboisé, d'une souplesse aérienne.
Température de service : *12-14°C.*
Alliances gastronomiques : *anguille de Loire en matelote, porc à la boulangère, poulet à la Clamart, steak de lotte au poivre vert.*

LA TOURAINE

"Jardin de France, c'est Touraine", aimait à dire Rabelais, qui naquit non loin de Chinon au logis de la Devinière. Dans ce jardin, où s'édifièrent de somptueux châteaux, prospère l'un des plus attachants vignobles de France. Deux départements forment la Touraine viticole. À l'ouest, l'Indre-et-Loire, qui concentre les grands crus, affiche par un hasard extraordinaire la forme d'une feuille de vigne. Plus à l'est, le Loir-et-Cher se réserve le domaine des appellations régionales.

Sujet permanent d'étonnement, la vigne est infiniment discrète. Il faut savoir gravir les collines, passer les hautes falaises de tuffeau qui bordent la Loire pour surprendre les villages viticoles et leurs vignobles. Jamais le chenin n'a autant exulté sur des sols, mélange de sable siliceux, d'argile et de calcaire, ce fameux "aubuis" qui apporte à la Touraine les grands vins blancs secs et liquoreux de Vouvray et de Montlouis. Ici, sur les bords de la Loire, le breton (cabernet franc) est chez lui comme en Aquitaine. En marge du Saumurois, il offre une superbe déclinaison de vins rouges à la robe intense et aux arômes de fruits rouges.

Si cinq crus représentent les plus beaux fleurons du vignoble tourangeau, reconnus AOC dès 1936, n'oublions pas les appellations plus récentes : Touraine-Amboise, Touraine-Mesland, Touraine-Azay-le-Rideau. La Touraine compte 10 000 ha d'appellations comprenant neuf AOC pour une production de 600 000 hl.

TOURAINE AOC

L'aire d'appellation couvre l'ensemble de la Touraine, soit l'équivalent en surface plantée de 5 000 ha pour une production de 250 000 hl. Il va de soi que l'appellation Touraine englobe les autres appellations tourangelles ; mais son secteur de prédilection se situe entre l'Indre et la Loi-re, d'Amboise à la Sologne et le long du Cher, de Bléré à Saint-Aignan. Si la Touraine se targue d'avoir su acclimater bon nombre de cépages, à défaut de les avoir engendrés (chenin, pineau d'Aunis, grolleau), elle nous offre également une impressionnante production de pur gamay : ces Gamay de Touraine légers, fruités et alertes, bousculés dès le troisième jeudi de novembre par l'arrivée massive des Gamay "primeur".

Malgré cela, les Tourangeaux reviennent à l'ancienne pratique du mélange de cépages, seul capable de procurer des vins suffisamment tanniques et charpentés pour bien vieillir. Il s'agit de la fameuse trilogie gamay (50 %), cabernet franc (30 %) et cot (20 %) baptisée "Touraine Tradition", une spécialité des vignerons des bords du Cher, entre Saint-Georges et Saint-Aignan. Quant aux vins blancs, on constate la désaffection du chenin face à un sauvignon triomphant qui demeure le vin de cépage le plus important des appellations tourangelles. Enfin, l'AOC Touraine n'échappe pas à la vague des effervescents, y consacrant une bonne partie de sa production.

TOURAINE-AMBOISE

Les 200 ha de l'appellation sur les deux versants de la Loire se trouvent à une portée du château d'Amboise et non loin du Clos-Lucé, qui abrita les derniers jours de Léonard de Vinci. La production est assurée par des vins de pur gamay vif et fruité et par un excellent assemblage de gamay, cabernet et cot, baptisé "Cuvée François Ier". Les blancs proviennent du chenin, vinifiés en demi-secs, ou en moelleux lorsque l'année le permet.

TOURAINE-MESLAND

Face au château de Chaumont, mais sur la rive droite de la Loire, Mesland se targue d'être l'un des plus anciens vignobles de Touraine. Les quelque 170 ha de l'appellation se concentrent sur Onzain et Mesland, donnant une production de

gamay pur ou assemblé avec du cabernet et du cot. Élevé traditionnellement après cuvaison longue, le Touraine-Mesland est un vin bien structuré, franc et apte à bien vieillir. Les blancs sont issus de chenin ou de sauvignon. On y fait également un excellent rosé.

TOURAINE-AZAY-LE-RIDEAU

Voisin de Saché où vécut Balzac, le vignoble, dispersé sur les deux rives de l'Indre, jouit du prestige de son château. L'appellation d'à peine 60 ha, répartie sur huit communes, est dominée à la fois par ses blancs de chenin, nerveux et souples, et ses rosés vinifiés en gris, contenant au moins 60 % de grolleau.

BOURGUEIL ET SAINT-NICOLAS-DE-BOURGUEIL

En quittant l'Anjou et le Saumurois, la Touraine accueille ses visiteurs par ses crus de Bourgueil et de Saint-Nicolas-de-Bourgueil. Avec eux, nous entrons au pays de Rabelais, au pays de Gargantua, là où il situa l'abbaye de Thélème, pays des "... rouges bien drapés et de bonne laine, tous vins propres à esbaudir les esprits, resjouir la vueue, ouvrir l'appétit". Les deux vignobles, situés à la limite nord-ouest du département, occupent la rive droite de la Loire.

L'AOC Bourgueil s'étend sur 1 200 ha pour une production de 58 000 hl en rouge et en rosé. Elle englobe l'AOC jumelle de Saint-Nicolas-de-Bourgueil, dont le domaine plus réduit (700 ha) fournit 40 000 hl susceptibles de se classer en Bourgueil, alors que l'inverse n'est pas possible.

Il faut imaginer une bande de terre perpendiculaire à la Loire, de 15 km de long sur 4 km de large, composée de trois zones parallèles : la vallée, le plateau et les coteaux. La vallée ne nous intéresse que par quelques îlots caillouteux qui supportent la vigne. L'essentiel du vignoble se concentre sur la vaste terrasse alluviale à une quinzaine de mètres au-

TOURAINE ROUGE

Dégustation
Robe : rubis.
Bouquet : fruité et aromatique.
Saveurs : agréable et fruité.
Température de service : *14°C.*
Alliances gastronomiques : *charcuterie. Girolles, pigeon rôti, viandes rouges rôties. Chèvre chaud.*

TOURAINE BLANC

Dégustation
Robe : pâle aux reflets verts.
Bouquet : floral délicat.
Saveurs : sec, léger et rafraîchissant.
Température de service : *9-11°C.*
Alliances gastronomiques : *haddock fumé, coquillages, poularde sauce au vin blanc. Chèvres.*

TOURAINE-AMBOISE

Dégustation
Robe : rubis.
Bouquet : floral et fruité, note de poivre.
Saveurs : fruité, tanins délicats.
Température de service : *14°C.*
Alliances gastronomiques : *charcuterie. Viandes blanches grillées, viandes rouges poêlées.*

dessus du fleuve, couverte de sables et de graviers, sur laquelle se situe Saint-Nicolas-de-Bourgueil. Cette zone produit ce que l'on appelle "des vins de gravier", des vins tôt faits qui sont plus fins et plus fruités. Au-dessus, le relief s'accentue en coteaux exposés sud, sud-est et protégés des vents du nord par un important massif forestier. C'est la région des "tufs" (tuffeau), qui donne des vins plus durs en primeur mais qui peuvent admirablement évoluer.

Le breton (cabernet franc) est le seul cépage autorisé à Bourgueil, même si 10 % de cabernet sauvignon sont encore tolérés. Qu'il s'agisse d'un Bourgueil ou d'un Saint-Nicolas-de-Bourgueil, le trait dominant est la permanence du fruité et des arômes de framboise et de groseille. Un Saint-Nicolas-de-Bourgueil, vin de gravier, est plus précoce, plus léger, plus facile d'accès. On le compare souvent à une corbeille de petits fruits rouges.

CHINON

Passons sur la rive gauche du fleuve. Les 1 500 ha de l'appellation chinonaise sont distribués autour de la confluence Vienne et Loire. Ils occupent les versants en tuffeau de la vallée ainsi que les terrains alluviaux à une dizaine de mètres au-dessus du niveau de l'eau, donnant, comme à Bourgueil, des vins de graviers et des vins des coteaux crayeux. Disons le tout de go, il est bien difficile à l'amateur de distinguer le Chinon d'un Bourgueil, même si l'un évoque le parfum délicat de la violette (le Chinon) et l'autre les senteurs de la framboise (le Bourgueil). Le Chinon est aussi plus tendre et plus léger qu'un Bourgueil ; c'est un vin de pur rubis, friand et simple, dont le parfum de violette est associé aux arômes fruités de la framboise, avec un rappel très net de son sol par un goût prononcé d'humus et de truffe.

À grand trait, le vignoble chinonais se divise en quatre secteurs : d'abord le cœur de l'appellation, le Véron, situé dans la pointe de la confluence sur les communes de

Savigny et de Beaumont ; puis les alentours immédiats de Chinon, avec les hameaux des Loges et de Saint-Louans. Ensuite, avec les deux communes mitoyennes de Cravant-les-Coteaux et Panzoult, nous entrons dans le plus important secteur de production. Enfin, une fois passé la Vienne, s'étend la région la plus excentrée de Ligré-Anché-Sazilly, entre La Roche-Clermault et l'Île-Bouchard.

Son plus grand titre de gloire est d'être terre natale du plus exubérant des écrivains de la Renaissance : François Rabelais. Il naquit au Logis de la Devinière à Ligré et n'eut de cesse de faire voyager ses héros, Pantagruel et Panurge, à travers les terroirs de son enfance.

VOUVRAY

S'il est un vin qui symbolise à lui seul la Touraine, c'est bien le Vouvray "vrays vins de taffetas, de soie, de mousseline, vouvrillonnants ou tranquilles, secs ou doux, resjouissant les cœurs", pouvait écrire Rabelais au XVIᵉ siècle. Aujourd'hui, les 1 800 ha de cette prestigieuse appellation nous réjouissent encore de 50 000 hl de vins tranquilles, "vrays vins de taffetas" lorsqu'ils sont moelleux, et 80 000 hl de vins effervescents, "vouvrillonnants" pour reprendre l'expression rabelaisienne.

Le vignoble se rencontre à la sortie nord-est de Tours, sur la rive droite de la Loire. Il occupe les versants les mieux exposés d'un plateau qui longe le fleuve et qui se trouve entaillé par de petites vallées permettant l'accès au vignoble. On a l'habitude de distinguer "la première côte" qui, de Rochecorbon à Vouvray, s'étend à l'aplomb d'une falaise truffée d'habitations troglodytiques et de caves. Le vignoble longe ensuite le cours de la Cisse, puis se sépare en deux à Vernou, allant d'un côté sur Noizay et de l'autre le long de la Brenne vers Chançay et Reugny. Les vignes prospèrent sur un socle de tuffeau avec deux types de sols : l'un est un mélange pierreux argilo-calcaire appelé "aubuis", l'autre est argilo-siliceux avec

MONTLOUIS
Dégustation
Robe : jaune paille aux reflets verts.
Bouquet : pomme et coings.
Saveurs : sec et doux.
Température de service : *9-11°C.*
Alliances gastronomiques : *melon au naturel. Poissons grillés et meunière.*

CHINON
Dégustation
Robe : rubis, parfois légèrement pourprée.
Bouquet : affirmé.
Saveurs : frais, friand et souple, bouquet caractéristique de violette.
Température de service : *10-12°C.*
Alliances gastronomiques : *viandes en sauce et rôties, pot-au-feu. Brie de Meaux, cantal, chèvre.*

BOURGUEIL
Dégustation
Robe : foncée.
Bouquet : fruits rouges (framboise).
Saveurs : fruité, bonne présence de tanins.
Température de service : *14-16°C.*
Alliances gastronomiques : *viandes blanches grillées et rôties, viandes rouges poêlées.*

beaucoup de silex en surface, appelé "perruche". Jamais le chenin, ce pineau de la Loire comme il est surnommé, n'a autant apprécié cette terre de Vouvray où il donne un florilège de vins blancs secs, demisecs, moelleux ou effervescents. Des vins qui vont ensuite patiemment évoluer dans des caves de tuffeau à température idéale de 10 à 13° avec un taux d'humidité frisant les 100 %, à peine dérangés, semble-t-il, par le murmure feutré des TGV de la ligne Paris-Bordeaux.

Au printemps de sa vie, à la sortie de barrique, le Vouvray séduit déjà par son extrême fraîcheur, sa légèreté, son côté primesautier qui se retrouvent presque intacts longtemps après. En année fraîche, le Vouvray est vinifié uniquement en sec, donnant des vins de bonne acidité aux arômes étonnamment vifs. Il faut alors attendre des années pour qu'il révèle son bouquet d'acacia et de tilleul et, plus tard encore, celui de thé, de verveine et de chèvrefeuille. Lors des années chaudes et ensoleillées, propices à la surmaturité, il est vinifié en demi-sec ou en moelleux, devenant indiscutablement un vin de légende.

Pour beaucoup de gens, Vouvray est associé à pétillant. C'est un vin qui a une tendance naturelle à prendre la mousse. Il est donc facile pour les producteurs, en année médiocre, d'élaborer des effervescents selon la méthode champenoise de seconde fermentation en bouteille.

MONTLOUIS

Séparé de Vouvray par la Loire, Montlouis fut très longtemps un Vouvray de Montlouis. Longtemps considérés comme ennemis, ces deux vignobles jumeaux avaient tout pour se ressembler : mêmes caractéristiques géologiques, même cépage unique, même type de vinification, à tel point que beaucoup d'experts arrivent encore à les confondre. Jusqu'à l'instauration des deux AOC en 1938, les vins de Vouvray et de Montlouis étaient commercialisés sous l'étiquette Vouvray. Depuis, Montlouis, face à Vouvray, vit sa propre

vie sur l'interfleuve de la Loire et du Cher, regroupant 300 ha et produisant 13 000 hl de vins tranquilles et effervescents.

En venant de Tours, l'approche de Montlouis se signale par un éperon qui sépare les deux vallées. C'est le long de ses pentes exposées sud-sud-ouest que prospère le vignoble réparti sur les communes de Montlouis, Lussault et Saint-Martin-le-Beau. En général, le Montlouis est moins corsé que le Vouvray. Il offre, comme ce dernier, les mêmes types de vins secs, demi-secs, moelleux et effervescents, déclinés en mousseux et en pétillants, des vins de garde qui évoluent lentement en bouteille.

COTEAUX DU LOIR

Avec les Coteaux du Loir, nous entrons dans les vignobles périphériques sous influence tourangelle. Ce petit vignoble de 40 ha, à cheval sur la Sarthe et l'Indre-et-Loire, est, à échelle réduite, la réplique de ses grands voisins du sud, même type de sol à base de craie turonienne et même encépagement avec le pineau d'Aunis, le cabernet franc (breton), le gamay et le cot. Les vins vinifiés en rouge et en rosé (1 000 hl), sont légers, fruités et gouleyants. En blanc (250 hl), le chenin (pineau de la Loire) est l'unique cépage autorisé. Il est vinifié les bonnes années en demi-sec.

JASNIÈRES

Jouxtant par le nord les Coteaux du Loir, l'appellation Jasnières ne représente que 30 ha cultivés sur les communes de Lhomme et de Ruillé. La chance du vignoble est de jouir d'un microclimat exceptionnel qui donne ici des vins secs, demi-secs ou moelleux, aussi surprenants que confidentiels.

COTEAUX DU VENDOMOIS

Ce VDQS depuis 1965, situé à 40 km au nord de Tours, proche de Jasnières et des Coteaux du Loir, possède une surface de production de 90 ha. Il occupe les Coteaux du Loir, de Vendôme au petit village de Couture, profitant des mêmes bienfaits géologiques que ses voisins. Sa spécialité est un "gris" de pineau d'Aunis à la robe très pâle qu'on appelle ici "œil de gardon" ou gris poivré, conséquence d'un pressurage rapide. Les blancs de l'appellation sont de pur chenin, adoucis par très peu de chardonnay. Les vins rouges proviennent d'un assemblage de pineau d'Aunis et de gamay.

CHEVERNY

Proche de la Sologne dont il occupe les franges sablonneuses, ce VDQS depuis 1973 possède un vignoble de 900 ha, dont 350 ha sont classés en aires d'appellation.

Cheverny concentre pourtant sa zone de prédilection autour de Cour-Cheverny et de Fougères-sur-Bièvre. Jusqu'en 1973, l'appellation se déclinait en deux noms : Mont-près-Chambord et Cour-Cheverny, dont seuls bénéficiaient les vins blancs faits à partir d'un cépage local, le romorantin, un vin sec, à la robe vert pâle et aux arômes végétaux, un vin vif jusqu'au tranchant que trois années suffisent tout juste à adoucir.

Depuis 1973, l'appellation s'est ouverte à dix-neuf cépages et à tous types de vins, blancs, rouges, rosés, qu'ils soient tranquilles ou effervescents, assurant une production annuelle de 22 000 hl.

VALENÇAY

Cette appellation tourangelle et non berrichonne, alors que nous sommes dans l'Indre, occupe une surface potentielle de 500 ha, dont 150 ha sont cultivés autour de la commune de Lye. L'appellation VDQS date de 1970. Une demande d'adhésion en AOC a été formulée. Et pourtant, bien des vignerons la jugent utopique. La sagesse voudrait que l'on s'oriente vers une appellation Touraine-Valençay, comme Touraine-Amboise. Valençay produit aujourd'hui 6 500 hl de vin.

TOURAINE-MESLAND
Dégustation
Robe : rubis.
Bouquet : fruits rouges.
Saveurs : ample, fruité et bien structuré.
***Température de service :** 14°C.*
***Alliances gastronomiques :** jambon de Bayonne, volailles rôties, viandes blanches.*

SAINT-NICOLAS-DE-BOURGUEIL
Dégustation
Robe : rouge groseille.
Bouquet : framboise.
Saveurs : framboise et cassis.
***Température de service :** 12-14°C.*
***Alliances gastronomiques :** gibelotte de lapin, gélinotte grillée, cassolette d'escargots en meurette.*

VOUVRAY SEC
Dégustation
Robe : or et topaze.
Bouquet : parfum d'acacia.
Saveurs : goût de coing et d'amande, longévité très grande pour un vin aussi délicat.
***Température de service :** 7-8°C.*
***Alliances gastronomiques :** poulet et poissons en sauce, poulet gratiné à l'estragon.*
Crémet d'Anjou.

LE CENTRE

POUILLY-FUMÉ
Dégustation
Robe : dorée.
Bouquet : arômes fruités.
Saveurs : sec, léger et peu acide.
Température de service : 8°C.
*Alliances gastronomiques : cocktail de crevettes,
poissons frits et meunière, langoustines à la
mayonnaise.*

QUINCY
Dégustation
Robe : jaune paille.
Bouquet : arômes végétaux.
Saveurs : sec et frais, léger perlant dans sa
jeunesse.
Température de service : 8°C.
*Alliances gastronomiques : huîtres, saumon
braisé. Crottin de Chavignol.*

SANCERRE ROUGE
Dégustation
Robe : rubis.
Bouquet : fruits rouges.
Saveurs : souple, fruité et peu tannique.
Température de service : 13-15°C.
*Alliances gastronomiques : charcuterie. Viandes
rouges grillées, volailles rôties. Chèvres secs.*

SANCERRE BLANC
Dégustation
Robe : bel or vert.
Bouquet : arôme de pierre à fusil.
Saveurs : sec, très frais, nerveux et distingué.
Température de service : 10-13°C.
*Alliances gastronomiques : pâtés,. Huîtres,
poissons, jambon de parme. Chèvre sec (crottin de
chavignol).*

MENETOU-SALON
Dégustation
Robe : pâle aux reflets verts.
Bouquet : arômes floraux et herbacés.
Saveurs : sec, vif et fruité.
Température de service : 8°C.
*Alliances gastronomiques : poissons frits,
lapereau à l'oseille. Crottin de chavignol.*

Des vins de l'Orléanais aux Côtes du Forez, chercher un point commun serait illusoire ! Ni le climat, ni le terrain, ni l'encépagement ne viennent construire un semblant d'homogénéité. Seuls la Loire et ses affluents, le Cher et l'Allier entre autres, servent de trait d'union à des vignobles quelquefois éloignés de plus de 500 km.

Qui connaît encore le pinot meunier de l'Orléanais, qui abreuva Paris jusqu'au XVIIe siècle pour ensuite, vu sa piètre qualité, faire la fortune des vinaigriers d'Orléans ? Et si, aujourd'hui, les Coteaux du Giennois se réveillent, c'est à la seule proximité des deux célèbres vignobles du Nivernais qu'ils le doivent. Mais, à partir de là, nous entrons au royaume sans partage (ou si peu !) du sauvignon sur ses terres du Berry et du Nivernais.

QUINCY

Sur la rive gauche du Cher, entre Vierzon et Bourges, ce petit vignoble d'une centaine d'hectares, classé AOC depuis 1936, offre un sauvignon très proche de celui de Reuilly, de Sancerre ou de Pouilly. Seul cépage autorisé, le sauvignon, a hérité, après l'invasion phylloxérique, d'un bon porte-greffe, le kiparia. Sous sa robe or vert, le Quincy est un vin vif, montrant une certaine astringence. Il est plus clair et plus léger que le Sancerre. Avec le temps (jusqu'à dix ans), il développe en s'assouplissant un bouquet aux imperceptibles odeurs d'infusion et d'essences florales.

REUILLY

On assiste ici à une véritable renaissance. Des 30 ha plantés au début des années quatre-vingts, le vignoble de Reuilly devrait atteindre très prochainement 150 ha. L'aire d'appellation couvre sept communes de l'Indre et du Cher, dont deux sont réellement viticoles : les communes de Reuilly et de Preuilly. Le vignoble, situé à quelques kilomètres à l'ouest de Quincy, sur les bords de l'Arnon, affluent du Cher, possède, au sein même de son terroir bien des atouts pour réussir. Ses coteaux sont superbement exposés, ses sols, à base de marne et de calcaire ou de sable graveleux, conviennent parfaitement au sauvignon. Il donne à Reuilly des vins blancs très secs, très fruités, plutôt tendres, aux arômes de fleur blanche.

MENETOU-SALON

Le vignoble, un peu au nord de Bourges et avant les collines du Sancerrois, d'une superficie de 175 ha, occupe une perspective de coteaux peu élevés sur des marnes kimméridgiennes, les mêmes qu'à Sancerre. Tout comme ce dernier, Menetou-Salon partage ses vignes entre le sauvignon et le pinot noir. Les blancs, à la robe or vert pâle, sont ronds, fermes et nerveux. Les vins rouges, robe rubis, sont assez tanniques, frais et fruités.

CÔTES D'AUVERGNE

Les vignobles d'Auvergne, très appréciés du temps des Romains, se limitent maintenant au sud et au sud-est de Clermont-Ferrand, sur une surface de 1 100 ha, avec seulement 600 ha cultivés en VDQS. Aujourd'hui, le gamay noir à jus blanc domine l'appellation, à hauteur de 95 %. Les gris d'Auvergne, de bonne notoriété, sont des vins très pâles et très secs. Les rouges sont fruités, légers et faciles à boire, acquérant lors des bonnes années un velouté et un certain goût de violette très prononcé.

SAINT-POURÇAIN

Une fois passé Moulin, il faut remonter vers le sud la vallée de l'Allier. Les premiers vignobles de l'appellation occupent les coteaux sédimentaires des environs de Chemilly et se prolongent sur les rives de la Sioule vers Saint-Pourçain. Le vignoble couvre environ 500 ha donnant une production traditionnelle de vins blancs tranquilles et effervescents, renforcé aujourd'hui par le sauvignon. Pourtant, la grande réussite de ce VDQS est sa production de vins rouges légers et fruités née d'un assemblage de gamay et de pinot noir, sûrement l'un des meilleurs vins de Limagne.

SANCERRE

Le Sancerre est un vin à la mode. Il est devenu, par son côté vif, alerte, fruité, naturellement vigoureux et par son inimitable saveur de pierre à fusil, l'un des vins blancs préférés des Français.

Sancerre est avant tout un site exceptionnel. De sa butte, qui domine la Loire et fait face à Pouilly sur l'autre rive, le panorama embrasse les célèbres collines de Sancerre. Elles atteignent 300 à 400 m d'altitude, et certaines sont si pentues qu'il faut l'aide d'un treuil pour travailler la vigne.

Si le pinot noir donne des rosés séveux et corsés ou des rouges agréables, au nez cassis-cerise, sa production est bien accessoire face au sauvignon. Sur les calcaires durs du kimméridgien aux sols pierreux et secs, appelés ici "caillottes", qui occupent les coteaux les moins élevés, il donne des vins tendres, bouquetés, à boire jeunes. Sur des calcaires tendres à base de marne, les "griottes", ces fameuses "terres blanches" truffées de coquillages que l'on retrouve à Chablis, il fournit des vins plus corsés, plus étoffés, lents à prendre leur caractère mais qui se conservent mieux.

De 1 000 ha en 1976, l'AOC Sancerre, au rythme d'une progression de 4 % par an, atteint aujourd'hui les 1 800 ha, loin encore des 3 000 ha de son potentiel d'extension. Le vignoble s'étend sur quatorze villages, dont trois crus sont très renommés : Bué, Champtin et Chavignol. Ce dernier est à la fois célèbre pour son Sancerre blanc, très fin d'arôme, concentré, solide, avec une remarquable pointe de moelleux

lors des très bonnes années, et par ses crottins de chèvre frais ou secs qui décrochèrent eux aussi le rang d'AOC en 1976. Leur alliance constitue l'un des plus beaux mariages gastronomiques de la région.

POUILLY-SUR-LOIRE ET POUILLY-FUMÉ

Un peu plus en amont que Sancerre et sur la rive droite de la Loire, le département de la Nièvre abrite deux prestigieuses AOC, deux vins blancs secs qui proviennent de deux variétés de raisin. Le Pouilly-sur-Loire, issu du chasselas avec ou sans sauvignon, est cultivé sur les collines argilo-siliceuses de Saint-Andelain. C'est un vignoble malheureusement sur le déclin qui n'occupe plus que 60 ha sur la zone d'appellation du Pouilly-Fumé. Il donne des vins de primeur tendres et fins, peu acides et légers.

Le Pouilly-Fumé, connu également sous le nom de Blanc Fumé de Pouilly (à ne pas confondre avec le Pouilly-Fuissé du Mâconnais), est fait comme le Sancerre avec un unique cépage, le sauvignon. L'aire de production de 700 ha recouvre sept communes dont trois sont réellement viticoles : Pouilly-sur-Loire, Tracy-sur-Loire et Saint-Andelain. Sa production, estimée à 37 000 hl, porte le nom de "Fumé", car le sauvignon prend ici, sur des terrains riches en silex, un goût fumé, une saveur très minérale qui se développe en quelques années.

Le Pouilly-Fumé est un vin rond, au bouquet puissant, infiniment agréable et à la sécheresse de pierre à fusil. Si beaucoup le préfèrent jeune, on a tendance de plus en plus à lui accorder quelques années de cave, le temps de libérer un bouquet plus subtil avec une légère pointe d'épices. À l'instar de Sancerre, la majeure partie des vignerons recherche, par des petits rendements, par des vendanges très sélectives et une faible densité de plantation, une qualité comparable à celle de leur voisin d'outre-Loire.

LA CHAMPAGNE

Le Champagne est-il d'abord un vin, ou une méthode, la fameuse méthode champenoise, inventée – ou, plus probablement, mise au point – par dom Pérignon ? Les deux, en fait. Seule la conjonction d'un vin de qualité et de son traitement selon la "méthode" permet d'obtenir un véritable Champagne.

Comme la recherche d'un vin de qualité constante amène à la pratique quasi systématique de l'assemblage, effectué immédiatement après le pressage des grains, on comprendra mieux pourquoi, en Champagne, la notion de "cru" s'applique aux raisins, et non aux vins. Pour les mêmes raisons, la région évalue traditionnellement la récolte en tonnes de raisins, en pièces de jus non fermenté et en cols de bouteille, en distinguant les bouteilles vendues annuellement et les stocks, alors que partout ailleurs la tendance est à compter en hectolitres.

La production se situe aux alentours de 825 000 pièces de 205 l, soit plus de 2 000 000 hl. Chaque année, environ 200 000 000 de bouteilles sont mises sur le marché.

Le vignoble couvre 27 000 ha. Il s'agit là du vignoble le plus proche de Paris, puisque les premiers ceps du terroir se situent en Seine-et-Marne, à Citry, à 70 km de Notre-Dame. Centré autour de Reims et d'Épernay, il se compose de six grandes étendues : la basse montagne, au nord de la montagne de Reims, au long des vallées de l'Ardre et de la Vesle ; la montagne de Reims, vaste plateau crayeux surplombant la Marne ; la vallée de la Marne, d'Aÿ et Épernay jusqu'aux portes de l'Île-de-France ; la Côte des Blancs, d'Épernay à Vertus ; la région de Congy-Sézanne ; enfin, à 140 km au sud d'Épernay, le vignoble de l'Aube, déjà proche de la Bourgogne.

Contrairement aux apparences, la Champagne ne produit pas que du champagne : il existe deux autres appellations qui concernent des vins "tranquilles", c'est-à-dire non mousseux : les Coteaux Champenois, rouges, rosés ou blancs, et le rarissime Rosé de Riceys, récolté dans la partie sud du vignoble de l'Aube.

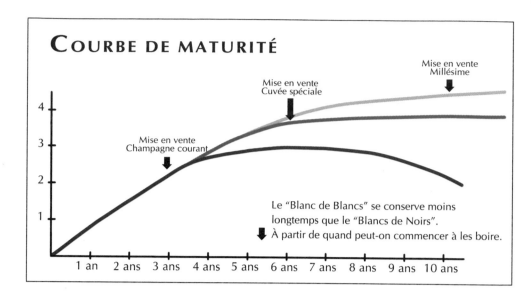

COURBE DE MATURITÉ

Mise en vente
Millésime

Mise en vente
Cuvée spéciale

Mise en vente
Champagne courant

Le "Blanc de Blancs" se conserve moins
longtemps que le "Blancs de Noirs".
À partir de quand peut-on commencer à les boire.

1 an 2 ans 3 ans 4 ans 5 ans 6 ans 7 ans 8 ans 9 ans 10 ans

CLIMAT ET SOLS

Le vignoble de Champagne est le plus
septentrional de France : malgré les apparences, l'Alsace et les vins de Moselle se
situent nettement au sud. Et, paradoxale-
ment, c'est la partie la plus au nord du
vignoble qui produit les meilleurs raisins,
malgré les durs vents d'hiver, venus en
droite ligne de l'Atlantique sans rencontrer d'obstacles majeurs, et un climat déjà
continental : la température annuelle
moyenne ne dépasse jamais 10°, et les
gelées peuvent atteindre -30°, comme ce
fut le cas en 1985.

Cependant, les nombreux vallonnements,
les forêts et les cours d'eau stabilisent les
températures, maintiennent une certaine
humidité, et les redoutables gelées de
printemps frappent surtout les vallées et
les dépressions. C'est pourquoi les vignes
sont plantées à mi-côte et orientées vers
le sud ou le sud-est, à deux exceptions
près : Verzenay fait face au nord et la Côte
des Blancs à l'est.

Mais la réussite de la vigne en Champagne tient surtout à la nature du sol. Cette énorme masse de craie, qui atteint jusqu'à 100 m d'épaisseur, joue un triple
rôle : d'abord, elle favorise la maturation
du raisin, à la fois par sa capacité à retenir
l'humidité, à renvoyer le rayonnement
solaire vers les grains et à emmagasiner la

chaleur le jour pour la restituer la nuit.
Ensuite, les racines y pénètrent profondément, jusqu'à 10, voire 20 m et y puisent
les éléments minéraux qui concourent à la
finesse du vin. Enfin, on a pu y creuser
facilement les immenses caves fraîches,
sèches et propres où le Champagne vieillit
idéalement à la température constante de
10°. Ces caves, généralement ouvertes à la
visite, représentent un réseau de galeries
long de plus de 250 km, essentiellement
sous les villes de Reims et d'Épernay.

LA VINIFICATION

Impossible d'évoquer le Champagne sans
citer dom Pérignon (1638-1715), moine cellérier de l'abbaye de Hautvillers, qui l'un
des premiers, décida de tirer parti de la
refermentation printanière spontanée, qui
était jusqu'alors considérée comme une
calamité, car elle faisait exploser les bouteilles. Simultanément, il préconisa l'emploi de bouteilles plus solides, l'utilisation
systématique de bouchons de liège, de préférence aux anciens bouchons de bois et
d'étoupe, et le coupage des vins pour en
améliorer la qualité.

Il fut certainement aidé dans ses travaux
par son collègue dom Oudart, cellérier de
l'abbaye de Saint-Pierre-aux-Monts à Pier-
ry, qui s'intéressa également à la vinification et fut le premier à expérimenter les
bouchons de liège.

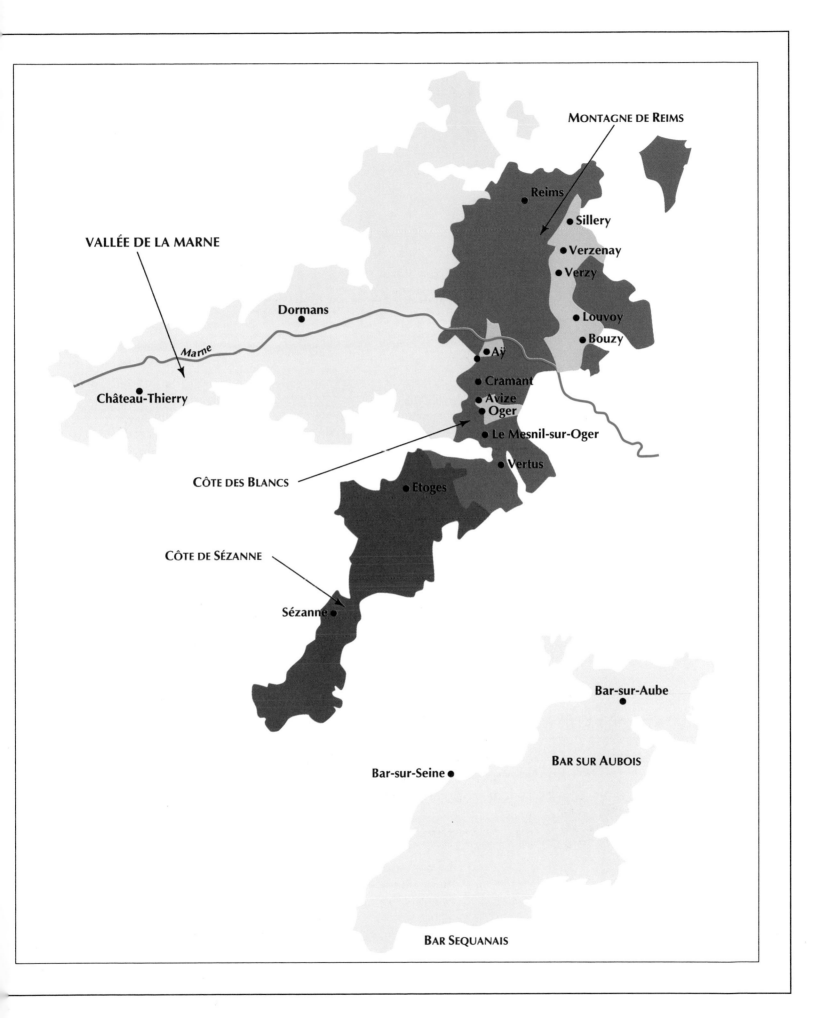

MONTAGNE DE REIMS

VALLÉE DE LA MARNE

Reims

Sillery

Verzenay

Verzy

Dormans

Louvoy

Bouzy

Marne

Aÿ

Château-Thierry

Cramant

Avize

Oger

Le Mesnil-sur-Oger

Vertus

CÔTE DES BLANCS

Etoges

CÔTE DE SÉZANNE

Sézanne

Bar-sur-Aube

BAR SUR AUBOIS

Bar-sur-Seine

BAR SEQUANAIS

Le Clos du Mesnil,
vignoble de 1,87 hectare
entièrement clos de murs
depuis 1698, appartenant
à la maison Krug.

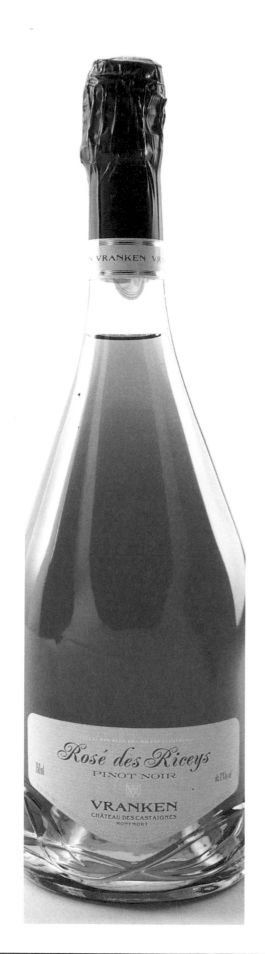

La vinification bien spécifique du Champagne commence dès le pressage, qui se fait immédiatement après la vendange, de façon à ce que les peaux des raisins noirs ne colorent pas leur jus. De même, la fermentation s'effectue sans les peaux. Après cette première fermentation, qui dure de vingt à trente jours, le vin est laissé à se reposer et à clarifier, puis fait l'objet d'un premier soutirage. On procède alors à l'assemblage avec des vins provenant de différents vignobles, afin d'obtenir un produit uniforme et durable. Après un deuxième et un troisième soutirages, le vin est mis en bouteille.

À ce stade, il s'agit toujours d'un vin "tranquille", c'est-à-dire non effervescent. Lors de l'embouteillage, on lui ajoute une solution de sucre de canne dissoute dans le vin : c'est la liqueur de tirage. Ce sucre ajouté va fermenter et rendre le vin mousseux. Grâce à la fraîcheur des caves, cette deuxième fermentation s'effectue lentement, ce qui concourt à la qualité des vins.

Ensuite viennent le remuage et le dégorgement, série de longues et patientes opérations visant à concentrer le dépôt dans le goulot, puis à l'expulser de la bouteille. Cette expulsion se fait actuellement par débouchage de la bouteille après congélation du col. La pression chasse le bloc solide d'impuretés, et le volume ainsi libéré est complété par la liqueur d'expédition. Cette liqueur est un mélange de sucre, de Champagne et quelquefois d'eau-de-vie de vin, et selon la dose de sucre, on obtiendra un Champagne brut, demi-sec ou doux.

LE VIN DE CHAMPAGNE

Produit sophistiqué, le Champagne obéit à une chaîne complexe d'intervenants : ainsi, la plupart des viticulteurs se contentent de vendre leur raisin aux manipulateurs, coopératives ou négociants, tandis que d'autres se chargent eux-mêmes d'élaborer et de commercialiser leurs vins : ils ont alors le statut de récoltant-manipulant, indiqué sur les étiquettes par la mention RM. Il en va de même pour les

Pinot noir (N) ;
pinot meunier (N) ;
chardonnay (B)(quelquefois
appelé localement
pinot chardonnay).

CHAMPAGNE
Les grands millésimes : 78, 79, 81, 82, 83, 85.
Les bons millésimes : 80, 86, 87.

coopératives : certaines se limitent au pressage du raisin et fournissent le moût au négoce. D'autres vinifient des vins tranquilles, qui sont ensuite vendus aux négociants pour être dégorgés. D'autres, enfin, vont jusqu'à la commercialisation et sont identifiées par la mention CM (coopérative manipulante).

Il existe d'autres mentions permettant d'identifier l'origine d'un Champagne : SR (société de récoltants), qui désigne les récoltants-manipulants ne faisant pas de négoce ; RC (récoltant coopérateur), pour les récoltants-manipulants qui font élaborer leur vin par une coopérative ; NM (négociant manipulant), pour les négociants qui élaborent et commercialisent eux-mêmes leur vin.

LES CATÉGORIES DE CHAMPAGNE

Si la vinification des Champagne est identique quels que soient les producteurs, les différences de qualité sont conditionnées par de multiples facteurs :

– la qualité des raisins : selon les crus, les raisins sont classés sur une échelle de qualité (qui détermine notamment leur prix d'achat aux vignerons). Cette échelle va de 100 % à 80 %. Dix-sept Grands Crus, produisant la meilleure qualité possible, sont classés à 100 %, et quarante Premiers Crus sont cotés de 90 à 99 %. Les Grands Crus sont tous situés dans le département de la Marne : il s'agit des communes d'Ambonnay, d'Avize, d'Aÿ, de Beaumont-sur-Vesle, de Bouzy, de Chouilly (pour le raisin blanc), de Cramant, de Louvois, de Mailly-Champagne, du Mesnil-sur-Oger, d'Oger, d'Oiry, de Puisieulx, de Sillery, de Tours-sur-Marne (pour le raisin noir), de Verzenay et de Verzy ;

– l'ordre de pressage : la qualité des jus diminue à chaque serre : les premiers 2 000 l constituent la cuvée, suivie de la première taille (environ 400 l) et de la deuxième taille (environ 300 l). Une qua-

trième serre, la rebêche, donne un jus médiocre qui ne pourra produire qu'un vin ordinaire ;

– la qualité de l'assemblage : il est clair qu'un vin constitué uniquement de têtes de cuvée sera forcément supérieur à un assemblage entre cuvée et tailles, ou entre tailles uniquement. D'autre part, la qualité finale du mélange repose sur le talent du dégustateur, qui doit être capable, pour établir le dosage optimal, non seule-

ment de déceler le moindre défaut de chaque vin, mais encore de prévoir leur évolution au fil des ans ;

– la durée de la période de repos : la durée de cette période après la deuxième fermentation est d'un an au minimum pour les catégories courantes, mais les meilleurs Champagne reposent deux à trois ans. Le vin, plus mûr, aura ainsi des bulles plus fines et persistantes, un goût plus moelleux et harmonieux.

CHAMPAGNE BLANC DE BLANCS

Dégustation
Robe : claire aux reflets verts.
Bouquet : frais et fruité.
Saveurs : agréable et léger.
Température de service : 6-7°C
Alliances gastronomiques : *apéritif.*

CHAMPAGNE BLANC DE NOIRS

Dégustation
Robe : dorée.
Bouquet : riche et fruité.
Saveurs : charpenté, longue finale.
Température de service : 6-7°C.
Alliances gastronomiques : *saumon fumé, choucroute au Champagne. Glaces et sorbets aux fruits.*

COTEAUX CHAMPENOIS BOUZY

Dégustation
Robe : grenat.
Bouquet : fruits rouges (framboise et fraise), note de vanille.
Saveurs : généreux et fruité.
Température de service : 12°C.
Alliances gastronomiques : *huîtres et coquillages "nature". Boudin aux pommes.*

COTEAUX CHAMPENOIS VERTUS

Dégustation
Robe : brillante.
Bouquet : vif et fruité.
Saveurs : très caractéristique.
Température de service : 12-14°C.
Alliances gastronomiques : *huîtres et coquillages "nature". Terrine de foie de volailles. Veau braisé.*

ROSÉ DE RICEYS

Dégustation
Robe : rubis clair.
Bouquet : fruits rouges aux nuances de vanille.
Saveurs : sec, ample et élégant.
Température de service : 8°C.
Alliances gastronomiques : *terrine de lièvre. Saucisson chaud, viandes blanches rôties.*

LES BLANCS DE BLANCS

Ces Champagne, élaborés exclusivement à partir de raisins blancs (chardonnay), et considérés comme particulièrement fins, sont actuellement très en vogue.

LES CHAMPAGNE ROSÉS

La Champagne est la seule région de France où la méthode rudimentaire consistant à obtenir des vins rosés par mélange de vins rouges et de vins blancs donne des résultats incontestablement positifs. Cependant, les meilleurs Champagne rosés sont obtenus par cuvaison des vins rouges avec leur peau, le temps de donner au jus la coloration désirée.

LE CRÉMANT DE CHAMPAGNE

Sa mousse fine et légère est obtenue par un moindre dosage de la liqueur de tirage, d'où une pression moins élevée lors de la deuxième fermentation. Pour toutes les autres étapes de leur élaboration, ils sont élevés de façon strictement identique aux autres Champagne.

LES VINS TRANQUILLES

Cette appellation désigne les vins de Champagne non mousseux, qui ont, surtout les blancs, fait la renommée de la région jusqu'à la découverte et la généralisation de la méthode champenoise. Rouges, rosés et blancs, ces vins sont encore produits en très faibles quantités. Il s'agit des appellations :

– Coteaux Champenois : sur le même terroir et avec les mêmes cépages, certains producteurs perpétuent la tradition des vins tranquilles, avec d'intéressants rouges, rosés et blancs. L'excellent et très recherché Bouzy rouge fait partie de cette appellation.

– Rosé de Riceys : produit à l'extrême-sud du vignoble de l'Aube, le Rosé de Riceys, obtenu à partir du pinot noir, est un vin coloré et sec, à l'arôme distingué.

LE JURA ET LA SAVOIE

Ces deux petits vignobles d'altitude, l'un ceinturant la chaîne alpine et l'autre symétrique de celui de la Côte-d'Or, mais situé au-delà du fossé bressan, offrent une production de vins parmi les plus originales du vignoble français.

La Savoie, dont les vins furent "propulsés" par les Jeux olympiques d'Albertville, voit ses vignes se disséminer sur les contreforts des Alpes en suivant le cours du Rhône, du sud du lac Léman à la vallée de l'Isère. Ses vins, qu'ils soient tranquilles ou effervescents, rouges, rosés ou blancs, proviennent d'une palette de cépages suffisamment vigoureux pour survivre à des conditions climatiques très dures.

Ils comptent six appellations, dix-sept noms de crus et vingt-trois cépages. Le mondeuse est le cépage régional, mais les blancs restent largement majoritaires avec la roussette (ou "altesse"), la jacquère, la molette ou le chasselas (le "fendant" suisse). Leurs côtés secs et vifs, tantôt mousseux, tantôt "perlants", les dopent d'une véritable forme olympique. À nous d'en profiter!

Plus au nord, entre la Côte-d'Or et la Suisse, le vignoble jurassien, planté sur ses montagnes calcaires, est la patrie des prestigieux crus de la Franche-Comté. Parmi eux, deux des plus extraordinaires vins blancs du monde : le vin jaune et le vin de paille.

Les 1 500 ha du vignoble s'étendent sur une centaine de kilomètres, de Saint-Amour à Arc-et-Senans dans le Doubs. Il comprend cinq appellations : Arbois, Arbois-Pupillin, Côtes du Jura, l'Étoile, Château-Chalon. Le sol, argilo-calcaire et marneux, donne toutes sortes de vins à partir du poulsard et du trousseau, deux cépages rouges typiquement jurassiens, complétés par les blancs du melon d'Arbois (chardonnay) et du savagnin.

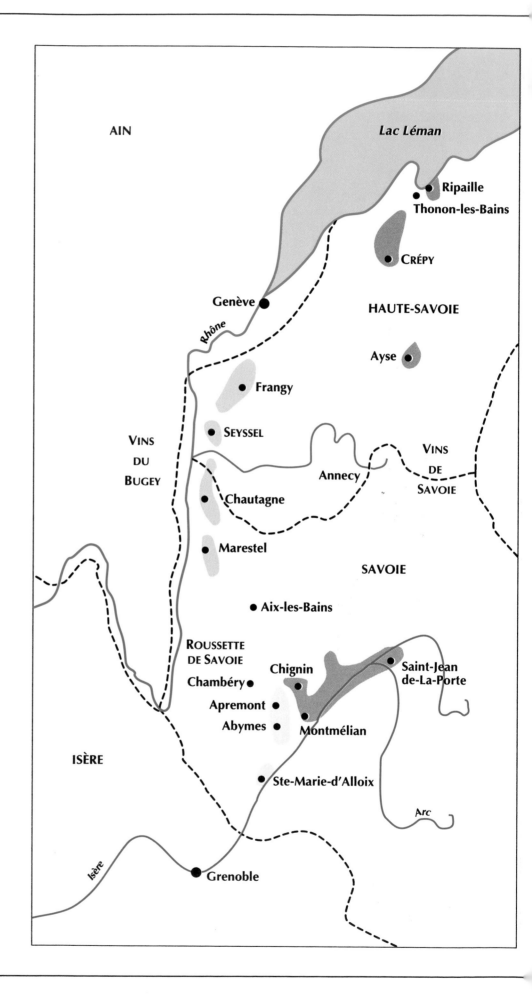

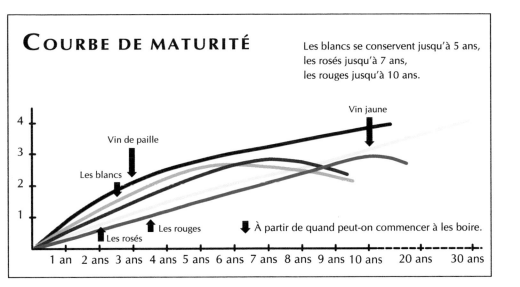

COURBE DE MATURITÉ

Les blancs se conservent jusqu'à 5 ans, les rosés jusqu'à 7 ans, les rouges jusqu'à 10 ans.

Vin jaune

Vin de paille

Les blancs

Les rosés   Les rouges   ⬇ À partir de quand peut-on commencer à les boire.

1 an 2 ans 3 ans 4 ans 5 ans 6 ans 7 ans 8 ans 9 ans 10 ans   20 ans   30 ans

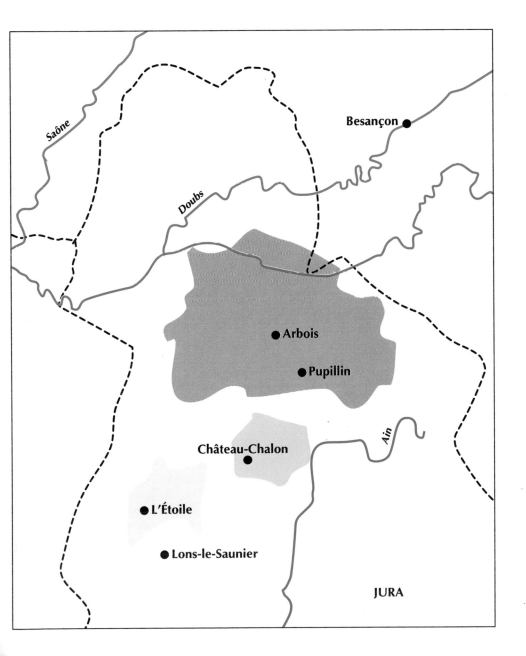

Saône

Doubs

Besançon ●

● **Arbois**

● **Pupillin**

Château-Chalon
●

Ain

● **L'Étoile**

● **Lons-le-Saunier**

JURA

COTES DU JURA

Dégustation
Robe : jaune paille.
Bouquet : amande grillée et pierre à fusil.
Saveurs : sec et charpenté.
Température de service : 10-12°C.
Alliances gastronomiques : soufflé au fromage.
Poissons meunière, filets de sole. Emmental,
marguery.

L'ÉTOILE

Dégustation
Robe : pâle.
Bouquet : fruits secs (amande grillée).
Saveurs : fin, sec et fruité.
Température de service : 10-12°C.
Alliances gastronomiques : écrevisses à la nage,
truite meunière, mousseline de haricots blancs.
Emmental, comté.

ARBOIS BLANC

Dégustation
Robe : jaune paille.
Bouquet : amande grillée et pierre à fusil.
Saveurs : sec, fruité et charpenté.
Température de service : 10-12°C.
Alliances gastronomiques : écrevisses à la nage,
velouté d'avocat. Truite meunière, mousseline de
haricots blancs. Comté.

CHÂTEAU-CHALON

Dégustation
Robe : or et ambre.
Bouquet : subtil.
Saveurs : "goût du jaune" : noix, "une sécheresse
doucereuse".
Température de service : 15-16°C.
Alliances gastronomiques : coq au vin jaune,
gibier, plats en sauce à l'américaine, brandade de
morue. Comté.

LE JURA

À mi-chemin entre la Bourgogne et la Suisse et parallèle à la Côte-d'Or, le vignoble jurassien, autrefois dénommé le "Bon Pays", occupe les reliefs marginaux du Jura et essentiellement la bordure orientale du fossé bressan. Il s'étire sur 100 km, de Salins-les-Bains jusqu'à Saint-Amour, traversant du nord au sud tout le département du Jura.

Les coteaux, très irréguliers, mais bien exposés, se situent entre 200 et 500 m d'altitude. L'essentiel du sous-sol est constitué d'argile et de calcaires coiffant le haut des pentes. L'encépagement marque sa formidable adaptation à ce type de terrain et sa résistance à des hivers quasi sibériens. On pratique ici la taille en "courgée", sur de longs bois arqués qui écartent le plus possible le raisin de l'humidité du sol. Pour les blancs, le savagnin est utilisé seul dans les vins jaunes. C'est un cépage tardif qui se vendange jusqu'aux premiers froids. Le chardonnay, appelé melon d'Arbois, est souvent assemblé avec le poulsard et le savagnin. Quant aux rouges, si le pinot noir, appelé gros noirien, est très présent, il s'ajoute aux deux cépages traditionnels du Jura : le poulsard (ou plant d'Arbois), qui représente 80 % de l'encépagement rouge, donnant des vins peu colorés et facilement oxydables, et le trousseau, cépage rouge vigoureux et très productif, qui renforce la qualité des vins par sa puissance tannique et sa capacité de bonne garde.

LE VIN JAUNE

Le Jura en a l'exclusivité mondiale. C'est un vin rare et donc très cher, fait uniquement avec du raisin savagnin dont l'origine est très incertaine. Serait-il le furmint hongrois ou le traminer d'Alsace ? À Château-Chalon, il est cueilli très tard, après la Toussaint, après une longue période de surmaturation sur pied, ce qui lui vaut le surnom de "Vin de gelée". La récolte est pressée comme pour un vin blanc. Les moûts sont ensuite entreposés dans des fûts. Hermétiquement clos, le vin va rester en fût de six à dix ans (six ans étant le minimum légal) sans être complété. Loin de s'oxyder ou de se transformer en vinaigre, un voile de levure en fleurs se forme à la surface, protégeant le vin et lui permettant d'acquérir à la fois ce parfum aux subtiles senteurs de noisette, de noix et de prune, et sa couleur ambrée si particulière. Un vin jaune, vin capiteux et aromatique, titre de 12 à 15°. Il est vendu en bouteilles dites clavelins de 62 cl.

VIN DE PAILLE

Autre spécialité du Jura, le vin de paille est fait à partir de raisins passerillés. Les grappes, après les vendanges, sont mises à sécher non plus sur un lit de paille comme autrefois, mais posées sur des claies ou suspendues dans des endroits très aérés pendant deux à trois mois. Le jus va alors se concentrer ; le raisin perd en poids (jusqu'à 50 %) et en acidité ce qu'il gagne en sucre. Après le pressage, le moût va subir une très longue fermentation de un à deux

ans pour ensuite s'affiner en fût jusqu'à quatre ans. Un nectar merveilleusement liquoreux sort de cette longue pénitence, au parfum délicat et suave : c'est le vin de paille, un vin quasi immortel. Le vin de paille se garde dans des petits fûts de chêne et se vend en demi-clavelins.

CÔTES DU JURA

L'appellation générique comprend 600 ha répartis sur soixante communes du "Bon Pays". Elle commence au-delà de Salins-les-Bains pour descendre dans le sud jusque dans l'Ain, englobant les appellations spécifiques Arbois, Arbois-Pupillin, Château-Chalon et l'Etoile. Elle donne toutes sortes de vins à partir du poulsard, du trousseau et du pinot noir. Le chardonnay, appelé melon d'Arbois, s'est acclimaté au Jura depuis longtemps. Il est associé au sauvignon pour donner des vins blancs très secs possédant un léger goût de vin jaune, avec notamment cet arôme de noix si typique des vins blancs du Jura.

ARBOIS ET ARBOIS-PUPILLIN

Avec 740 ha de production, Arbois est la plus importante et la plus connue des appellations du Jura. L'aire de production couvre le pied des montagnes autour de la ville d'Arbois et des treize communes du canton. La production annuelle de 25 000 hl se partage entre les vins blancs très secs, frais en bouche, qui évoquent le vin jaune ; les vins rouges, qui peuvent prêter à confusion par leur couleur très claire presque rosée, provenant du poulsard et du pinot ; les vins mousseux, obtenus par la méthode champenoise ; les vins de paille et les vins jaunes, très proches de ceux de Château-Chalon. Mais Arbois est surtout réputé pour ses excellents rosés secs et fruités, faits à partir du poulsard et qui, d'après les experts, vaudraient le Tavel.

CHÂTEAU-CHALON

Les 37 ha du vignoble de Château-Chalon et des trois communes mitoyennes (Ménétru, Domblans, Nevy-sur-Seille) produisent exclusivement du vin jaune et du vin de paille.

L'ÉTOILE

L'appellation couvre un vignoble de 71 ha à l'extrémité sud du Jura sur le territoire des communes de l'Étoile, Plainoiseau et Saint-Didier. Il produit quelques-uns des meilleurs vins du Jura, des vins blancs, des vins mousseux, des vins jaunes et des vins de paille.

ARBOIS ROUGE
Dégustation
Robe : rubis foncé.
Bouquet : fruits.
Saveurs : sec et fruité.
Température de service : 17-18°C.
Alliances gastronomiques : charcuterie. Rôtis, viandes rouges, gibier.

ARBOIS ROSÉ
Dégustation
Robe : rubis clair tirant sur la pelure d'oignon.
Bouquet : fruité.
Saveurs : vineux, corsé, mais léger au palais.
Température de service : 9-10°C.
Alliances gastronomiques : viandes blanches, volailles, soufflé au fromage. Cancoillotte, emmental, comté.

VIN DE PAILLE
Dégustation
Robe : dorée.
Bouquet : miel et fruits mûrs.
Saveurs : liquoreux et charpenté.
Température de service : 15-16°C.
Alliances gastronomiques : apéritif. Foie gras frais. Charlotte aux fruits.

VIN JAUNE
Dégustation
Robe : jaune or.
Bouquet : noix verte.
Saveurs : capiteux, goût de noisette et d'amande grillée, persistant en bouche.
Température de service : 15-16°C.
Alliances gastronomiques : morilles à la crème, huîtres. Canard aux fruits, coq au vin jaune. Comté. Gâteau aux noix.

LA SAVOIE
ET LE BUGEY

SAVOIE-APREMONT

Dégustation
Robe : claire.
Bouquet : léger.
Saveurs : sec, frais, rond, un peu acidulé, un petit goût de pierre.
Température de service : 7-8°C.
Alliances gastronomiques : poissons de lac, écrevisses, quenelles, volailles à la crème. Fondue savoyarde, beaufort et comté, reblochon.

SAVOIE-MONDEUSE

Dégustation.
Robe : rubis clair.
Bouquet : naturel.
Saveurs : un peu bourru, très désaltérant pour un rouge.
Température de service : 10-11°C.
Alliances gastronomiques : charcuterie. Viandes, jambon du pays. Tomme de Savoie, camargue, coulommiers.

**SIX APPELLATIONS,
DIX-SEPT CRUS ET
VINGT-TROIS CÉPAGES
SUR 1 500 HA**

Jamais autant d'appellations, de crus et de cépages ne se sont côtoyés dans un tel terroir de poche.

La Savoie compte six appellations AOC :
Vin de Savoie
Roussette de Savoie
Pétillant de Savoie,
Mousseux de Savoie
Seyssel
Crépy.

et le Bugey, dans le département de l'Ain :
Bugey VDQS.

La Savoie et le Bugey sont composés d'une multitude de petits terroirs d'altitude. Les 1 500 ha du vignoble, bien souvent accroché à flanc de montagne entre 250 et 500 m, se répartissent sur quatre départements : la Savoie, la Haute-Savoie, l'Isère et l'Ain. Le climat est rude. Les températures moyennes sont faibles malgré des arrière-saisons chaudes. La majeure partie du vignoble se regroupe au sud de Chambéry.

UN FLORILÈGE DE CÉPAGES

Sur les vingt-trois cépages dénombrés, la plupart sont d'origine locale. Les vins blancs sont issus de l'altesse (Roussette de Savoie) qui aurait été importée en Savoie à l'époque des croisades, provenant de l'île de Chypre. Aimant les terrains pentus, elle donne des vins riches en bouche, ronds, souples, avec des arômes épicés. La jacquère (Apremont et Abymes) est un cépage rustique offrant des vins légers et perlants. Le bergeron, ou roussanne, procure à la Savoie, dans la région de Chignin, son meilleur vin, bouquet somptueux et vieillissant bien. Le chasselas, dit aussi fendant roux ou vert ou bon blanc, est à l'origine de vins précoces, des vins secs et fruités, cultivés en bordure du lac Léman.

Les vins rouges proviennent essentiellement du gamay ou du pinot noir. Sur ces vignobles d'altitude, ils donnent des vins fruités, légers, faciles à boire. Le mondeuse, originaire de Savoie, est un cépage très résistant qui se développe sur des éboulis argilo-calcaires. Il fournit des vins tanniques, riches en arômes, dotés de toutes les qualités pour bien vieillir.

La vinification en rosés, fort récente en Savoie, s'effectue à partir du mondeuse, du gamay et du pinot noir. Le résultat est plus qu'agréable, avec des vins légers et fruités.

VINS DE SAVOIE

La production de 100 000 hl est constituée à 70 % de blancs, tous des vins tranquilles, faits à partir de variétés altesse, jacquère ou roussette. Les vins rouges proviennent du mondeuse noir et du gamay.

LA ROUSSETTE DE SAVOIE

L'appellation, suivie du nom du cru, couvre un vin blanc tranquille provenant de Marestel et Monthou sur la rive gauche du lac du Bourget, de Monterminod à l'est de Chambéry et de Frangy le long de la rivière des Usses. Issue du seul cépage altesse pour les crus (les autres vins ont un apport de chardonnay et de mondeuse blanc), la Roussette de Savoie est un vin vif, frais, généreux, à la teinte jaune paille et à la saveur de noisette.

SEYSSEL

La petite ville de Seyssel est divisée en deux par le Rhône ; une partie dépend du département de l'Ain et l'autre du département de la Haute-Savoie. L'aire de production de l'appellation couvre 130 ha plantés en altesse (roussette) et molette pour une production de 3 000 hl de vins blancs.

CRÉPY

Les 75 ha de l'aire de production, plantés en chasselas au pied du mont Crépy, se répartissent sur la rive française du Léman, entre Thonon-les-Bains et Genève. La plupart des vins blancs de l'appellation sont "perlants" ; ce sont des vins légers et aromatiques, titrant un minimum de 9°.

BUGEY

Proche de Seyssel, le Bugey occupe les basses pentes des monts du Jura. Le vignoble autour de Belley dans l'Ain, ainsi que celui de Cerdon (tous deux VDQS depuis 1958), s'étendent de Bourg-en-Bresse jusqu'au lac du Bourget, sur une aire de production de 300 ha.

L'ALSACE ET L'EST

Les vallées des grands fleuves sont propices à la viticulture : Loire, Garonne, Rhône... La vallée du Rhin ne fait pas exception : sur ses rives, depuis le lac de Constance, à la frontière entre l'Allemagne, la Suisse et l'Autriche, jusqu'à Bonn, le vignoble se déroule sur les deux rives sans interruption notable.

La partie française de cet immense vignoble du Rhin constitue le vignoble d'Alsace, qui court sur une bande d'une quinzaine de kilomètres de largeur et d'une centaine de kilomètres de longueur, depuis Strasbourg, au nord, jusqu'à Thann, près de Mulhouse, au sud. Cette ligne de terrasses, les collines sous-vosgiennes, au pied du massif des Vosges et en contre-haut de la plaine d'Alsace, est à la fois protégée des influences océaniques et bien ensoleillée, situation beaucoup plus favorable que celle du vignoble allemand qui lui fait face sur l'autre rive.

Traditionnellement, le vignoble d'Alsace est à la fois le royaume des vins blancs et le seul vignoble de France à ne produire que des vins de cépage. Une règle qui, comme il se doit, présente tout de même quelques exceptions : d'une part, le cépage pinot noir est vinifié en rouge ou en rosé; d'autre part, deux vins ne sont pas des vins de cépage : l'Edelzwicker, vin d'assemblage, et le Crémant d'Alsace, vin mousseux de méthode champenoise.

Il n'existe que trois appellations d'origine contrôlée pour l'ensemble du vignoble : Alsace, Alsace Grand Cru, qui distingue des vins de très grande qualité produits sur des terroirs sélectionnés, et Crémant d'Alsace.

La production se situe à hauteur de 1 000 000 hl, pour une superficie plantée de 12 500 ha. Tous les vins sont obligatoirement embouteillés sur le lieu de production.

Cependant, le vignoble d'Alsace n'est pas le seul de cette région : il serait dommage de ne pas citer les vins de Lorraine, dont le vignoble renaît aujourd'hui après avoir failli disparaître en totalité, sous les coups du phylloxéra, comme partout ailleurs, et aussi des guerres. Cette production concerne deux appellations : les Côtes de Toul, au nord et au sud-ouest de la ville de Toul, et les Vins de Moselle, dont le terroir s'étend de Nancy au Luxembourg, mais n'est exploité, en France, qu'au sud de Metz.

APPELLATIONS : PRIORITÉ AU CÉPAGE

LES VINS D'ALSACE

Bien qu'il se soit sophistiqué depuis quelques années, le système des appellations des vins d'Alsace – tous classés en AOC – reste relativement simple. On distingue :
– **L'appellation régionale "Alsace" ou "Vin d'Alsace"**. Jusqu'en 1975, seul s'ajoutait facultativement à cette mention le nom du cépage d'origine, tel que Tokay ou Riesling. Pour ces Alsace génériques, la réglementation autorise un rendement de 100 hl/ha.
– **L'appellation "Vin d'Alsace Grand Cru"**. Elle s'applique exclusivement aux vins provenant de terroirs délimités et issus des seuls cépages nobles : gewürztraminer, muscat, pinot gris et riesling. Pour les Grands Crus, le rendement autorisé ne doit pas dépasser 70 hl/ha, mais les meilleurs producteurs se limitent délibérément à 50 ou 60 hl. Enfin, les Grands Crus doivent faire l'objet d'une dégustation et, sur leur étiquette, la mention de leur cépage et de leur millésime est obligatoire.

– **Les appellations communales et de lieux-dits**. Depuis 1975, cinquante terroirs délimités sont autorisés à faire figurer leur nom sur l'étiquette, en plus des mentions précitées. À titre d'exemples, la commune de Bergheim avec le lieu-dit d'Altenberg, Ribeauvillé avec Kirchberg ou Zahnacker, Riquewihr avec Sporen ou Schœnenberg, Guebwiller avec Kitterle, Thann avec Rangen...
– **L'appellation "Crémant d'Alsace"**. Elle est réservée aux mousseux élaborés à partir des vins blancs d'Alsace, selon la méthode champenoise.

À noter que l'Edelzwicker, vin d'assemblage de cépages blancs (notamment de chasselas), "échappe" en quelque sorte à la règle.

LES VINS DE LORRAINE

Les deux appellations du vignoble de Lorraine, les Côtes de Toul et les Vins de Moselle, sont classées en VDQS.

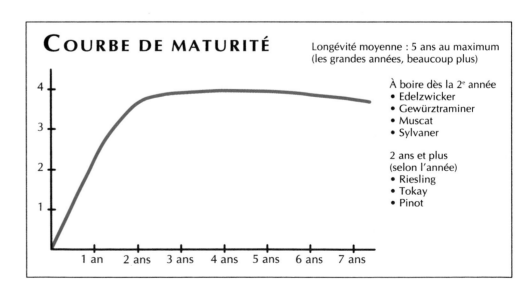

COURBE DE MATURITÉ

Longévité moyenne : 5 ans au maximum (les grandes années, beaucoup plus)

À boire dès la 2e année
• Edelzwicker
• Gewürztraminer
• Muscat
• Sylvaner

2 ans et plus
(selon l'année)
• Riesling
• Tokay
• Pinot

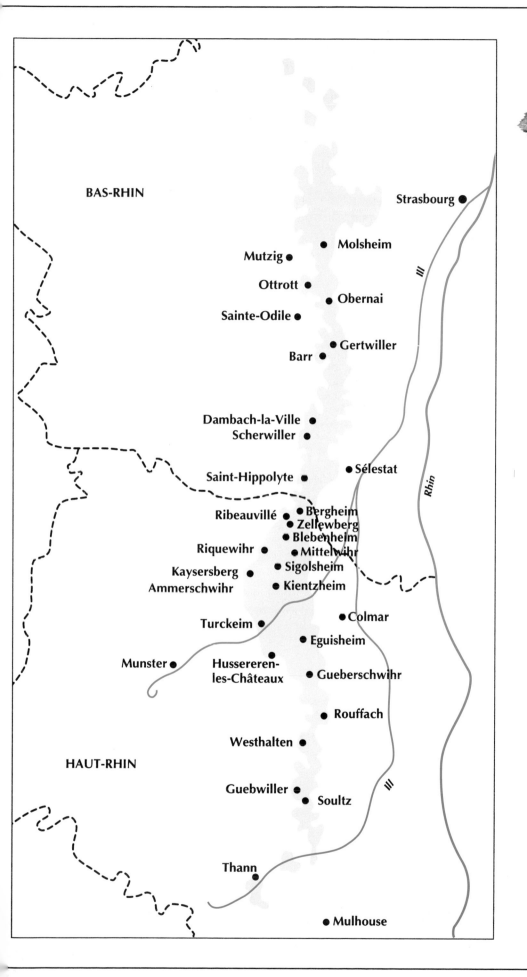

BAS-RHIN

Strasbourg ●

● Molsheim

Mutzig ●

Ottrott ●

● Obernai

Sainte-Odile ●

● Gertwiller

Barr ●

Dambach-la-Ville ●

Scherwiller ●

● Sélestat

Saint-Hippolyte ●

Ribeauvillé ● ● Bergheim
● Zellewberg
● Blebenheim
Riquewihr ● ● Mittelwihr
Kaysersberg ● ● Sigolsheim
Ammerschwihr ● ● Kientzheim

● Colmar

Turckeim ●

● Eguisheim

Munster ● Hussereren-
les-Châteaux

● Gueberschwihr

● Rouffach

Westhalten ●

HAUT-RHIN

Guebwiller ●
● Soultz

Thann ●

● Mulhouse

Rhin

CÉPAGES

Vignoble d'Alsace :
gewürztraminer (B); muscat (B);
pinot gris (B) (ou tokay d'Alsace);
riesling, pinot blanc (B)
(ou klevner); sylvaner (B);
chasselas (B);
pinot noir (B).
Vignoble de Lorraine :
pinot noir (N); müller-thurgau (B);
gamay (N); pinot meunier (N).

TRAMINER

Dégustation
Robe : très claire.
Bouquet : "parfume le nez d'une vraie gerbe de
fleurs où dominent la rose et le jasmin."
Saveurs : généreux, suave et séduisant.
Température de service : 7-8°C.
Alliances gastronomiques : poissons, viandes
blanches rôties, brochet au beurre blanc. Récollet
(fromage des Vosges), munster.

GEWÜRZTRAMINER

Dégustation
Robe : claire.
Bouquet : enchanteur, de rose flétrie et de violette.
Saveurs : suave et moelleux et pourtant sec, un des
goûts les plus étonnants des vins blancs français.
Température de service : 7-8°C.
Alliances gastronomiques : foie gras de
Strasbourg. Viandes blanches rôties. Munster,
roquefort, bleu d'Auvergne, de Bresse.
Desserts pas trop sucrés.

ALSACE
Les grands millésimes :
45, 59, 71, 73, 76, 83, 85, 89.
Les bons millésimes :
61, 62, 66, 67, 70, 75, 78, 79, 81, 82, 86, 88.

Kaysersberg, situé au nord-ouest de Colmar, est le village natal d'Albert Schweitzer. Sur le territoire de la commune, le lieu-dit "Schlossberg" a droit à l'AOC Alsace Grand Cru.

Dans une zone aussi âprement disputée que la riche vallée du Rhin, l'histoire du vignoble alsacien ne peut être que chaotique. On ignore précisément si la tradition viticole y est antérieure à la conquête romaine ou si ce sont précisément les Romains qui y introduisirent la vigne, mais il est certain que, dès la fin de l'Empire et au Haut Moyen Age, la viticulture y était en plein essor. Dès l'époque carolingienne, le commerce du vin avec les marchands frisons devient intense; le vin d'Alsace est bu et apprécié en Angleterre et dans toute l'Europe du Nord.

Cependant, la guerre de Trente Ans (1618-1648) donne un coup d'arrêt à cette expansion : le vignoble est ravagé, la famine règne, et les paysans préfèrent planter du blé. La vigne ne reviendra qu'au XVIIIe siècle, mais, plantée en plaine, elle ne produira que des vins médiocres, bien qu'abondants. La situation s'aggrave encore avec l'annexion par l'Allemagne après la guerre de 1870 : aux méfaits du phylloxéra s'ajoutent ceux de la législation allemande, qui autorise sans sourciller le mouillage et le sucrage... Ce n'est qu'après le retour de l'Alsace à la France que les viticulteurs vont relancer une production de qualité, pour faire face à la concurrence des autres régions viticoles françaises, et replanter sur les terrasses les cépages régionaux en vigueur au XVIe siècle.

LA HIÉRARCHIE DES CÉPAGES

La tradition distingue entre cépages nobles et cépages courants. Les cépages nobles sont au nombre de quatre :

– le riesling : cépage le plus fin et le plus cultivé en Alsace, c'est un grand seigneur, capable de donner les vins les plus racés. Secs, les Riesling varient considérablement selon les types de sols : ceux originaires de sols légers sont frais, ouverts, élégants et peuvent se boire jeunes; ceux provenant de sols calcaires demandant quelques années de patience et se caractérisent par leurs arômes floraux alliés à une note minérale "d'une rigidité d'acier";

– le gewürztraminer : très caractéristique, il donne des vins intensément aromatiques, épicés, au bouquet prononcé évoquant la rose ou la violette, et même, de l'avis de certains dégustateurs, les lytchis ou le pamplemousse;

– le pinot gris, ou tokay d'Alsace : très corsé, il peut être sec ou légèrement doux. D'une belle robe jaune d'or, il est ample, puissant, capiteux, avec des arômes presque insaisissables, tantôt de fumée, tantôt de noix ou de miel;

TOKAY OU PINOT GRIS

Dégustation
Robe : claire.
Bouquet : léger.
Saveurs : corsé, épicé, charnu et sec, parfois une nuance de moelleux.
Température de service : 7-8°C.
Alliances gastronomiques : viandes rouges rôties et poissons en sauce relevée, hareng à la diable. Récollet (fromage des Vosges), munster.

MUSCAT

Dégustation
Robe : dorée.
Bouquet : riche, très fruité.
Saveurs : sec, musqué, "aussi net que le fil d'une épée".
Température de service : 6-7°C.
Alliances gastronomiques : entremets. Pâtisseries, soupe aux cerises.

SYLVANER

Dégustation
Robe : claire, reflets verts.
Bouquet : léger (parfois silex et aubépine).
Saveurs : sec, frais et fin, léger pétillement en primeur.
Température de service : 7-8°C.
Alliances gastronomiques : fruits de mer, charcuterie légère. Choucroute. Munster.

PINOT BLANC

Dégustation
Robe : claire.
Bouquet : léger.
Saveurs : sec, équilibré, souple, nerveux, donne une sensation de grande fraîcheur.
Température de service : 7-8°C.
Alliances gastronomiques : charcuterie. Poissons pochés ou meunière, haddock aux œufs pochés. Boursin, chèvres tendres.

RIESLING

Dégustation
Robe : claire.
Bouquet : très affirmé (tilleul, musc, parfois cannelle).
Saveurs : très sec, nerveux, élégant et, de plus, corsé, le plus fin des cépages d'Alsace.
Température de service : 7-8°C.
Alliances gastronomiques : hors-d'œuvre. Poissons, sole farcie en gondole. Récollet, munster, chèvres.

– le muscat : en Alsace, le muscat donne un vin parfaitement sec, fruité, bouqueté. Tout de subtile élégance, de parfum et de grâce, il se révèle entre autres un merveilleux apéritif. À tel point que les amateurs le considèrent comme le meilleur Muscat du monde.

À côté de cette aristocratie, se rencontrent des cépages de moindre noblesse :

– le pinot blanc ou klevner : ces vins sont extrêmement agréables, légèrement aromatiques, d'un goût vif, simple et franc, plaisants à boire jeunes et frais ;

– le sylvaner : il donne un blanc léger – quelquefois même un peu maigre –, souvent agrémenté d'une sympathique "pointe de fraîcheur". Un vin sans prétention, à boire jeune, idéal pour un déjeuner rapide.

Pour être complet, il faut également citer quelques autres cépages et vins secondaires ou peu répandus :

– le chasselas : léger, rafraîchissant, c'est le "vin de carafe" type, populaire dans toute l'Alsace;

– le müller-thurgau : ce cépage, croisement de riesling et de sylvaner, abondamment planté en Allemagne, est très rare en Alsace. Il produit un vin comparable au chasselas, mais légèrement inférieur;

– le knipperlé : ce cépage courant produit un vin comparable au müller-thurgau;

– l'Edelzwicker : il ne s'agit pas d'un cépage, mais d'un vin d'assemblage de variétés exclusivement nobles. Le Zwicker, lui, désigne un assemblage de qualité inférieure obtenu par coupage entre une variété noble et une variété courante.

LES VINS RARES

Comme toute région viticole qui se respecte, l'Alsace possède ses curiosités et ses originalités :

– le Crémant d'Alsace : cet excellent vin mousseux est obtenu essentiellement à partir de pinot blanc;

– le pinot noir : traditionnellement vinifié en rosé, il est de plus en plus souvent vinifié en rouge, mis à vieillir en petits fûts de chêne;

– le Klevner de Heiligenstein : c'est le vin le plus confidentiel d'Alsace, élaboré à partir du savagnin rosé. Ce vin remarquable, à l'arôme suave, n'est pas sans affinité, avec le Gewürztraminer.

LES "VENDANGES TARDIVES"

Depuis 1984, les appellations Alsace et Alsace Grand Cru peuvent porter les mentions, "Vendanges tardives", et "Sélection de grains nobles". Ces mentions spéciales distinguent des vins exclusivement issus de cépages nobles (gewurztraminer, pinot gris, riesling, muscat) et s'appliquent à des raisins récoltés en surmaturation pour les "Vendanges tardives" et par tris successifs des grains atteints de pourriture noble, pour les "Sélection de grains nobles". Les "Vendanges tardives" donnent des vins puissants, bouquetés, légèrement moelleux; les "Sélection de grains nobles", des vins de dessert, d'une douceur de nectar.

LE VIGNOBLE DE LORRAINE

Trois guerres (1870-1871, 1914-1918, 1939-1945), deux invasions du phylloxéra (vers 1870 et à nouveau vers 1920) avaient anéanti le vignoble lorrain, pourtant fort de 35 000 ha. Pour replanter après la Seconde Guerre mondiale, il fallait avoir la foi! Et pourtant, dès 1951, les Côtes de Toul se voyaient classées en VDQS, tandis que les Vins de Moselle obtenaient le même classement en 1981.

La production de ces deux vignobles miraculés reste encore confidentielle : 70 ha plantés et une production de 3 500 hl pour les Côtes de Toul, 15 ha et 380 hl seulement pour les Vins de Moselle, dont l'aire d'appellation s'étend pourtant sur 1 000 ha, à cheval sur la France et le Luxembourg.

Cependant, 30 ha de l'aire d'appellation "Vins de Moselle" sont également exploités côté luxembourgeois.

Ces deux vignobles produisent des vins rouges et blancs; mais leur production la plus intéressante reste sans conteste le traditionnel "vin gris", un rosé léger agréablement fruité.

COMMENT SE CONSTITUER UNE CAVE

Le vin est un grand délicat. Pour vieillir en beauté, il a besoin de quelques précautions. L'expérience montre qu'une cave n'est jamais assez bonne et jamais assez grande, même si les recommandations de Chaptal paraissent aujourd'hui difficiles à suivre : "Une cave doit être creusée à quelques toises sous terre; ses ouvertures doivent être dirigées vers le nord; elle sera éloignée des rues, chemins, ateliers, égouts, latrines, bûchers. Elle sera couverte d'une voûte." Trois conditions sont cependant obligatoires : un endroit suffisamment grand, aéré et d'une fraîcheur constante.

SIX CONSEILS POUR UNE BONNE CONSERVATION DU VIN

1 - Le vin déteste la lumière

Ne laissez dans la cave qu'un seul point lumineux de faible amplitude. Un excès de lumière peut provoquer certaines maladies ou tout simplement "rôtir" le vin, c'est-à-dire le madériser ou l'oxyder.

2 - Il a besoin d'une température constante

12-13° est l'idéal. Il faut surtout éviter les variations de température fréquentes et trop rapides. Si elle s'élève à 20°, votre vin vieillira plus vite. Mais attention, les vins vieux sont extrêmement fragiles. Un choc brutal de température peut leur être fatal. Écartez donc toute source de chaleur (chaudière, conduits de chauffage, etc.).

3 - Il souffre de la sécheresse

Il est inutile d'aller jusqu'à un taux de 100 % d'humidité comme dans certaines grandes caves. Une hygrométrie proche de 60 % est parfaite. Elle empêche les bouchons de se dessécher. Pour l'obtenir, il suffit d'un sol de terre battue recouvert de sable de rivière ou de gravier à arroser lors des fortes chaleurs.

4 - Il craint les courants d'air

Pourtant, une légère aération lui est nécessaire pour éviter qu'à travers son bouchon, l'odeur de renfermé n'imprègne le vin. Il est en effet sensible aux odeurs. N'entreposez donc dans votre cave ni cuve à mazout ni bidons de peinture…

5 - Les vibrations lui sont néfastes

(Métro, train, poids lourds, avions.) Elles provoquent un vieillissement prématuré du vin.

6 - Le vin vieillit couché

Pour que le bouchon de liège reste humide et ne se dessèche pas. Debout, le bouchon devient vite poreux, laissant s'infiltrer l'air qui risque de transformer le vin en vinaigre.

Avant d'entreposer vos bouteilles, il est bon de savoir que la température d'une cave n'est pas uniforme. Il existe parfois une différence de 4 ou 5° entre le sol et le plafond. La chance veut que la température idéale de conservation soit en rapport avec celle du service. Donc, dans les casiers du bas, placez les vins que l'on sert frais et, vers le haut, les vins que l'on sert habituellement chambrés.

Au niveau du sol :

Les vins blancs liquoreux : Sauternes, Barsac, Monbazillac, Jurançon, Savennières, Layon, Aubance, etc.

Les Champagne, Sancerre, Pouilly, Alsace.

Au centre :

Les Beaujolais, Anjou, Arbois, Bourgueil, Côtes du Rhône, Languedoc.

Vers le haut :

Les grands Bordeaux, les grands Bourgogne.

Tous les vins vinés, c'est-à-dire coupés avec de l'alcool, Porto, Vermouth, Muscat et autres liqueurs, s'entreposent debout.

INDEX

INDEX DES VITICULTEURS

Bouyot (Château)
Barsac, 33720 Podensac, ☎ 56.27.19.46
Branaire-Ducru (Château)
St Julien Beychevelle, 33250 Pauillac,
☎ 56.59.08.08
Cadet-Piola (Château)
33330 St Émilion, ☎ 56.24.70.67
Camus F., Château Bonnat-Jeansotte
St Selve, 33650 Labrede, ☎ 56.20.25.11
Caplane (Domaine de)
Sauternes, 33720 Langon, ☎ 56.63.62.11
Carille Jean-François
Place Marcadieu, 33330 St Emilion,
☎ 57.24.74.46
Catusseau, (Domaine Prats)
33500 Libourne, ☎ 57.44.11.37
Chasse Spleen (Château)
Moulis, 33480 Castelnau de Médoc,
☎ 56.58.02.37
Cheval Blanc (Château)
33330 St Emilion, ☎ 56.24.70.70
Citran (Château)
Avensan, 33480 Castelnau de Médoc,
☎ 56.58.21.01
Clos du Rocher
Pomerol, 33500 Libourne, ☎ 57.51.47.54
Clos Haut-Peyraguey
Bommes, 33720 Langon, ☎ 56.63.61.53
Clos la Maurasse
33210 Langon, ☎ 56.63.39.27
Clos Lardit
Barsac, 33720 Podensac, ☎ 56.27.17.85
Closiot (Château)
Barsac, 33720 Podensac, ☎ 56.27.05.92
Clotte (Château la)
33330 St Emilion, ☎ 56.24.72.52
Comtesse de Bournazel, Château de Malle
Preignac, 33210 Langon, ☎ 56.63.28.67
Comtesse de Chabannes, Château de la Brede
33650 Labrede, ☎ 56.21.80.49
Comtesse Durieu de Lacarelle, Château Fihot
33720 Langon, ☎ 56.62.61.09
Cos d'Estournel (Château)
Saint-Estèphe, 33250 Pauillac,
☎ 56.44.11.37
Coufran (Château)
St Seurin de Cadourne, 33250 Pauillac,
☎ 56.59.31.02
Courrian-Blaignan P., Château la Tour Haut-Cassan
33340 Lesparre, ☎ 56.09.00.77
Coutreau-Vensac H., Château David
33590 St Vivien de Médoc, ☎ 56.09.44.62
Cruse & Fils Frères, Château de Taillan
33320 Le Taillan, ☎ 56.35.02.29
Darricarrere P., Château de Mendoce
Villeneuve, 33710 Bourg sur Gironde,
☎ 57.42.25.95

Dauzac (Château)
Labarde, 33460 Margaux, ☎ 56.88.32.10
De Rivoyre et Diprovin
33440 La Grave d'Ambares,
☎ 56.77.71.11 ou 56.38.89.60
Dillon Clarence, Château Haut-Brion
33600 Pessac, ☎ 56.48.73.24
Ducos F., Château Moulin de Ferregrave
33590 St Vivien de Médoc, ☎ 56.09.42.37
Ducru-Beaucaillou (Château)
St Julien Beychevelle, 33250 Pauillac,
☎ 56.59.05.20
Ducs d'Epernon (Château des)
Maison du vin, 33410 Cadillac,
☎ 56.27.11.38
Fargues (Château de)
Fargues, 33720 Langon, ☎ 56.44.07.45
Fombrauge (Château)
St Christophe des Bardes, 33330
St Emilion, ☎ 57.24.77.12
Gaffelière (Château la)
33330 St Emilion, ☎ 56.51.72.15
Giscours (Château)
Labarde, 33460 Margaux, ☎ 56.58.34.02
Gloria (Château)
St Julien Beychevelle, 33250 Pauillac,
☎ 56.59.08.18
Gombaude-Guillot (Château)
Pomerol, 33500 Libourne, ☎ 57.51.17.40
Gromand d'Evry, Château de Lamarque
Lamarque, 33460 Margaux, ☎ 56.58.90.03
GVG La Grande Cave
33026 Bordeaux Cedex
☎ 56.90.56.56
Haut Claverie (Domaine du)
Fargues, 33720 Langon, ☎ 56.63.12.65
Haut Sarpe (Château)
33330 St Emilion, ☎ 57.24.70.98
Huc G., Château Haut-Garin
Prignac en Médoc, 33340 Lesparre,
☎ 56.09.00.02
Issan (Château d')
Cantenac, 33460 Margaux, ☎ 56.58.40.72
Jarousse Fils (Ets Léon)
75012 Paris, ☎ 43.43.83.51
Jaubert, Château Falfas
Bayon, 33710 Bourg sur Gironde,
☎ 57.64.84.04
Labuzan/Landiras P. & P., Domaine du Moulin à Vent
33720 Podensac, ☎ 56.62.50.66
Lafite-Rothschild (Château)
33250 Pauillac, ☎ 56.59.01.04
Lafosse D., Clos Bourgelat
Cerons, 33720 Podensac, ☎ 56.27.01.73
Lagune (Château la)
Ludon Médoc, 33290 Blanquefort,
☎ 56.30.44.07
Lalande J., Château Piada
Barsac, 33720 Podensac, ☎ 56.27.16.13

Lamothe-Guignard (Château)
Sauternes, 33210 Langon, ☎ 56.63.60.28
Lanessan (Château)
Cussac Fort Médoc, 33460 Margaux,
☎ 56.58.94.80
Lascombes (Château)
33460 Margaux, ☎ 56.58.40.66
Latour (Château)
33250 Pauillac, ☎ 56.59.00.51
Laujac (Château)
Begadan, 33340 Lesparre, ☎ 56.41.50.12
Laville J.H., Château des Tuquets
St Sulpice de Pommiers, 33540 Sauveterre
de Guyenne, ☎ 56.71.53.56
Legrand-Dupuy, Domaine de Cailloux
Romagne, 33760 Targon, ☎ 56.23.60.17
Leoville Las Cases (Château)
St Julien Beychevelle, 33250 Pauillac,
☎ 56.59.05.19
Leppert B., Château Hillot
Illats, 33720 Podensac, ☎ 56.62.53.38
Lévèque H. & F., Château de Chantegrive
33720 Podensac, ☎ 56.27.17.38
Leymarie J.P., Château Lafargue
Martillac, 33650 Labrede, ☎ 56.23.73.30
Lionne (Château de)
Illats, 33720 Podensac, ☎ 56.27.03.29
Loudenne (Château)
St Yzans de Médoc, 33340 Lesparre
Lurton André, Château la Louvière
33850 Léognan, ☎ 56.21.75.87
Lynch-Bages (Château)
33250 Pauillac, ☎ 56.59.01.84
Magdelaine (Château)
33330 St Emilion
Margaux (Château)
33460 Margaux, ☎ 56.88.70.28
Mathereau (Château)
33560 Ste Eulalie, ☎ 56.06.05.56
Mayne-Viel (Château)
33133 Galgon, ☎ 57.74.30.06
Mercier (Château)
St Trojan, 33710 Bourg sur Gironde,
☎ 57.64.92.34
Miailhe E., Château Goufran
St Seurin de Cadourne, 33250 Pauillac,
☎ 56.59.31.02
Mission Haut Brion (Château la)
67 rue Peybouquey, 33400 Talence,
☎ 56.48.76.54
Moueix Jean-Pierre
quai du Priourat, 33502 Libourne Cedex,
☎ 57.51.78.96
Moulin Neuf (Domaine du)
quartier la Garenne, Preignac,
33720 Langon, ☎ 56.63.28.72
Mouton Rothschild (Château)
BP32, 33250 Pauillac, ☎ 56.59.01.15

Navarre (Cru)
Preignac, 33720 Langon, ☎ 56.63.41.41
Office Viticole de Barsac
place de la Mairie, Barsac, 33720
Podensac, ☎ 56.27.15.44
Palmer (Château)
Cantenac, 33460 Margaux, ☎ 56.58.30.02
Parmentier R., Château les Chaumes
Fours, 33390 Blaye, ☎ 57.42.18.44
Pavie (Château)
33330 St Emilion, ☎ 56.24.72.02
Petit Village (Château)
Pomerol, 33500 Libourne, ☎ 56.51.21.08
Petrus (Château)
Pomerol, 33500 Libourne, ☎ 56.51.17.96
Ragon P., Château Le Tuquet
Beautiran, 33640 Portets, ☎ 56.20.21.23
Raymond.Lafon (Château)
Sauternes, 33720 Langon, ☎ 56.63.21.02
Rempart (Domaine du)
Pomerol, 33500 Libourne, ☎ 57.51.06.97
Sanders D., Château Haut.Bailly
33850 Leognan, ☎ 56.21.75.11
Saturny Pierre, Château Tayac
33710 Bourg sur Gironde, ☎ 57.68.40.60
Sauternes (Maison du)
Sauternes, 33720 Langon, ☎ 56.63.60.37
Siran (Château)
33460 Margaux, ☎ 56.58.34.04
Soutard (Château)
33330 St Emilion, ☎ 56.24.72.23
St Estèphe (Maison du Vin de)
St Estèphe, 33250 Pauillac, ☎ 56.59.30.59
Sublett, Château de Roques
Puisseguin, 33570 Lussac, ☎ 57.74.69.56
Tach B., Château Lubat
St Pierre de Mont, 33210 Langon,
☎ 56.63.25.07
Taillefer (Château)
33500 Libourne, ☎ 57.51.50.63
Tinon J.M., Château la Grave
Ste Croix du Mont, 33410 Cadillac,
☎ 56.62.01.65
Tour de By (Château la)
33340 Lesparre, ☎ 56.41.50.03
Tour du Haut Moulin (Château la)
33152 Cussac Fort Médoc, ☎ 56.58.91.10
Tour du Roy (Domaine)
La Gravette, 33500 Libourne, ☎ 57.51.68.80
Vicomte de Baritault, Château Roquetaillade
Mazères, 33210 Langon, ☎ 56.63.24.16
Vieux Château Certan
Pomerol, 33500 Libourne, ☎ 56.51.17.33
Visage Raymond, Domaine de la Fleur
Pomerol, 33500 Libourne, ☎ 57.51.44.87
Vray Croix de Gay (Château)
Pomerol, 33500 Libourne, ☎ 57.51.64.58

Yquem, Héritiers de Lur-Saluces (Château)
33720 Langon, ☎ 56.62.61.02
Zuger R., Château Malescot St Exupéry
33460 Margaux, ☎ 56.58.40.68

✓ Bourgogne

Aloxe Corton (Château d')
21420 Savigny les Beaunes, ☎ 80.21.40.10
Ampeau Robert & Fils
6 rue Cromin, 21190 Meursault,
☎ 80.21.20.35
Anjoux & Cie
Les Bois de Loyse, 71570 La Chapelle
de Guinchay, ☎ 85.36.70.92
Audiffred Bernard
Brouilly, Odenas, 69830 St Etienne
des Ouillères, ☎ 74.03.48.17
Aurore (Coopérative Vinicole de l')
rue des Charmes, BP6, 71260 Lugny
Auxerrois-Bailly (Vignobles)
5 quai de l'Yonne, 89530 St Bris
le Vineux, ☎ 86.53.34.00
Baratin Jean
Au Signaud, 69830 St Etienne la Varenne,
☎ 74.03.44.58
Beaune Teurons
Au Château, 21200 Beaune, ☎ 80.22.14.41
Belleville (Domaine de)
rue de la Loppe, Rully, 71150 Chagny,
☎ 85.91.22.19
Benon Jean
Les Blémonts, 71570 La Chapelle
de Guinchay, ☎ 85.36.71.92
Beerger J., Domaine du Château de Mercey
71150 Chagny, ☎ 85.87.17.10
Bernard Georgette
Le Mont, 69820 Fleurie, ☎ 74.04.10.65
Bernard Jean (Domaine)
Chateau de Leynes,
71570 La Chapelle de Guinchay
Berthault Alain
Cercot Moroge, 71390 Buxy, ☎ 85.47.91.03
Berthier J.C.
2 rue Champ du Fort, 89800 Chablis,
☎ 86.42.12.52
Bertrand & Collier
Château de Grand Pré, 69820 Fleurie,
☎ 74.04.13.61
Bertrand Michel
La Verpillière, Charentay,
69220 Belleville, ☎ 74.66.12.23
Bichot Albert (Maison)
6 bis boulevard J. Coppeau, BP49,
21200 Beaune, ☎ 80.22.17.99
Bize Simon & Fils (Domaine)
rue du Chanoine Donin, 21420 Savigny
les Beaunes, ☎ 80.21.50.57

Blondeau-Danne (Domaine du Château)
St Aubin, 21190 Meursault, ☎ 80.21.31.46
Bloud
Château du Moulin à Vent,
71570 Romanèche Thorins, ☎ 85.35.50.68
Bocard J.M., Domaine Ste Claire
Préhy, 89800 Chablis, ☎ 86.41.42.11
Bois de la Salle, (Château du)
69840 Juliénas, ☎ 74.04.42.61
Boisset J.C. (Domaine)
rue des Frères Montgolfier, 21700 Nuits
St Georges, ☎ 80.61.00.06
Bouchard Pascal (Domaine)
17 boulevard Lamarque, 89800 Chablis,
☎ 86.42.18.64
Bouchard Père & Fils
Au Château, 21202 Beaune, ☎ 80.22.14.41
Boulon Georges
Le Bourg, 69115 Chiroubles, ☎ 74.04.20.12
Briday Jacques
Les Chères, 69840 Juliénas, ☎ 74.04.42.00
Brintet (Domaine)
Grande Rue, 71640 Mercurey, ☎ 85.45.14.50
Brondel Patrick
Le Signerin, 69640 Denice, ☎ 74.67.57.35
Brossette Paul-André, Domaine de Cruix
Theize, 69620 Le Bois d'Oingt, ☎ 74.71.24.83
Bruck Lionel S.A.
6 Quai Dumorey, 21700 Nuits St Georges,
☎ 80.06.07.24
Burgaud Daniel
Le Bourg, 69430 Lantignie
Calvet (Maison)
6 boulevard Perpreuil, 21200 Beaune,
☎ 80.22.06.32
Cauvard (Domaine)
18.34 bis route de Savigny, 21200 Beaune,
☎ 80.22.29.77
Chaffanjon Bernard
Les Rochons, St Jean d'Ardières,
69220 Belleville, ☎ 74.66.12.18
Chagny Paul
Les Etoux, 69430 Beaujeu, ☎ 74.04.87.71
Chaize (Château de la)
Odenas, 69380 St Etienne des Ouillères,
☎ 74.03.41.05
Chalmeau J.
11 place de l'Église, Chitry, 89530 St Bris
le Vineux, ☎ 86.41.40.74
Champier Bernard
Brouilly, Odenas, 69830 St Etienne des
Ouillères, ☎ 74.03.42.70
Champier Pascal & Elie
69430 Le Vernay, ☎ 74.03.43.74
Chanaise (Domaine de la)
69910 Villié Morgon, ☎ 74.69.10.20
Chanay Jean-Louis
Le Trève, 69830 St Etienne des Ouillères,
☎ 74.03.43.65

Chancelier (Caves du)
1 rue Zeim, 21200 Beaune, ☎ 80.22.50.29
Chandivin
21201 Beaune Cedex
☎ 80.22.23.20
Chanrion Raymond & Nicole
Le Bourg, Cercie, 69220 Belleville,
☎ 74.66.37.04
Chanson Père & Fils
10.12 rue Paul Chanson, 21200 Beaune,
☎ 80.22.33.00
Chanzy Frères, Domaine de L'hermitage
Frère Chanzy, Bouzeron, 71150 Chagny,
☎ 85.87.23.69
Charretier Paul
Le Bourg, Charentay, 69220 Belleville,
☎ 74.66.11.32
Chartron & Trébuchet
13 Grande Rue, Puligny Montrachet,
21190 Meursault, ☎ 80.21.32.85
Chatelet Armand
Le Pérou, 69910 Villié Morgon
Chauvenet F.
6, rue de Chaux, 21700 Nuits-Saint-Georges, ☎ 80.61.12.11
Chazoux (Château de)
71780 Hurigny, ☎ 85.29.21.22
Chenas (Cave du Château de)
Chenas, 69840 Juliénas, ☎ 74.04.11.91
Chenepierre (Domaine de)
Les Deschamps, Chenas, 69840 Juliénas,
☎ 85.36.70.74
Clément Louis
rue de l'Église, Bouzeron, 71150 Chagny,
☎ 85.87.17.72
Clos de Vougeot (Château du)
21640 Vougeot, ☎ 80.06.86.09
Clos des Lambrays (Domaine du)
rue Basse, Morey St Denis, 21700 Gevrey
Chambertin, ☎ 80.51.84.33
Clos des Tournons, Famille Chevalier
BP8, 71850 Charnay les Macon
Clos du Châpitre (Domaine)
St Amour Bellevue, 71570 La Chapelle de
Guinchay, ☎ 85.37.41.99
Clos du Fief
Les Gonnards, 69840 Juliénas,
☎ 74.04.41.62
Clos St Louis
10 rue de l'Abbé Chevalier, Fixin,
21700 Gevrey Chambertin, ☎ 80.52.45.51
Clos Verdy (Domaine du)
69115 Chiroubles, ☎ 74.04.20.12
Colinot Père & Fils
Irancy, 89290 Champs sur Yonne,
☎ 86.42.20.76
Combe Aux Loups (Domaine de la)
69115 Chiroubles, ☎ 74.04.24.02
Combes (Domaine des)
Charentay, 69220 Belleville, ☎ 74.66.82.21

Compagnie des Vins Fins
38 faubourg St Nicolas, 21200 Beaune,
☎ 80.22.00.05
Condemine Bernard
Saburin, Quincie, 69430 Beaujeu,
☎ 74.04.34.81
Condemine François
Le Château, 69840 Juliénas, ☎ 74.04.41.43
Condemine Michel
Les Jonnerys, Quincie, 69430 Beaujeu,
☎ 74.04.33.23
Confuron J.J. (Domaine)
Les Vignottes, RN74, Prémeaux Prissey,
21700 Nuits St Georges, ☎ 80.62.31.08
Conseillerie des Tonneliers
24 bis rue des Tonneliers, 21200 Beaune,
☎ 80.22.45.10
Corpeau (Caves de)
Corpeau, 21190 Meursault, ☎ 80.21.32.51
Corton-André (Château de)
21920 Aloxe.Corton, ☎ 80.26.44.25
Dc Chabannes André
Nervers, Odenas, 69830 St Etienne
des Ouillères, ☎ 74.03.40.53
De Faure Roger
Le Bourg, Chenoves, 71940 St Boil,
☎ 85.44.02.49
De Launay Paul, Domaine du Meix Foulot
Touches, Mercurey, 71640 Givry, ☎ 85.45.13.92
De Marcilly Frères
22 avenue du 8 Septembre, 21200 Beaune,
☎ 80.22.16.21
Dc Marencourt (Sté)
9 boulevard Clémenceau, 21200 Beaune,
☎ 80.22.28.01
De Villamont Henri
16 rue du Seizième Chasseur,
21200 Beaune, ☎ 80.22.20.15
Defaix Etienne & Daniel (Domaine)
23 rue Champlain, Milly, 89800 Chablis,
☎ 86.42.42.05
Degoix René
1 rue du Bief Chichée, Chichée,
89800 Chablis, ☎ 86.42.13.45
Delachanal (Domaine)
Odenas, 69830 St Etienne des Ouillères,
☎ 74.03.42.47
Delagrange & Fils (Domaine)
rue du 11 Novembre, 21190 Meursault,
☎ 80.21.22.72
Delorme Lucien
Les Marcellins, 69910 Villié Morgon
Delorme Meulien (Caves)
71150 Rully, ☎ 85.87.10.12
Denizot Lucien
Les Moirots, Bissey sous Cruchaud,
71390 Buxy, ☎ 85.92.16.93
Depardon Robert
Les Chaffongeons, 69820 Fleurie,
☎ 74.04.11.20

Derain Jean
Bissey sous Cruchot, 71390 Buxy,
☎ 85.92.10.94
Desmures Armand
Le Bourg, 69115 Chiroubles,
☎ 74.69.10.61
Diochon (Domaine de)
Romanèche-Thorins, 71570 La Chapelle
de Guinchay, ☎ 85.35.52.42
Diva
21200 Beaune, ☎ 80.24.73.23
Doat
Château de Bois franc, 69640 Denice,
☎ 74.68.20.91
Droin J.P.
14 bis rue Jean Jaurès, 89800 Chablis,
☎ 86.42.16.78
Drouhin Joseph
7 rue d'Enfer, 21201 Beaune Cedex,
☎ 80.24.68.88
Dufour Jean
La Ville, 71570 St Amour Bellevue,
☎ 85.37.14.71
Dumas Michel
Pierreux, Odenas, 69830 St Etienne des
Ouillères, ☎ 74.03.40.89
Durieu Ennemond
Briante, Saint Lager, 69220 Belleville
Dussoulier (Domaine)
Odenas, 69830 St Etienne des Ouillères
Duvernay Denis
Saburin, Quincie, 69430 Beaujeu,
☎ 74.04.33.64
Duvernay Roger
La Poyebade, Odenas, 69380 St Etienne
des Ouillères, ☎ 74.03.41.77
Edmund Chalmeau (Domaine du)
20 rue Ruisseau, 89530 Chitry,
☎ 86.41.42.09
Eglantière (Domaine de l')
4 Grande Rue, Maligny, 89800 Chablis,
☎ 86.47.44.49
Eengel René (Domaine)
place de la Mairie, Vosne Romanée,
21700 Nuits St Georges, ☎ 80.61.10.54
Farjat Robert
Combiaty, 69830 St Etienne la Varenne,
☎ 74.03.42.45
Fevre William
14 rue Jules Guesdes, 89800 Chablis,
☎ 86.42.12.51
Fleys (Domaine du Château de)
rue Haute, Fleys, 89800 Chablis,
☎ 86.42.45.19
Folie (Domaine de la)
71150 Chagny, ☎ 85.87.18.59
Fournelles (Domaine des)
Godefroy, St Lager, 69220 Belleville,
☎ 74.66.12.00

Fromont-Moindrot (Domaine)
8 rue Guy Dupas, Ligny les Chatel,
89230 Pontigny, ☎ 86.47.43.81
GAEC Morin
Javernand, 69115 Chiroubles,
☎ 74.04.24.32
GAEC Nesme
Chavannes, 69430 Quincie, ☎ 74.04.31.02
Gaget Francis
Pierreux, Odenas, 69830 St Etienne des
Ouillères, ☎ 74.03.41.17
Garlon Jean
Beauvallon, Theize, 69620 Le Bois
d'Oingt, ☎ 74.71.72.52
Gaumont J.C.
Quenne, 89290 Champ sur Yonne,
☎ 86.52.77.41
Gauthier Paul
Les Granges, 69460 Blace, ☎ 74.67.53.55
Gelin Pierre (Domaine)
21710 Fixin, ☎ 80.52.45.24
Geoffray Caudius & Fils
Chavannes, Quincie, 69430 Beaujeu,
☎ 74.04.30.94
Geoffroy Alain (S.A. Domaine)
4 rue de l'Equerre, Beine, 89800 Chablis,
☎ 86.42.43.76
Germain Alain
Les Crières, 69380 Charnay,
☎ 78.43.98.60
Gevrey-Chambertin (Cave Coopérative)
1 rue de Paris, 21700 Gevrey Chambertin,
☎ 80.34.30.26
GFA de Combiaty
Combiaty, 69830 St Etienne la Varenne,
☎ 74.03.42.45
GFA de la Roche
St Etienne la Varenne,
69830 St Etienne des Ouillères
GFA de la Voûte des Crozes
Cercie, 69220 Belleville, ☎ 74.66.02.71
GFA Domaine de Cheysson
Le Bourg, 69115 Chiroubles,
☎ 74.04.22.02
GFA Domaine Desvignes
Les Gandelins, 71570 La Chapelle de
Guinchay, ☎ 85.36.70.91
GFA Geoffroy Charles
Le Bourg, 69115 Chiroubles, ☎ 74.04.23.57
GFA Laneyrie Edmond
Pontanevaux, 71570 La Chapelle de
Guinchay, ☎ 85.36.72.54
Giloux Patrick
Leynes, 71570 La Chapelle de Guinchay
Girard René
Rue du Lac, Odenas, 69830 St Etienne
des Ouillères, ☎ 74.03.46.32
Goubard Michel
71390 St Désert, ☎ 85.47.91.06
Goy Clément
Saint Joseph, 69910 Villié Morgon

Gracieux-Chevalier (Domaine)
La Ferme Pérignon, 89460 Cravant,
☎ 86.42.20.51
Grandes Caves Dijonnaise
74 avenue du Drapeau, 21000 Dijon,
☎ 80.74.41.80
Grands Vins de Fleurie (Cave Coopérative)
Le Bourg, 69840 Juliénas, ☎ 74.04.11.70
Grands Vins Roses (Cave Coopérative)
27 rue des Vignes, 21160 Marsannay
la Côte, ☎ 80.52.15.14
Guérin Georges
Le Bourg, 69840 Chenas, ☎ 74.04.12.46
Guyon Antonin (Domaine)
rue de Chorey, 21420 Savigny les
Beaunes, ☎ 80.21.51.49
Hasenklever F.
rue du Moulin, 21700 Nuits St Georges,
☎ 80.23.51.61
Hautes Côtes (Cave Coopérative)
route de Pommard, 21200 Beaune,
☎ 80.24.63.12
Iles (Domaine des)
12 rue de Poinchy, 89800 Chablis,
☎ 86.42.40.98
Jaboulet-Vercherre (Sté)
5 rue Colbert, 21200 Beaune, ☎ 80.22.50.61
Jadot Louis (Domaine)
5 rue Samuel Legay, BP121,
21200 Beaune, ☎ 80.22.10.57
Jaffelin
2, rue du Paradis, 21200 Beaune,
☎ 80.22.12.49
Jambon-Chanrion (Ets)
Quincie, 69430 Beaujeu, ☎ 74.04.33.09
Joly Père & Fils
Grande Rue au bourg Bassot, Mercurey,
71640 Givry, ☎ 85.45.28.28
Joseph Drouhin (Maison)
7 rue d'Enfer, 21200 Beaune,
☎ 80.22.06.80
Juillard Daniel
71570 Chanes, ☎ 85.36.52.13
Julhiet-Malherbe (Domaine)
Château Thivin, Odenas, 69380 St Etienne
des Ouillères, ☎ 74.65.55.08
Julienas (Château de)
69840 Juliénas, ☎ 74.04.41.43
la Chablisienne (Cave Coopérative)
8 boulevard Pasteur, 89800 Chablis,
☎ 86.42.11.24
la P'tiote Cave (Domaine)
Chassey le Camp, 71150 Chagny,
☎ 85.87.15.21
Lamartine (Domaine de la Cave)
vers l'Eglise, St Amour Bellevue, 71570
La Chapelle de Guinchay, ☎ 85.37.12.88
Langoureau Aimé (Domaine)
Le Gamay, St Aubin, 21190 Meursault,
☎ 80.21.32.63

Lapierre Gérard
Les Dechamps, 69840 Chenas,
☎ 85.36.70.74
Laplanche J-L, Château de Pommard
21630 Pommard, ☎ 80.22.07.99
Laroche (Domaine)
10 rue Auxerroise, 89800 Chablis,
☎ 86.42.14.30
Laroche Jean
La Prat, 69830 St Etienne la Varenne,
☎ 74.03.26.44
Launay Raymond (Domaine)
21630 Pommard, ☎ 80.22.12.23
Lavis Bernard
Les Moriers, 69820 Fleurie, ☎ 74.69.81.91
Le Cellier de la Vieille Eglise
69840 Juliénas
les Vignes de la Croix
Caves des Vignerons, 71390 Buxy,
☎ 85.92.03.03
Longin Henri
La Chaize, Odenas, 69830 St Etienne des
Ouillères, ☎ 74.03.43.88
Loron Pierre
La Rochelle, 69840 Chenas, ☎ 74.69.80.68
Lump Frères, GAEC de l'Orcene
45 rue de Jambles, Poncey, 71640 Givry,
☎ 85.44.33.09
Lupe Cholet Sté
14 rue du Général de Gaulle, 21700 Nuits
St Georges, ☎ 80.61.25.02
Maison des Vignerons (Cave Coopérative la)
Le Bourg, 69115 Chiroubles,
☎ 74.04.20.47
Maison du Vin (la)
Grande Rue, Mercurey, 71640 Givry,
☎ 85.45.23.62
Malandres (Domaine des)
63 rue Auxerroise, 89800 Chablis,
☎ 86.42.41.37
Manigand Roger
Le Pavé, St Lager, 69220 Belleville,
☎ 74.66.35.10
Manoir Murisaltien
Le Clos Mazeray, 21190 Meursault,
☎ 80.21.21.83
Marquis de Jouennes (Domaine du)
71640 Mercurey, ☎ 85.45.22.22
Martin Jean & Fils
Les Gonnards, 69840 Juliénas,
☎ 74.04.41.64
Martin René (Domaine)
Le Bourg, Sampigny les Maranges,
71150 Chagny, ☎ 85.91.15.48
Mas des Tines
St Amour Bellevue, 71570 La Chapelle de
Guinchay, ☎ 85.37.41.31
Mathias Frères
Chaintre, 71570 La Chapelle de
Guinchay, ☎ 85.35.60.67

Max Louis (Ets)
6 rue de Chaux, 21700 Nuits St Georges,
☎ 80.61.11.23
Menand Père & Fils, Chamerose
Mercurey, 71640 Givry, ☎ 85.47.14.14
Menetrier-Belnet (Sté)
58 rue de Lorraine, 21200 Beaune,
☎ 80.22.25.68
Mercey (Domaine du Château de)
71150 Cheuilly les Maranges,
☎ 85.91.11.96
Méziat Bernard
Le Verdy, 69115 Chiroubles,
☎ 74.04.24.61
Michelot Buisson (Domaine)
rue de la Velle, 21190 Meursault,
☎ 80.21.23.17
Moillard (Domaine)
Clos de Thorey, BP6, 21700 Nuits St
Georges, ☎ 80.61.03.34
Mommessin
La Grange St Pierre, 71000 Macon,
☎ 85.38.05.00
Monassier A., Domaine du Prieuré
71150 Rully, ☎ 85.87.13.57
Mongenie Elie
Aux Berthaux, 71570 St Amour Bellevue,
☎ 85.37.14.70
Moreau & Fils
route d'Auxerre, 89800 Chablis,
☎ 86.42.40.70
Moretaux Jean & Sons
Nantoux, Chassey le Camp,
71150 Chagny, ☎ 85.87.19.10
Morgon (Caveau de)
69910 Villié Morgon, ☎ 74.04.20.99
Morin Père & Fils
Quai Fleury, 21700 Nuits St Georges,
☎ 80.06.05.11
Moulin à Vent (Château du)
Romanèche, 71570 La Chapelle de Guinchay
Moulin Jean
Les Bruyères, Chanes, 71570 St Amour
Bellevue, ☎ 85.37.12.91
Naudin Varrault (Sté)
13 rue des Vignobles, 21200 Beaune,
☎ 80.22.16.65
Ninot P.M. (Domaine)
Rully, 71150 Chagny, ☎ 85.87.07.79
Olivier Georges
Les Levrières, Graves, 69480 Anse,
☎ 74.67.02.91
Pardon Jean.Paul
La Chevrière, 69460 Blace, ☎ 74.67.55.45
Patriarche Père & Fils
Ancien couvent des Visitandines, 5-7 rue
du Collège, 21200 Beaune, ☎ 80.22.23.20
Pépin Clément
Gorge de Loup, St Lager, 69220 Belleville,
☎ 74.66.02.85

Père Benoit (Domaine du)
Bergiron, St Lager, 69220 Belleville,
☎ 74.66.08.43
Pernot Père & Fils (Domaine)
place du Monument,
Puligny Montrachet, 21190 Meursault,
☎ 80.21.32.35
Perrier Raymond
Le Saule, 69430 Lantignie
Petite Cave de Pommard
1 route de Beaune, 21630 Pommard,
☎ 80.24.69.51
Picard Père & Fils
69910 Villié Morgon
Pillets (Domaine des)
71150 Chagny, ☎ 85.87.07.45
Piron Dominique
69910 Villié Morgon
Pont, le Cellier Volnaysien
Volnay, 21190 Meursault, ☎ 80.21.61.04
Pope Claude
69840 Juliénas, ☎ 85.36.74.31
Prieu-Brunet (Domaine)
rue Narosse, Rémigny, 71150 Chagny,
☎ 80.20.60.56
Prieuré (Domaine du)
rue de Bourgogne, 21420 Savigny les
Beaunes, ☎ 80.21.54.27
Protheau-Kolher M.
69910 Villié Morgon
Py de Bulliat (Domaine du)
Régnic Durcttc, 69430 Beaujeu,
☎ 74.04.20.17
Ragot Jean-Pierre & Jean-Paul
71640 Givry, ☎ 85.44.35.67
**Reine Pédauquc (Caves Exposition
de la)**
21420 Aloxe.Corton, ☎ 80.26.40.00
Remoriquet Henri & Gilles
25 rue de Charmois, 21700 Nuits
St Georges, ☎ 80.61.08.17
Remparts (Domaine des)
1 route des Champs, 89530 St Bris le
Vineux, ☎ 86.53.80.77
Robin Emile
Chenas, 69840 Juliénas,
☎ 74.04.15.19**Roche André**
Brouilly, Odenas, 69830 St Etienne des
Ouillères, ☎ 74.03.40.85
Rodet Antonin
Mercurey, 71640 Givry, ☎ 85.45.22.22
Rolland (Domaine)
Les Signauds, Odenas, 69830 St Etienne
des Ouillères, ☎ 74.03.42.23
Roux (Domaine)
St Aubin, 21190 Meursault, ☎ 80.21.32.92
Saburin (Domaine)
Les Vayvolets, Quincie, 69430 Beaujeu,
☎ 74.04.34.35
Saint Etienne (Cave Coopérative)
69640 Denice

Sandrin Henri
La Fouillouse, Rivolet, 69640 Denice,
☎ 74.67.37.56
Sauzet E. (Domaine)
Puligny Montrachet, 21190 Meursault,
☎ 80.21.32.10
Senard Daniel (Domaine)
21420 Aloxe.Corton, ☎ 80.21.41.65
Sermet Père & Fils
19 rue Fagon, 21700 Nuits St Georges,
☎ 80.61.19.96
Servin (Domaine)
20 avenue d'Oberwesel, 89800 Chablis,
☎ 86.42.12.94
Sorin Luc (Domaine)
13 bis rue de Paris, 89530 St Bris le
Vineux, ☎ 86.53.36.87
Sornet Benoit
Challier, Pommiers, 69400 Villefranche,
☎ 74.68.18.23
Spay Paul
Le Bourg, 71570 St Amour Bellevue,
☎ 85.37.12.88
St Julien de Peyrol (Cave Coopérative)
4 route de Joigny, 89210 Brienon sur
Armonçon, ☎ 86.56.12.63
Sté Marie la Blanche (Cave Coopérative)
Sainte Marie la Blanche, 21200 Beaune,
☎ 80.26.60.60
Tachon Jean Marie
Sottizon, 69830 Vaux en Beaujolais,
☎ 74.03.22.80
Tanneries (Caveau des)
1 rue des Tanneries, 21200 Beaune,
☎ 80.22.48.35
Terrier Henri (Domaine)
Les Bruyères, 71570 La Chapelle de
Guinchay, ☎ 85.37.40.05
Terrier Jean
La Piat, 71570 St Amour Bellevue,
☎ 85.37.10.64
Tete Raymond & Fils
Les Gonnards, 69840 Juliénas,
☎ 74.04.41.62
Thévenet André
Le Bourg, 69820 Fleurie, ☎ 74.04.10.63
Thévenet Jean
Les Gandelins, 71570 La Chapelle
de Guinchay, ☎ 85.36.72.68
Tomatis Antoine
Crozet, 69115 Chiroubles,
☎ 74.04.23.68
Tour (Domaine du Château de la)
Clos Vougeot, 21460 Vougeot,
☎ 80.62.86.13
Tour Bajole (Domaine de la)
71490 St Maurice les Couches,
☎ 85.49.67.60
Tours (Domaine des)
Combillaty, 69830 St Etienne la Varenne,
☎ 74.03.42.45

Trichard Bernard
Les Nazins, St Lager, 69220 Belleville,
☎ 74.66.15.85

Tricont Olivier
8 rue Berthelot, 89800 Chablis,
☎ 86.42.10.37

Union des Producteurs
Grande Rue, Mercury, 71640 Givry,
☎ 85.45.22.96

Verger (Domaine le)
4 rue de l'Equerre, Beine, 89800 Chablis,
☎ 86.42.43.76

Verpoix F., Clos de la Chapelle des Bois
69820 Fleurie, ☎ 74.04.10.95

Vieille Grange (Cellier de la)
27 boulevard G. Clémenceau,
21200 Beaune, ☎ 80.22.40.06

Vigneron (Cave du)
2 bis place Carnot, 21200 Beaune,
☎ 80.24.10.59

Vignerons de Mercurey (Caveau les)
Pont Latin, Mercurey, 71640 Givry,
☎ 85.45.20.01

Vincent-Sourice
Pierreclos, 71960 Fuissé,
☎ 85.83.61.44

Vins d'Autrefois (Compagnie des)
9 rue Celer, 21200 Beaune,
☎ 80.22.21.31

Vins de France (Cave des)
rue des Courtives, 89600 St Florentin,
☎ 86.35.32.02

Violand Louis (Domaine)
125 faubourg St Nicolas, 21200 Beaune,
☎ 80.22.21.19

Viornery Victor
Brouilly, Odenas, 69380 St Etienne
des Ouillères, ☎ 74.03.41.86

Vire (Cave de)
71260 Viré

Vocoret & Fils (Domaine)
25 rue Emile Zola, 89800 Chablis,
☎ 86.42.12.53

Voiret (Domaine)
48 faubourg St Martin, 21200 Beaune,
☎ 80.22.24.05

✓ Champagne

Abelé Henri (Champagne)
50 rue de Sillery, 51100 Reims,
☎ 26.85.23.86

Ayala (Champagne)
2, boulevard du Nord, 51160 Aÿ,
☎ 26.55.15.44

Baron Albert
Porteron, 02310 Charly sur Marne,
☎ 23.82.02.65

Baron De Sigognac
33 cours Xavier Arnozan,
33000 Bordeaux, ☎ 56.44.19.75

Barton & Guestier Perrier-Jouët
53 rue du Dehez, BP30, 33292
Blanquefort Cedex, ☎ 56.35.84.41

Bauget-Jouette (Champagne)
60 rue Claude Ruelle, 51200 Epernay,
☎ 26.54.44.05

Beaufort Herbert (Champagne)
28-32 rue de Tours, Bouzy, 51150 Tours
sur Marne, ☎ 26.57.01.34

Beaumey (Champagne)
3 rue Malakoff, BP247, 51207 Epernay
Cédex, ☎ 26.54.53.34

Berat (Château)
rue St Roch, Boursault, 51200 Epernay,
☎ 26.58.42.45

Bernard (Château)
21 rue du Corbier, 51160 Ay, ☎ 26.50.60.36

Besserat De Bellefon (Champagne)
allée du Vignoble, BP301, 51100 Reims
Cédex, ☎ 26.36.09.18

Billecart-Salmon (S.A. Champagne)
40 rue Carnot, Mareuil sur Ay, 51160 Ay,
☎ 26.50.60.22

Blin (Champagne)
5 rue de Verdun, Vincelles,
51700 Dormans, ☎ 26.58.20.04

Boizel (Champagne)
14.16 rue de Bernon, 51200 Epernay,
☎ 26.55.21.51

Bollinger J. (Champagne)
BP4, 51160 Aÿ, ☎ 26.50.12.34

Bonnet F. Père & Fils
route du Mesnil, Oger, 51190 Avize,
☎ 26.57.52.43

Bouche Père & Fils (Champagne)
10 rue du Général de Gaulle,
51200 Épernay, ☎ 26.54.12.44

Breton Fils (Inge Breton)
12 rue courte-Pilate, Congy,
51270 Montfort, ☎ 26.59.31.03

Bricout & Cie
29 Rempart du Midi, 51190 Avize,
☎ 26.57.26.57

Canard Duchêne (Champagne)
89 rue de la Faisanderie, 75116 Paris,
☎ 45.03.21.31

Cattier (Champagne)
6.11 rue Dom Pérignon, Rilly la Montagne,
51500 Chigny les Roses, ☎ 26.03.42.11

Caveau Bugisté (le)
Vongnes, 01350 Culoz, ☎ 79.87.92.37

Carbaut & Fils (Champagne)
17 avenue de Champagne, BP150,
51250 Épernay Cedex, ☎ 26.54.37.55

Charlier (Château)
4 rue des Pervenches, Montigny sur
Chatillon, 51200 Epernay, ☎ 26.58.35.18

Charpentier (Château)
rue de Rueil, Villiers sur Chatillon,
51200 Epernay, ☎ 26.58.05.78

Cheurlin & Fils
13 rue de la Gare, 10250 Gye sur Seine,
☎ 25.38.20.27

Collery (Château)
2 place de la Libération, 51160 Ay

De Cazanove Charles (Champagne)
1 rue des Cotelles, 51200 Epernay,
☎ 26.54.23.46

Desmoulins A. (Champagne)
44 avenue Foch, BP10, 51200 Epernay,
☎ 26.54.24.24

Devaux A. (Champagne)
Domaine de Villeneuve, BP117,
10110 Bar sur Seine, ☎ 25.29.85.57

Feuillatte Nicolas (Champagne)
BP 210, Chouilly, 51200 Epernay,
☎ 26.54.50.60

Frezier (Château)
8 rue Poittevin, Monthelon,
51200 Epernay, ☎ 26.59.70.16

Gaillot (Château)
12 rue de la Liberté, 51200 Epernay,
☎ 26.55.31.42

Gonet Sulcova
13 rue Henri Martin, 51200 Epernay,
☎ 26.54.37.63

Gosset
69 rue Jules Blondeau, BP7, 51160 Ay,
☎ 26.55.14.18

Heidsieck & Co Monopole
83 rue Coquebert, 51100 Reims,
☎ 26.07.39.34

Heidsieck Charles S.A. (Champagne)
46 rue de la Justice, 51100 Reims,
☎ 26.40.16.13

Hostomme (Château)
5 rue de l'Allée, Chouilly, 51200 Epernay,
☎ 26.55.40.79

Husson J.P.
2 rue Jules Lobet, 51160 Ay,
☎ 26.55.43.05

Jacquart (Château)
6 avenue de la République, Le Mesnil sur
Oger, 51190 Avize, ☎ 26.57.94.06

Krug, Vins Fins de Champagne
5 rue Coquebert, 51100 Reims, ☎ 26.88.24.24

Launois (Château)
3 avenue de la république, Le Mesnil sur
Oger, 51190 Avize, ☎ 26.57.50.15

Le Brun (Château)
17 route d'Epernay, Cuis, 51200 Epernay,
☎ 26.55.12.35

Leclerc-Briant (Champagne)
Cumières, 51200 Epernay, ☎ 26.54.45.33

Lenoble A.R. (Champagne)
35 rue Paul Douce, 51480 Damery,
☎ 26.58.42.60

Lopez Martin
Les côtes de l'Hery, Hautvilliers,
51160 Ay, ☎ 26.59.42.17

Mailly Champagne, Sociétés de Producteurs
51500 Mailly Champagne, ☎ 26.49.41.10
Maizières Georges
1 rue du stade, Trépail, 51150 Tours sur Marne, ☎ 26.57.05.04
Martel
4 rue Paul Bert, 51318 Epernay, ☎ 26.51.06.33
Martin Brice, Champagne Barancourt
place Tritant, BP3, Bouzy, 51150 Tours sur Marne, ☎ 26.57.00.67
Martin Paul-Louis (Champagne)
3 rue d'Ambonnay, 51150 Bouzy
Mercier (Champagne)
73 avenue du Champagne, 51200 Epernay, ☎ 26.51.74.74
Mignon Pierre
5 rue des Grappes d'Or, Le Breuil, 51210 Montmirail, ☎ 26.59.22.03
Moët & Chandon (Champagne)
18 avenue de Champagne, 51200 Epernay, ☎ 26.54.71.11
Moreau (Château)
rue du Moulin, Vandières, 51700 Dormans, ☎ 26.58.01.64
Mumm G.H. & Cie
34 rue du Champs de Mars, 51100 Reims, ☎ 26.40.22.73
Nowack (Château)
15 rue Bailly, Vandières, 51700 Dormans, ☎ 26.58.02.69
Paillard Bruno (Champagne)
rue Jacques Maritain, 51100 Reims, ☎ 26.36.20.22
Perrier Laurent (Champagne)
avenue de Champagne, 51150 Tours sur Marne, ☎ 26.50.67.22
Pommelet Michel
5 rue des Longs Champs, Fleury la Rivière, 51200 Epernay, ☎ 26.58.41.04
Pommery
5, place du Général Gouraud, 51000 Reims, ☎ 26.61.62.63
Renaudin R. (Champagne)
Moussy, 51200 Epernay, ☎ 26.54.03.41
Rocourt (Château)
1 rue des Zalieux, Le Mesnil sur Oger, 51190 Avize, ☎ 26.57.94.99
Roederer Louis
21 boulevard Lundy, BP66, 51100 Reims, ☎ 26.47.59.81
Roger Pol & Cie
1 rue Henri Lelarge, 51200 Epernay, ☎ 26.55.41.95
Rogue (Château)
15 rue du Général Leclerc, 51150 Vertus, ☎ 26.52.15.68
Ruinart Père & Fils (Champagne)
4 rue de Crayères, 51100 Reims, ☎ 26.40.26.60

Salon
Le Mesnil-sur-Oger, 51190 Avize, ☎ 26.58.91.22
Senez C. (Champagne)
10360 Fontette
Thienot Alain (Champagne)
14 rue des Moissons, 51100 Reims, ☎ 26.47.41.25
Tisserand G. (Champagne Jeanmaire)
12 rue Roger.Godart, BP256, 51207 Epernay Cedex, ☎ 26.54.60.32
Verger (Château du)
15 rue de Champagne, Moussy, 51200 Epernay, ☎ 26.54.03.54
Vesselle Georges
16 rue des Postes, 51150 Bouzy, ☎ 26.57.00.15
Veuve Clicquot-Ponsardin (Champagne)
1 place des Droits de l'Homme, 51100 Reims, ☎ 26.47.33.60

✓ Côte du Rhône

Assemat J.C., Domaine des Guarrigues
30150 Roquemaure, ☎ 66.82.65.52
Barge Pierre
route de Boucharet, 69420 Ampuis, ☎ 74.56.10.80
Baroux G., Château de Bourdines
84700 Sorgues, ☎ 90.39.36.77
Bruguier-Ducros
chemin des Bracoules, 30210 Vers Pont du Gard, ☎ 66.22.85.79
Cartier J.P., Domaine les Goubert
84190 Gigondas, ☎ 90.65.86.38
Champ Robert, Domaine de Chabanas
84420 Piolenc, ☎ 90.37.63.59
Chapoutier M, 18, av du docteur Paul Durand 26600 Tain-l'Hermitage, ☎ 75.08.28.65
Combe P., Domaine de Tenon
84150 Violes, ☎ 90.70.93.29
Combe R. & Fils, Domaine la Fourmone
route de Bollène, 84190 Vacqueyras, ☎ 90.65.86.05
Côte-Rotie De Vallouit
24 avenue Désiré Valette, 26240 St Vallier, ☎ 75.23.10.11
Coteaux de Fournes (Cave Coopérative les)
30210 Fournes, ☎ 66.37.02.36
D'Olline P.
84330 Le Barroux, ☎ 90.62.33.09
Darona & Fils, les Faures
07130 St Peray, ☎ 75.40.34.11
Degoul R. & Fils, Château de Bouchassy
30150 Roquemaure, ☎ 66.50.12.49
Entrefaux (Domaine des)
quartier de la Beaume-Chanos-Curson, 26600 Tain l'Hermitage, ☎ 75.07.33.38

Feschet & Fils, Domaine du Petit Barbaras
26790 Bouchet, ☎ 75.04.80.02
Fumat André
rue des Bouviers, 07130 Cornas, ☎ 75.40.42.84
GAEC de la Syrah
Quartier de la Beaume, Chanos.Curson, 26600 Tain l'Hermitage
Garagnon & Fils, Domaine du Gros Pata
84110 Vaison la Romaine, ☎ 90.36.23.75
Gardine (Château de la)
84230 Château Neuf du Pape, ☎ 90.23.73.20
Gonon Pierre
rue des Launays, 07300 Mauves, ☎ 75.08.07.95
Grangeon P. & D., Domaine le Parandou
route d'Avignon, 84110 Sablet, ☎ 90.46.90.52
Klein F., Domaine de Remejeanne
30200 Cadignac, ☎ 66.89.69.95
la Fagotière, Domaine Palestor
84100 Orange, ☎ 90.34.51.81
Latour E., Domaine de l'Espigouette
84150 Violes, ☎ 90.70.92.55
Letdier & Fils, Domaine de Durban
84190 Beaumes de Venise, ☎ 90.62.94.26
Martin F & H, Domaine de Grangeneuve
84150 Jonquières, ☎ 90.70.62.62
Maubert B., Domaine la Verrière
84220 Goult, ☎ 90.72.20.88
Mont-Redon (Domaine de)
84230 Château Neuf du Pape, ☎ 90.83.72.75
Montmirail (Château de)
cours St Assart, BP12, 84190 Vacqueyras
Nerthe (Château de la)
route de Sorgues, 84230 Château Neuf du Pape, ☎ 90.83.70.11
Payan A., Domaine des Moulins
30650 Saze, ☎ 90.31.70.43
Père Anselme (J.P. Brotte)
BP1, 84230 Château Neuf du Pape, ☎ 90.83.70.07
Remezières (Domaine des)
route de Romans, 26600 Mercurol, ☎ 75.07.44.28
Rique P., Domaine de Roquebrune
30130 St Alexandre, ☎ 66.39.27.41
Ropiteau Frères
Saint-Aubin, 21190 Meursault, ☎ 80.21.23.94
Roudil F., Domaine du Vieux Relais
rue Frédéric Mistral, 30126 Tavel, ☎ 66.50.36.52
Roussin Léo, Domaine de Fuzière
84600 Valréas, ☎ 90.35.05.15
Sabon Aimé, Domaine de la Janasse
chemin du Moulin, 84350 Courthezon, ☎ 90.70.86.29

Sahuc A., Domaine de la Grand'ribe
route de Bollène,
84290 St Cécile les Vignes, ☎ 90.30.83.75
Tain l'Hermitage (Cave Coopérative de Vins Fins de)
22 route de Larnage, BP3,
26600 Tain l'Hermitage, ☎ 75.08.20.87
Terrasse Yves, Domaine du Roure
07700 St Marcel d'Ardèche, ☎ 75.04.67.67
Thompson N., Domaine de l'Ameillaud
84290 Cairanne, ☎ 90.30.82.02
Vernay Gorges
1 route Nationale, 69420 Condrieu,
☎ 74.59.52.22
Vignerons Ardéchois
07120 Ruoms, ☎ 75.93.50.55
Vignerons de Tavel (Cave des)
30126 Tavel, ☎ 66.50.03.57
Vinson D., Domaine du Moulin
26110 Vinsobres

✓ Languedoc Roussillon

Abelanet Jean
11510 Fitou, ☎ 68.45.71.93
Azais S., Château Cabezac
Bize-Minervois, 11120 Ginestas,
☎ 68.27.02.57
Bacou J., Château du Roc
11700 Montbrun Corbières, ☎ 68.43.94.48
Berges-Grulet, Reverdy
11200 Boutenac, ☎ 68.27.07.86
Bertrand Georges
11200 St André de Roquelongue,
☎ 68.45.10.43
Bigorre Michel
11100 Narbonne, ☎ 68.41.28.16
Bourdel H., Domaine du Combarel
34360 Assignan, ☎ 67.38.04.43
C.A.T. Château Lastours
11490 Portel les Corbières,
☎ 68.48.29.17
Cave Pilote
11360 Villeneuve les Corbières,
☎ 68.45.91.59
Cella Vinaria
La Livinière, 34210 Olonzac,☎ 68.43.42.67
Colomer Paul & Louis
11350 Tuchan, ☎ 68.45.46.34
Comte Henri De Colbert, Château Flaugergues
1744 route de Maugio, 34000 Montpellier,
☎ 67.65.51.72
Condamine Bertrand (Château la)
34320 Paulhan, ☎ 67.24.46.01
Costos Roussos
11160 Trausse Minervois, ☎ 68.78.31.15
Côteaux du Haut Minervois
34210 La Livinière, ☎ 68.91.42.67
Daurat-Fort R., Château de Nouvelles
11350 Tuchan, ☎ 68.45.40.03

De Cibiens J., SC Domaine de Cabriac
11700 Douzens, ☎ 68.77.16.12
De Thelin Jean, Château de Blomac
11700 Douzens, ☎ 68.79.01.54
De Volontat les Palais
11220 St Laurent de la Cabrerisse,
☎ 68.44.01.63
Engarran (Château de l')
34880 Laverune, ☎ 67.27.60.89
Etang des Colombes (Château)
11200 Lezignan Corbières, ☎ 68.27.00.03
Fabre L., Domaine Laubre-Farent
11120 Ginestas, ☎ 68.46.26.93
Fabre Louis, Château Fabre-Gasparets
11200 Boutenac, ☎ 68.27.07.87
Faivre Lionel, Château de Carguilhes
11220 St Laurent de la Cabrerisse,
☎ 68.43.62.05
Fitou (Caves de Producteurs de)
Les Cabanes de Fitou, 11510 Fitou,
☎ 68.45.71.41
Fountgraves (Château de)
34270 Fontanes, ☎ 67.55.28.94
G.A.E.C. du Révérend
11350 Cucugnan, ☎ 68.45.98.45
Gau Marie-Hélène
11800 Trèbes, ☎ 68.79.00.69
Gauthier-Treilles Jean
11510 Fitou, ☎ 68.45.71.52
Gilles Paul, Domaine de Mas Combet
34130 Maugio, ☎ 67.29.32.70
Grezan (Château de)
34480 Laurens, ☎ 67.90.28.23
Guy F. & Peyre S., Château Coujan
34490 Murviel les Béziers, ☎ 67.37.80.00
Jonqueres d'Oriola, Château de Corneilla
66200 Corneilla Del Vercol, ☎ 68.22.12.56
Laboucarie Yves
Boutenac, 11200 Lezignan.Corbières,
☎ 68.27.03.63
Lemarie François
11200 Thézan des Corbières,
☎ 68.43.32.71
Maitres Vignerons
66720 Tautavel, ☎ 68.29.12.03
Mandourelle (Domaine de)
Villeseque les Corbières, 11360 Durban,
☎ 68.45.90.92
Mesurbezy-Cartier, Château les Ollieux
Montseret, 11200 Lezignan Corbières,
☎ 68.43.32.61
Moujan (Château)
11100 Narbonne, ☎ 68.32.01.25
Moureau Marceau, Château de Villerambert
11160 Caunes Minervois, ☎ 68.26.40.26

Muller-Andrada, Domaine du Temple
Cabrières, 34800 Clermont l'Herault,
☎ 67.96.07.98
Ormières Jean.Pierre, Château de Fabas
11800 Laure Minervois, ☎ 68.78.17.82
Palais (Château les)
St Laurent de la Carbrerisse,
11200 Lagrasse, ☎ 68.44.01.63
Panis-Miahle, Château du Donjon
Bagnoles, 11600 Conques Orbiel,
☎ 68.77.18.33
Rami Nanclares
Ciceron, 11200 Ribaute, ☎ 68.43.13.10
Remaury Marc, Domaine du Pech-d'Andre
34210 Azillanet, ☎ 68.91.22.66
St Auriol (Château)
11220 Lagrasse, ☎ 68.43.13.31
St Laurent (Cave Coopérative de)
11200 Lagrasse, ☎ 68.44.02.73
Sté Coopérative Agricole de Vinification
Embres & Castelmaure, 11360 Durban,
☎ 68.45.91.83
Surbezy-Cartier
Montseret, 11200 Lezignan.Corbières,
☎ 68.43.32.61
Union des Caves des Corbières
11490 Portel les Corbières, ☎ 68.48.28.05
Viticulteurs réunis (les)
Escales, 11200 Lezignan.Corbières,
☎ 68.27.31.44
Voulte-Gasparets (Domaine de la)
11200 Boutenac, ☎ 68.27.07.86

✓ Provence

Arcoise (Cave Coopérative de l')
83460 Les Arcs sur Argens, ☎ 94.73.30.29
Bagnis J. & Fils, Château de Cremat
442 chemin de Crémat, 06200 Nice,
☎ 93.37.80.30
Boisseaux Colette, Château Vannières
83740 La Cadière d'Azur, ☎ 94.29.31.19
Bontoux-Bodin J.J., Mas de Fontblanche
route de Carnoux, 13260 Cassis,
☎ 42.01.01.62
Bronzo L. & M., la Bastide Blanche
Ste Anne du Castelet, 83330 Le Bausset,
☎ 94.90.63.20
Brun F., Domaine de Brigue
2 place Pasteur, 83340 Le Luc
en Provence, ☎ 94.60.74.38
Brunet G., Château Vignelaure
route de Jouques, 83560 Rians,
☎ 94.80.31.93
Buan Pierre & Paul, Moulin des Costés & Mas de la Rouvière
83740 La Cadière d'Azur, ☎ 94.98.72.76

Chatin J., Mas de la Dame
Les Baux de Provence, 13520 Maussane,
☎ 90.54.32.24
Comte Deydier de Pierrefeu, Château de Gairoird
83390 Cuers, ☎ 94.48.50.60
Croisy, Château Robernier
83570 Montfort, ☎ 94.64.49.11
De Louvencourt Michel, Domaine de la Navarre
83260 La Crau, ☎ 94.66.73.10
Domaine de Rasque de Laval, Château Sté Roseline
83460 Les Arcs sur Argens,
☎ 94.73.32.57
Duffort G., Domaine de l'Hermitage
Le Rouve, 83330 Le Bausset,
☎ 94.98.71.31
Dutheilde la Rochere F., Château Ste Anne
Ste Anne d'Evenos, 83330 Le Bausset,
☎ 94.90.35.40
Dyens-Giraud, Château de Roux
Cannet des Maures, 83340 Le Luc en Provence, ☎ 94.60.73.10
Estienne J., Domaine la Laidière
Ste Anne d'Evenos, 83330 Le Bausset,
☎ 94.90.37.07
Ferrari S., Domaine de la Malherbe
83230 Bormes les Mimosas,
☎ 94.64.80.11
Garrassan A., Domaine de la Vernede
83170 Puget sur Argens,
☎ 94.51.22.55
Gruey N., Château Greand'Boise
BP2, 13530 Trets, ☎ 42.29.22.95
Guerard, Château Montagne
83390 Pierrefeu, ☎ 94.28.68.58
Guinand, Domaine de la Garnaude
83590 Gonfaron, ☎ 94.78.20.42
Imbert Christian, Domaine de Torriacia
20137 Leci de Porto Vecchio,
☎ 95.71.43.50
Lafran Veyrolles (Domaine)
route de l'Argile, 83740 La Cadière d'Azur, ☎ 94.90.13.37
Lemaitre Pierre, Domaine de Peissonnel
83550 Vidauban, ☎ 94.73.02.96
Lorques R., Domaine du Jas D'Esclans
route de Callas, 83920 La Motte,
☎ 94.70.27.86
Margan J.P., Château de la Canorgue
84480 Bonnieux, ☎ 90.75.91.01
Meulnart G., Domaine de la Bernarde
83340 Le Luc en Provence, ☎ 94.73.51.31
Negrel G., Mas de Cadenet
Mas de Cadenet, 13530 Trets,
☎ 42.29.21.59

Ott (Domaine)
22 boulevard d'Aiguillon, 06600 Antibes,
☎ 93.34.38.91
Paganelli A.M., Domaine de Cressonnière
RN97, 83790 Pignans, ☎ 94.48.85.80
Paret F., la Ferme Blanche
BP57, 13260 Cassis, ☎ 42.01.00.74
Pinatel Conrad, Château de Mille
84400 Apt, ☎ 90.74.11.94
Plauchut E., Domaine de Grandpré
83750 Puget Ville, ☎ 94.48.32.16
Portalis, Château Pradeaux
83270 St Cyr sur Mer, ☎ 94.29.10.74
Reillanne (Domaine de)
route de St Tropez, 83340 Cannet les Maures, ☎ 94.60.73.31
Rigord Y. & F., Commanderie de Peyrassol
Flassans, 83340 Le Luc en Provence,
☎ 94.69.71.02
Rougier R., Château Simone
Meyreul, 13590 Palette, ☎ 42.28.92.58
Sallier F., Château de Vauclaire
13650 Meyrargues d'Aix en Provence,
☎ 42.57.51.44
St André de Figuière (Domaine)
83250 La Londe, ☎ 94.66.92.10
Sumeire Régine, Château Barbeyrolles
83580 Gassin, ☎ 94.56.33.58
Terres Blanches
RN99 , 13210 St Rémy de Provence,
☎ 90.95.91.66
Vallongue (Domaine de la)
BP4, 13810 Eycalières, ☎ 90.95.91.70

✓ Jura et Savoie

Bruguier Ducros, Domaine de Valsenière
chemin des Bracoules, 30210 Vers Pont du Gard, ☎ 66.22.85.79
Bulabois G., Caveau du Vieux Pressoir
Pupillin, 39600 Arbois, ☎ 84.66.02.61
Champaga (Domaine)
84330 Le Barroux, ☎ 90.62.43.09
Coteaux de Fopurnes (Cave Coopérative les)
30210 Fournes, ☎ 66.37.02.36
Degoul Robert & Fils, Château de Bouchassy
30150 Roquemaure, ☎ 66.50.12.49
Dupasquier
Aimavigne, 73170 Jongieux,
☎ 79.44.02.23
Grand Frères
Passenans, 39230 Sellières, ☎ 84.85.28.88
Klein F., Domaine de la Remejeanne
30200 Cadignac, ☎ 66.89.69.95

Lac Saint André (Caveau du)
St André les Marches, 73800 Montmelian,
☎ 79.28.13.32
Latour Edmond, Domaine de L'Espigouette
84150 Violes, ☎ 90.70.92.55
Maubert B., Domaine la Verrière
84220 Goult, ☎ 90.72.20.88
Payan André, Domaine des Moulins
30650 Saze, ☎ 90.31.70.43
Rique Pierre, Domaine de Roquebrune
30130 St Alexandre, ☎ 66.39.27.41
Roudil F., Domaine du Vieux Relais
rue Frédéric Mistral, 30126 Tavel,
☎ 66.50.36.52
Vigneron Savoyard (le)
Apremont, 73190 Challes les Eaux,
☎ 79.28.33.23

✓ Vallée de la Loire

Aguilas Pierre, les Saules
49290 Chaudefonds, ☎ 41.78.10.68
Allias Daniel, Clos du Petit.Mont
37210 Vouvray les Vins, ☎ 47.52.74.95
Aulanier, Château dc L'Oiselinière
44190 Georges, ☎ 40.06.91.59
Bahuaud Donatien & Cie
Les Loges, BP1, La Chapelle Heulin,
44330 Vallet, ☎ 40.06.70.05
Balland Chapuis Joseph (Domaine)
La Croix St Laurent, BP24, Bue,
18300 Sancerre, ☎ 48.54.06.67
Barre Bernard, Domaine de la Gachetière
49320 Brissac, ☎ 41.91.25.43
Baud (S.A.)
Le Port, 44690 La Haya Fouassière,
☎ 40.33.98.42
Belin Daniel, les Touches Coutures
49320 Coutures, ☎ 41.54.22.26
Bidet A., les Érables
66 Grande Rue, 49190 Rablay sur Layon,
☎ 41.78.32.68
Blanloeil & Fils
La Huperie, 44690 Monnières,
☎ 40.54.60.57
Bois Bruley (Domaine du)
44115 Basse.Goulaine, ☎ 40.34.52.91
Bonhomme Augusté
1 rue de la Roche, 44190 Georges,
☎ 40.06.91.61
Bonnard B. (Domaine)
Les Chailloux, route de Chavignol,
18300 Sancerre, ☎ 48.54.17.47
Bonnet Pierre, Domaine de la Bronière
44330 Vallet, ☎ 40.36.35.22
Bossis Laurent
11 rue Beauregard, 44690 St Fiacre sur Maine, ☎ 40.36.94.94

Bourgeois H. (Domaine)
Chavignol, 18300 Sancerre, ☎ 48.54.21.67

Bouvet-Ladubay.
St Hilaire, St Florent, 49146 Saumur,
☎ 41.50.11.12

Brosseau Robert, Domaine des Mortiers Gobain
44690 La Haya Fouassière, ☎ 40.54.80.66

Cailleau Francis & Pascal, Vignoble du Sauveroy
49190 St Lambert du Lattay,
☎ 41.78.30.59

Chenouard Pierre
1 route de Clisson, 44330 Vallet,
☎ 40.33.92.80

Chereau-Carre, Château de Chasseloir
44690 St Fiacre, ☎ 40.54.81.15

Chon Gilbert & Fils, Château de la Jousselinière
44450 St Julien de Concelles,
☎ 40.54.11.08

Clos la Chatellénie
18 rue St Martin, BP13, 18300 Sancerre,
☎ 48.54.21.50

Clos la Perrière (Cave du)
Verdigny, BP47, 18300 Sancerre,
☎ 48.54.16.93

Cochard & Fils, Domaine de Michoudy
49121 Aubigne Briand, ☎ 41.59.46.52

Comte Bernard de Colbert, Château de Breze
49260 Breze, ☎ 41.51.62.06

Comte de Malestroit, Château la Noé
44330 Vallet, ☎ 40.33.92.72

Couly-Dutheil
12 rue Diderot, 37500 Chinon,
☎ 47.93.05.84

Dabin Jean & Fils, Domaine de Gras Mouton Le Bourg
44690 St Fiacre sur Maine, ☎ 40.54.81.01

De Thuy M., Château de Montreuil
49260 Montreuil Bellay, ☎ 41.52.33.06

Deheuiller C., Domaine des Varinelles
28 rue du Ruau, 49400 Varrains,
☎ 41.52.90.94

Deneriche Alain, Domaine de la Petite Croix
49380 Thouarce, ☎ 41.91.45.00

Domaine de la Louveterie
Les Brandières, 44690 La Haya
Fouassière, ☎ 40.54.83.27

Dumont A. (Domaine du Morilly)
Cravant les Coteaux, 37500 Chinon,
☎ 47.93.06.86

Épire (Château d')
Epire, 49170 St Georges sur Loir,
☎ 41.77.16.23

Fontaine Audon (Domaine la)
Bannay, 18300 Sancerre, ☎ 48.72.40.97

Fresche (Domaine du)
Le Fresche, 49620 La Pommeraye,
☎ 41.77.74.63

Gaec Audouin Frères, Domaine de la Momenière
44430 Le Landreau, ☎ 40.06.43.04

Gaec des Chausselières
12 rue des Vignes, 44330 Le Pallet,
☎ 40.80.40.12

Gambier J., Domaine des Galuches
37140 Bourgueil, ☎ 47.97.72.45

Gitton Père & Fils
Chemin de Lavaud, 18300 Menetreol
sous Sancerre, ☎ 48.54.38.84

Goizil Vincent, Le Petit Val
49380 Chavagnes les Eaux, ☎ 41.54.31.14

Guindon Jacques
La Couleuverdière, 44150 St Gereon,
☎ 40.83.18.96

Hallereau Joseph
Les Chaboissières, 44330 Vallet,
☎ 40.33.94.44

Huchet Yves
La Chauvinière, 44960 Chateau Thebaud,
☎ 40.06.51.90

Huet
Le Haut Lieu, 37210 Vouvray,
☎ 47.52.78.87

Jousset & Fils, Logis du Prieuré
49700 Concourson sur Layon,
☎ 41.59.11.22

Laffourcade M., Château de l'Écharderie
49190 Beaulieu sur Layon, ☎ 41.78.42.14

Lemore (Domaine)
Le Bourg.Houssay, 41800 Montoire,
☎ 54.85.06.28

Luneau Pierre & Rémy, Domaine de la Grange
44430 Le Landreau, ☎ 40.06.43.90

Marquis de Goulaine, Château de Goulaine
Haute-Goulaine, 44115 Basse.Goulaine,
☎ 40.54.91.42

Martin Marcel
La Sablette, 44330 Mouzillon,
☎ 40.33.94.84

Moron F., Domaine des Maurières
8 rue de Perinelle, 49190 St Lambert
du Lattay, ☎ 41.78.30.21

Moulins à Vent (Caves les)
39 avenue de la Thuilerie, 58150 Pouilly
sur Loire, ☎ 86.39.10.99

Moussière (Domaine la)
3 rue Porte César, BP18, 18300 Sancerre,
☎ 48.54.07.41

Nogue Louis, Château des Guillières
44690 La Haya Fouassière, ☎ 40.34.02.57

Nozet (Château du)
Domaine de la Doucette,
58150 Pouilly sur Loire, ☎ 86.39.10.16

Octavie (Domaine)
Marcé Oisly, 41700 Contres, ☎ 54.79.54.57

Ogereau Fils, Domaine de la Pierre Blanche
44 rue de la Belle Angevine,
49190 St Lambert du Lattay, ☎ 41.78.30.53

Papin Christian, Domaine des Hautes Perches
49320 Ste Melaine sur Aubance,
☎ 41.91.15.20

Paulat A., Coteaux du Giennois
Villemoison, 58200, ☎ 86.28.22.39

Peltier Jacques, Domaine de Breillant
49560 Passavant sur Layon, ☎ 41.59.51.32

Petit Thouars (Château du)
Le Petit Thouars, St Germain sur Vienne,
37500 Chinon, ☎ 47.95.96.40

Pierris (Caves des)
Champtin, Crezancy en Sancerre,
18300 Sancerre, ☎ 48.79.02.84

Pinard & Fils
Le Bourg, Bue, 18300 Sancerre,
☎ 48.54.33.89

Polleau Dominique
L'errue, 49540 Tigné, ☎ 41.59.41.58

Rebeilleau J.P. & A., Domaine des Raynières
33 rue du Ruau, 49400 Varrains,
☎ 41.52.95.17

Remparts (Caveau des)
Remparts des Abreuvoirs,
18300 Sancerre, ☎ 48.54.03.08

Roche aux Moines (Domaine de la)
La Roche aux Moines, 49170 Savennières,
☎ 41.72.21.33

Rolandeau, Cave de la Frémonderie
49230 Tillières, ☎ 41.70.45.93

Roncée (Domaine du)
Panzoult, 37220 L'Ile Bouchard,
☎ 47.58.53.01

Rouleau Émile, Domaine de l'Arche
49700 Concourson sur Layon, ☎ 41.59.11.61

Sancerre (Château de)
Marnier Lapostolle, 18300 Sancerre,
☎ 48.54.07.15

Sanzay Legrand P., Domaine des Sanzay
93 Grande Rue, 49400 Varrains,
☎ 41.52.91.30

Sautejeau Marcel, Domaine de L'Hyvernière
44330 Le Pallet, ☎ 40.06.73.83

Sauvion & Fils, Château du Cleray
BP3, 44330 Vallet, ☎ 40.36.22.55

SCEA du Domaine des Cossardières
Les Cossardières, 44430 Le Landreau,
☎ 40.06.43.22

Schaeffer J. N., Domaine de la Haute.Maison
44860 St Agnan de Grand, ☎ 40.31.01.83

Thébaud Gabriel
La Hautière, 44690 St Fiacre sur Maine,
☎ 40.54.81.13
Tigné (Château de)
S.C.E.A. château de Tigné-Depardieu
49540 Tigné, ☎ 41.59.68.59
Tijou Pierre-Yves, Domaine de la Soucherie
49190 Beaulieu sur Layon, ☎ 41.78.31.18
Vignerons (Caves des)
Route du Saumoussay, St Cyr en Bourg,
49260 Montreuil Bellay, ☎ 41.51.61.09
Vignerons de la Noelle
BP102 , 44157 Ancenis cedex,
☎ 40.98.92.72
Vignerons de Saumur (Cave des)
49260 St Cyr en Bourg, ☎ 41.51.61.09
Vinet D.G., la Quilla la Croix Moriceau
44690 La Haya Fouassière,
☎ 40.54.88.96
Vins de Poitou (Cave Coopérative)
32 rue Alphonse Plault, 86170 Neuville de Poitou, ☎ 49.51.21.65
Vins de Sancerre (Cave Coopérative)
Avenue de Verdun, 18300 Sancerre,
☎ 48.54.19.24

✓ Sud Ouest

Ailloud Jean.Louis, Domaine de Pialentou
81600 Gaillac, ☎ 63.57.17.99 **Alard**
24240 Monbazillac, ☎ 53.57.30.43
Aldhuy Bernard, Fantou
46220 Prayssac, ☎ 65.30.61.85
Almon Jean, Château de Frausseilles
Frausseilles, 81170 Cordes, ☎ 63.56.06.28
Alquier Francis, Mas de Grouze
81800 Rabastens, ☎ 63.33.80.70
Armagnat Christian, Lamarie
46140 Luzech, ☎ 65.30.74.24
Baldes & Fils, Triguedina
46700 Puy l'Evèque, ☎ 65.21.30.81
Banizette
24230 Nastringues, ☎ 53.24.77.72
Belon Alain, Begoux
46000 Cahors, ☎ 65.35.57.46
Bergerac (Cave de)
Boulevard de l'Entrepot, 24100 Bergerac,
☎ 53.58.32.82
Besset Claire, Lagerie
46700 Puy l'Evèque, ☎ 65.21.33.94
Bezios J.M., la Croix des Marchands
Le Rivet, Montans, 81600 Gaillac,
☎ 63.57.19.71
Bouloumie A., les Cambous
46220 Prayssac, ☎ 65.30.61.69
Bourdine (Château de)
Route d'Entraigues, 84700 Sorgues,
☎ 90.83.36.77

Bouysset R., les Caris
46220 Prayssac, ☎ 65.30.61.74
Bovila (Domaine de)
Bovila, 46800 Fargues, ☎ 65.36.91.30
Burc R. & Fils, Domaine de la Pineraie
Leygues, 46700 Puy l'Evèque,
☎ 65.30.82.07
Candia F., Balages
Lagrave, 81150 Marssac sur Tarn,
☎ 63.57.74.48
Cave Coopérative
24240 Monbazillac, ☎ 53.57.06.38
Cazottes J., les Terrisses
St Laurent, 81600 Gaillac, ☎ 63.57.09.15
Clos de Gamot
46220 Prayssac, ☎ 65.22.40.26
Coursières E., Domaine de Gradd
Campagnac, 81140 Castelnau de Montmiral, ☎ 63.33.12.61
Court les Muts (Château)
Razac de Saussignac, 24240 Sigoules,
☎ 53.27.92.17
Cunnac H. & Fils, Domaine de Bertrand
Donnazac, 81170 Cordes, ☎ 63.56.06.52
David J. & Fils, Domaine Clément Termes
Les Fortis, 81310 Lisle sur Tarn,
☎ 63.57.23.19
de Meslon J., Planque
24100 Bergerac, ☎ 53.58.30.18 **Decas R. & Fils (Domaine)**
Trespoux Rassiels, 46000 Cahors,
☎ 65.35.37.74
Delpech R., Domaine de Lavaur
Soturac, 46700 Puy l'Evèque,
☎ 65.36.56.30
Feytout Yves, Domaine de la Truffière
24240 Monbazillac, ☎ 53.58.30.23
Galbert (Domaine)
Inganels, 46700 Puy l'Évèque,
☎ 65.21.32.64
Gilis & Fils, Domaine du Peyrie
Soturac, 46700 Puy l'Evèque, ☎ 65.36.57.15
Haut Pecharmant (Domaine du)
24100 Bergerac, ☎ 53.57.29.50
Haute-Serre (Château de)
Cieurac 46230 Lalbenque, ☎ 65.35.22.55
Jouves J., Coyrnou
St Vincent Rive d'Olt, 46140 Luzech,
☎ 65.20.14.09
Labastide de Levis (Cave de Vinification de)
RN88, 81600 Gaillac, ☎ 63.57.01.30
Lamouroux (Domaine de)
La Chapelle Rouss, 64110 Jurançon,
☎ 59.21.74.41
Lamouroux J.L., la Pouline
46700 Puy l'Evèque, ☎ 65.21.30.68

Lasbouygues R., les Salles
Villeseque, 46000 Cahors, ☎ 65.36.94.32
Latrille Pierre Yves, Château Jolys
64290 Gan, ☎ 59.21.72.79
Lecomte Thierry, Matens
81600 Gaillac, ☎ 63.57.43.96
Ley J.R., Domaine des Templiers
24240 St Michel de Montaigne,
☎ 53.58.63.29
Libarde (Domaine de)
Nastringues, 24230 Velines, ☎ 53.24.77.72
Martrenchard & Fils, Vignobles du Mayne
24240 Sigoules, ☎ 53.58.40.01
Maurel Y., Domaine des Bouscaillous
Montels, 81140 Castelnau de Montmiral,
☎ 63.33.18.85
Monbouche Marcel, Le Marsalet
24100 St Laurent des Vignes,
☎ 53.57.07.07
Monestie A., Domaine de Moussens
Cestayrols, 81150 Marssac sur Tarn,
☎ 63.56.81.66
Montels C., Domaine des Issards
Amarens, 81170 Cordes, ☎ 63.56.08.03
Plageoles Robert, Domaine des Tres Cantous
81140 Cahuzac sur Vere, ☎ 63.33.90.40
Producteurs de Jurançon (Caves des)
53 avenue Henri IV, 64290 Gan,
☎ 59.21.57.03
Raynal J.P., Domaine de Souleillou
Douelle, 46140 Luzech, ☎ 65.20.01.88
Raz (Château le)
24610 St Méard de Gurçon, ☎ 53.82.48.41
Rotier & Fils, Domaine du Petit Nareye
Cadalen, 81600 Gaillac, ☎ 63.41.75.14
Salvador René, Matufle
46220 Prayssac, ☎ 65.22.43.10
Savarines (Domaine des)
46090 Trespoux, ☎ 65.35.50.55
Técou (Cave de)
Técou, 81600 Gaillac, ☎ 63.33.00.80
Tiregang (Château de)
Creysse, 24100 Bergerac, ☎ 53.23.21.08
Trois Clochers (les)
St Salvyn de Coufens, 81310 Lisle sur Tarn, ☎ 63.57.34.04
Unidor
24100 St Laurent des Vignes,
☎ 53.57.40.44
Valière J.C., Bovila
Fargues, 46800 Montcuq, ☎ 65.36.91.30
Vidal (Château la Borderie)
Monbazillac, 24240 Sigoules,
☎ 53.57.00.36
Vincens, Foussal
46140 Luzech, ☎ 65.30.74.78

BIBLIOGRAPHIE

Dictionnaire des Appellations. Wouttaz Fernand, Ed Marabout, 1987.
Sciences et techniques du vin. Ribereau-Gayon J, Peynaud E, Sudraud P, Ribereau-Gayon P, Paris,1975.
Le Goût du vin. Peynaud Emile, Paris 1983.
Dictionnaire du vin. Renouil Yves, Bordeaux 1962.
Connaissance et travail du vin. Peynaud Emile, Paris, 1981.
Sur les routes des vins de France. Lichine Alexis, Ed Laffont, Paris, 1986.
Encyclopédie des vins et alcools. Lichine Alexis, Ed Laffont, Paris.
Le Guide mondial du connaisseur du vin. Johnson Hugh, Ed Laffont, Paris, 1986.
Histoire de la vigne et du vin, l'avènement de la qualité. Enjalbert Henri, Paris, 1975.
Les grands crus classés du Médoc. Crestin-Billet F, Paireault J-P, Paris, 1988.
Les grands crus classés de Saint-Emilion. Crestin-Billet F, Paireault J-P, Paris, 1989.
Les grands crus classés des Graves et Sauternes. Crestin-Billet F, Paireault J-P, Paris, 1990.
Les grandes maisons de Bourgogne. Crestin-Billet F, Paireault J-P, Paris, 1990.
Les grandes maisons de Champagne. Crestin-Billet F, Paireault J-P, Paris, 1991.
Les grands vins du monde. Collombet F, Paireault JP, Ed Hatier, Paris, 1991.

REMERCIEMENTS

La Société Nicolas (Maisons-Alfort) pour toute l'aide apportée
dans la réalisation de cet ouvrage.

Les auteurs remercient pour leur collaboration :
Jacqueline et Dominique Polleau,
Guy Claudey (Musée des Arts et Traditions Populaires
de Villefranche sur Saône),
L'Union Interprofessionnelle des Vins du Beaujolais,
M. Laridan (Fauchon-Paris, France).

CRÉDITS PHOTOGRAPHIQUES

Toutes les photographies de ce livre sont de Matthieu Prier
et Jean-Paul Paireault, sauf :
pp 10, 11, 12, 13, 14, 15, 16, Agence Giraudon;
pp 20, 21 R. Nourry; p 35 Chito (Agence ANA);
p 168 R. Neumiller (Agence ANA); p 218 C. Thibault (Agence ANA);
p 272 J-M Turpin (Agence ANA); p 278 DR.